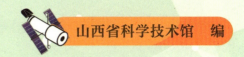
山西省科学技术馆 编

科技馆里学科学

科学表演

中国科学技术大学出版社

内 容 简 介

本书为中小学科学教师开展STEAM科学教育而编写。针对不同年龄段儿童的认知能力和知识积累程度,整理编纂历年来在山西省科学技术馆开发并实施的科学表演(含科学实验、科普表演、科学故事会等)及其相关图文资料。以体验式学习、多感官学习、情境教学为主要教学方法,以视频为辅助教学手段,让青少年在观看学习的过程中掌握科学知识,学会科学探究,培养科学态度,感悟科学精神,了解科学事件。

图书在版编目(CIP)数据

科技馆里学科学.科学表演/山西省科学技术馆编.—合肥:中国科学技术大学出版社,2022.11

ISBN 978-7-312-05527-0

Ⅰ.科⋯　Ⅱ.山⋯　Ⅲ.科学知识—中小学—教学参考资料　Ⅳ.G633.73

中国版本图书馆CIP数据核字(2022)第179734号

科技馆里学科学：科学表演

KEJIGUAN LI XUE KEXUE：KEXUE BIAOYAN

出版	中国科学技术大学出版社 安徽省合肥市金寨路96号,230026 http://press.ustc.edu.cn https://zgkxjsdxcbs.tmall.com
印刷	安徽国文彩印有限公司
发行	中国科学技术大学出版社
开本	787 mm×1092 mm　1/16
印张	18.75
字数	429千
版次	2022年11月第1版
印次	2022年11月第1次印刷
定价	128.00元

编 委 会

主　编　路建宏

副主编　贾亚千　宋亚萍　安　宇　仝鲜梅

编　委　张晓肖　王雁飞　杨松涛

序 言

山西省科学技术馆作为弘扬科学精神、传播科学思想、普及科学知识的科普主阵地，秉持"启发式、探究式、开放式"的教学理念，依托场馆资源，深度研发和实施科学表演，从激发兴趣和学习参与两个方面提升科普效果、打造精品活动、树立科普品牌。

多年来，山西省科学技术馆一直非常重视科学表演的开发与实施，共开发、实施科学实验和科普表演30余个，撰写科普表演剧本40余份。其中，科学实验以游戏、实验等形式开展，让学生在互动、探究、体验中增长知识；科普表演以食品安全、人工智能、生物多样性、前沿科技和科学家精神等为主题，通过精彩的故事情节、生动的角色表演、幽默的语言表达向公众普及科学知识、弘扬科学精神，受到公众的喜爱和好评！山西省科学技术科技馆在做好馆内科学表演研发和实施的基础上，根据学校需求，通过"科技馆进校园"活动送"剧"上门，其形式的创新性、内容的系统性、选择的灵活性和受众的精准性得到了社会的广泛认可，并多次在行业比赛中获得最高奖。

习近平总书记指出："科技创新、科学普及是实现创新发展的两翼，要把科学普及放在与科技创新同等重要的位置。"同时指出："好奇心是人的天性，对科学兴趣的引导和培养要从娃娃抓起。"山西省科学技术馆将承前启后、继往开来，不断创新，全心全意为提高公众科学素养服务，满足公众特别是青少年对科学知识多样化、全方位的需求。应同行和观众的要求，我们整理了8个科学实验脚本、18个科普表演剧本以及33个科学故事会剧本，编辑成本书献给读者。

由于作者水平有限，书中难免有不妥之处，敬请指正。

目　　录

序言 …………………………………… (i)

1　科学实验

01　聪明的饮水鸟 …………………… (002)
02　探秘陀螺仪 ……………………… (008)
03　乌鸦喝水 ………………………… (014)
04　钟摆波 …………………………… (020)
05　勇往直"潜" ……………………… (025)
06　神奇的气流 ……………………… (031)
07　激情世界杯 ……………………… (035)
08　探秘桥梁 ………………………… (041)

2　科普表演

09　超市奇幻夜 ……………………… (048)
10　月亮的味道 ……………………… (054)
11　算法的世界 ……………………… (060)
12　元素奇遇记 ……………………… (067)
13　糖丸爷爷 ………………………… (072)
14　低碳生活，保护环境 …………… (076)
15　愤怒的小水滴 …………………… (080)
16　龙宫奇事 ………………………… (084)
17　寻鹿记 …………………………… (091)

18　河马和鳄鱼 ……………………… (095)
19　绿林探秘 ………………………… (101)
20　宝贝，欢迎你！ ………………… (109)
21　走西口 …………………………… (113)
22　我也想当科学家 ………………… (116)
23　沉睡的香蕉 ……………………… (121)
24　小丑嘉年华 ……………………… (125)
25　派对狂欢夜 ……………………… (128)
26　十二生肖之狗年说狗 …………… (133)

3　科学故事会

27　白蛇传说 ………………………… (141)
28　穿越千年的握手 ………………… (145)
29　醋坊故事 ………………………… (149)
30　人工智能 ………………………… (153)
31　"最佳饮品"争霸赛 ……………… (159)
32　哆啦A梦新编——意念控制帽
　　　…………………………………… (162)
33　哆啦A梦新编——小雄考了
　　　100分 ………………………… (165)
34　白雪公主之魔镜魔镜 …………… (169)
35　口吕品田王国奇遇记 …………… (173)

36	昆虫世界奇遇记 …………（178）	48	我的家乡 ………………（237）
37	森森的机器人梦 …………（186）	49	我要出去玩 ……………（241）
38	互联网与大数据 …………（191）	50	小猴子流浪记 …………（245）
39	玩具店的故事 ……………（198）	51	战疫 ……………………（250）
40	"熊孩子"成长记 …………（202）	52	种子的旅行 ……………（255）
41	嫦娥四号的心愿 …………（206）	53	火星探测之旅 …………（260）
42	霉菌精灵 …………………（210）	54	别走,我的动物伙伴 ……（266）
43	千里眼的故事 ……………（213）	55	生死罗布泊 ……………（270）
44	新十二生肖趣谈 …………（218）	56	食物的旅行 ……………（275）
45	雪橇鹿选秀 ………………（229）	57	蜗牛要结婚 ……………（277）
46	大鹅与猎人 ………………（232）	58	我们的航天梦 …………（280）
47	科技为民,助力抗疫 ………（235）	59	最后的白鲟 ……………（285）

1 科学实验

01 聪明的饮水鸟
02 探秘陀螺仪
03 乌鸦喝水
04 钟摆波
05 勇往直"潜"
06 神奇的气流
07 激情世界杯
08 探秘桥梁

01

聪明的饮水鸟

一、活动简介

本活动是由山西省科学技术馆展出的"聪明的饮水鸟"这一展品而引申开发出的教育活动。在我国古代,有这么一件玩具,它不仅让爱因斯坦研究三月有余,更是让美国总统胡佛惊叹不已,这件玩具就是饮水鸟。它的奇妙之处在于把鸟嘴浸到水里,让它"喝"上一口水,鸟就会直立并摆动起来。一会儿后,鸟又自动俯下身去,把嘴浸到水里,"喝"一口后,又直立起来,之后它就这样不知疲倦地永远喝下去。本活动以体验式学习、情境教学为主要教学方法,通过实验探究,让学生现场参观展品并观看科学老师的科学实验表演,从而加深对饮水鸟的了解,进而掌握其现象背后蕴含的科学原理,明白饮水鸟并不是永动机,其运动原理符合热力学第二定律和能量守恒定律。

二、活动目标

1. 科学知识

通过本活动的学习,学生可以对毛细现象、蒸发吸热、热力学第二定律、乙醚的挥发性、密闭容器内温度与压强的关系以及杠杆原理等有更加深入的认识。

2. 科学探究

从饮水鸟不停地低头、抬头这一现象入手,分析引起这一现象的原因。采用观察、分解、感知、总结的探究步骤,深入挖掘展品的科学内涵。初步了解发现问题、作出判断、进行验证、得出结论的科学发现过程。

3. 科学态度

学生亲身经历以探究为主的学习活动,通过参观展品、动手体验、分解感知等探究方法,培养了好奇心和探究欲,加深了对科学本质的理解,培养了研究问题的科学态度。

4. 科学、技术、社会、环境

了解能量守恒定律是被现代物理学反复验证的公理;遇到问题应先仔细观察、大胆求证,激发自身对科学知识的兴趣与求知欲;体验科学家发现、探究科学原理的过程,学习科学家严谨的科学态度和锲而不舍的精神,培养积极探索未知世界的科学精神,增强学好科学知识的信心;体会毛细现象、蒸发吸热、热力学第二定律以及杠杆原理等知识在生活中的广泛应用,培养用物理知识解释日常生活现象的意识。

三、活动准备

教学场地:多功能报告厅。

教学准备:计算机、显示屏、实验器材及表演器材(见下表)。

序号	物品名称	数量
1	饮水鸟	若干
2	毛细管	若干
3	酒精	1瓶
4	感温瓶	1个
5	秤	1个
6	秤砣	1个
7	热水	若干

四、活动脚本

学生:"我是一只小小小小鸟,想要飞却永远也飞不高。"没错,就是这只鸟,我已经在这里观察很久了,这只鸟不仅不会飞,还不断地低头喝水。没意思,没意思。

白老师:别看我只是一只鸟,其中的道理可不少。同学们,欢迎大家来到科学有日实验室。

学生:白老师,您来得刚刚好,咱们这堂课要学什么呀?

白老师:瞧,就是桌上放的这些聪明的饮水鸟。

学生:白老师,别忽悠我们了,这些鸟有什么聪明的?

白老师:亏你观察了这么久,没发现它们可以自己低头喝水吗?

学生:我知道,肯定是您悄悄给它们通电了,要么给它们上了发条。

白老师:你再看看?

学生:咦?没通电,也没上发条。让我拿起来瞅瞅,它是玻璃做的,头上包着一块毛茸茸的布,肚子里的液体还不断往上升,不是说水往低处流吗?看,它又低头了,尖尖的嘴巴钻进了水里,这到底是怎么回事呢?

白老师:别急,别急,这一共涉及四个科学原理呢!让我给你从头说起。

学生:快说,快说!

白老师:首先要把小鸟的头部打湿。(被打断)

学生:哎呀,从头说起,您还真是从头说起啊!(把小鸟的头塞到水里,动作夸张)

白老师:你干吗呀!

学生:不是您让我把小鸟的头打湿吗?

白老师:你把它的嘴沾湿,头自然就湿了。

学生:啊?这是为什么?

白老师:这就是毛细现象(第一个原理),液体总有向固体浸润的趋势,植物吸水就是很典型的毛细现象。

学生:哦,那毛巾吸水也是同样的道理吗?这里没有毛巾,有一些毛细管,那它们能不能吸水呢?

白老师:那你来试试。

学生:液体真的往上升了。

白老师:毛细管越细,上升速度会越快。

学生:还真是这么回事儿。毛细毛细,看来越细效果越明显。你们看!

白老师:小鸟的头部吸水以后会怎么样呢?

学生:水分在空气中会蒸发吗?

白老师:这就是我要说的第二个原理——蒸发吸热。

学生：这个我懂，夏天很热的时候往地上洒些水就凉快了，从泳池里刚出来就冷得瑟瑟发抖。

白老师：过来给你抹点酒精，感觉怎么样？

学生：感觉凉凉的。

白老师：对，所以小鸟头部蒸发吸热时温度会变低。

学生：这个我懂了，不过和液面上升有关系吗？

白老师：当然了，这就说到第三个原理——密闭容器内温度与压强的关系。

学生：它们是什么关系呢？

白老师：温度越高，压强越大，温度越低，压强越小。

学生：那就是一个正比例的关系。

白老师：没错，给你看个好玩的。

学生：这是什么呀？

白老师：这是感温瓶，它的结构和饮水鸟是一样的。

学生：咦，液体怎么倒上去了？（手倒动作）

白老师：这不是倒上去的，而是被压上去的，当我手握感温瓶的时候，瓶子的下面会受热，相对来说，下面温度高，上面温度低。上下形成了温度差，而温度差会产生压强差，所以这些液体是在压强差的作用下沿着底部的缝隙被压上去的。

学生：咦，我也来试试，我的怎么这么慢呀？

白老师：你把它放到热水里看看。

学生：效果还真明显，液体都在往上升呢，感温瓶的道理我懂了，可是这和小鸟不一样呀！

白老师：没错，分析得非常准确。感温瓶是底部加热，所以温度较高；而饮水鸟是头部蒸发吸热，温度降低，它们俩都是上面温度低，下面温度高，上下都有温度差，所以原理是一样的。

学生：原来小鸟是在压强差的作用下，让液体逐渐上升到头部的。可是小鸟又是如何低头和抬头的呢？

白老师：这就要说到我们的第四个原理——杠杆原理。

学生：杠杆原理，你拿个秤干什么呀？

白老师：今天要用这个秤来给大家模拟一下，小鸟低头、抬头饮水的过程。

学生：怎么模拟呢？

白老师：大家看我把秤的左边当作小鸟的头，右边当作它的肚子，中间秤砣移动的方向就是液体流动的方向了。

学生：啊，还挺形象。

白老师：大家一起来模拟一下，当秤砣往左边移动的时候，左边是不是越来越重？所以左边低下来了。

学生：小鸟肚子里的液体逐渐上升，到达头部，头部重量增加，在杠杆原理的作用下小鸟就可以低头啦！

白老师：你仔细观察一下它的肚子。

学生：咦！我发现玻璃管口总是略高于液面上方。

白老师：这个时候小鸟的头和肚子中的空气相通，所以压强差就消失了。

学生：我还发现小鸟的头部总是略高于肚子。

白老师：正是因为这样，液体可以自由流动。我把秤砣往右边移动的时候，另一边是不是抬起来了？

学生：小鸟头部的液体在重力作用下流回肚子，所以小鸟就可以抬起头来了。

白老师：没错，小鸟头部的蒸发还在继续，所以它会重复之前的动作，不断地低头与抬头。

学生：啊，我终于明白饮水鸟的奥秘了，看似不需要消耗能量，其实是将热能转化为动能。

白老师：正是因为小鸟吸收周围空气的热能，不易被我们察觉，所以我们才误以为它不需要消耗能量。

学生：现在再看这些饮水鸟，我就明白多了。

白老师：那你给大家讲讲学到了一些什么吧！

学生：头部吸水是毛细，蒸发吸热温度低，密闭容器压强差，杠杆原理把头低，别看小小饮水鸟，科学原理真不少。

白老师：看来你是真的懂啦！同学们，你们如果有什么问题也欢迎来到科学有曰实验室，我们将带领你们探索展品背后的奥秘。

学生：科学有曰，我们下期再见。

白老师：再见。

五、活动照片

六、主创人员

白思凝　南江亭　姚芝芸　李燕　高雅

02

探秘陀螺仪

一、活动简介

本活动以"陀螺仪的稳定性"为主题,以在科技馆现场进行科学实验表演为主要表现形式,以体验式学习、多感官学习、情境教学和做中学为主要教学方法,以实验探究为主要活动形式,以 PPT 为辅助教学手段,让学生了解陀螺仪的稳定性与陀螺自身的特性密不可分,进一步掌握其现象背后蕴含的科学原理,从而理解力矩与角动量的关系和进动与章动现象。活动的创意点来源于新中国成立 70 周年大阅兵中拍摄画面的稳定性,从而引起探究兴趣。本活动适合在场馆和学校开展。

二、活动目标

1. 科学知识

通过本活动的学习,理解力矩、进动、章动、角动量等概念,进而了解角动量守恒定律与陀螺仪的关系。

2. 科学探究

由陀螺转动的快慢引入,通过实验验证的方法来收集和分析影响陀螺稳定性的因素,掌握角动量守恒定律,得出陀螺仪稳定性的探究结果和观点。初步了解发现问题、作出判断、进行验证、得出结论的科学发现过程。

3. 科学态度

学生亲身经历以探究为主的学习活动,参加观察、实验、制作、调查等科学活动,培养了好奇心和探究欲,加深了对科学本质的理解,学会了探究、解决问题的策略,为今后的学习与生活打好基础。

4. 科学、技术、社会、环境

了解陀螺仪在日常生活中的应用;了解社会需求是推动科学技术发展的动力;了解科学技术已成为社会与经济发展的重要推动力量。

三、活动准备

教学场地:多功能报告厅。

教学准备:计算机、显示屏、实验器材及表演器材(见下表)。

序号	物品名称	数量	序号	物品名称	数量
1	陀螺仪	1个	7	剪刀	1把
2	定制小陀螺	3个	8	绳子	1卷
3	自行车轮	3个	9	转盘	1个
4	车轮固定架	1个	10	正常陀螺轨道	1个
5	陀螺螺旋轨道	1个	11	手套	2双
6	定制大陀螺	3个			

四、活动脚本

白:你们看庆祝新中国成立70周年的大阅兵了吗?

张:看了啊,直播画面特别稳定,一点晃动都没有呢!

刘:这是因为在摄像车上安装了陀螺拍摄仪。

白:为什么安装它画面就稳定了呢?

刘:要想弄清楚这个问题,还得从三个部分讲起,我们先来看陀螺。

张:你看看这里就有陀螺。

白:不对,怎么转不起来呢?

张:我的就转起来了。

白:我知道了,你的陀螺转得快。(转动重心低的陀螺,转不起来)

刘:这可不是转得快的原因。

张:想让陀螺转起来,首先需要给它一个力矩。

白:力矩是什么?

刘:为了更容易理解,先来看这个车轮,你能不能让这个车轮转起来啊?

白:这也太简单了吧,这不就转起来了!

张:那你试着在轴上用力,还能转起来吗?

白:不行。

刘:这就是力矩对车轮转动的影响。你看,这个点(指 PPT)是我们用力的位置,我们用力 F 乘以车轮的半径 r 就是力矩 M。有了力矩陀螺就转起来了!

张:如果在轴上用力,用力点和车轮的轴心距离为 0,那么力矩就是 0。

白:我明白了,要想让陀螺转起来,要有力矩。(再转一遍陀螺)我的陀螺转起来了!

刘:关于转陀螺,这有个好玩的,我们来看看这个。

白:好呀!

张:看我的。(陀螺走螺旋轨道)

白:咦,这个陀螺居然可以绕着螺旋轨道从上向下走。

张:而且这个陀螺一直竖着转动,没有偏转,特别稳定。

刘:这就要提到角动量了,当陀螺垂直于地面快速转动时,重力矩为 0,角动量是守恒的。

白:可是我转的陀螺为什么会发生偏转呢?

刘:因为平时我们用手转动陀螺是无法实现完全垂直的,重力矩不为 0,那么这时角动量就不守恒了。

白:不守恒会怎么样?

张:你看,因为不垂直,所以存在夹角,受到了重力矩的作用,角动量的大小虽然没有发生改变,但是方向变了,它在绕自转轴转动的同时,还会绕竖直方向的虚拟的轴转动,这就是进动。

白:这可真神奇!

刘:这也是我要说的第二个部分——进动和章动。让你看个好玩的,帮我稳住车轮,车轮模拟的就是陀螺。

张:如果我突然放手,车轮会怎么样?

白:别,车轮肯定会掉下来的!

刘:那你看好了!

白:车轮不会掉下来,还会绕轴开始旋转。

刘:这就是进动现象。

张:没错,我们再来看看这个。(剪绳子实验)

白:赶紧跑!车轮竟然没掉下来!

刘:同样的,车轮不但不会掉下来,还会绕着这边的绳子转起来。

张:这还是车轮的进动现象。

刘:再给你看看这个。

白:我也想试试。(白和张抢)

刘:那你拿起车轮,站到转盘上,双手水平(快速转动车轮),请你偏转车轮。

白:咦,我怎么转起来了?好像有人在推我。

刘:现在的你其实扮演的就是刚才我道具里面的那根竖直的杆。

张:就是因为快速旋转的车轮存在进动现象,所以才能带着你开始旋转啊。

白:进动我明白了,那刚刚提到的章动呢?又是怎么回事?

刘:为了方便大家观察,这次大家认真看车轴上的红点,我们再来做一次实验。

白:这个点一上一下的。

张:车轮在进动过程中,有时会发生上下的抖动,这种现象就是章动。

刘:说得没错,那你知道宇宙中的天体也有进动和章动吗?

张:比如地球。

白:地球?我怎么感觉不到(做夸张的动作),没有啊!

刘:当然感觉不到了,因为地球的进动和章动现象非常微弱且时间比较长,进动的一个周期需要 25786 年,章动的一个最小周期也需要 18.6 年。

白:陀螺的进动、章动我明白了,那陀螺仪又是怎么回事呢?

刘:这就是我们要说的第三个部分陀螺仪。利用陀螺的力学特性制成的仪器就叫陀螺仪,看看这个。(展示陀螺走钢丝、陀螺仪走钢丝)

白:陀螺走钢丝,好玩,不过我只要轻轻一碰(碰陀螺),你看,掉了吧!

张:这个陀螺仪走钢丝就没掉,为什么呢?

刘:因为我们在中心陀螺上加了一个垂直于转盘平面的外框,于是便可以增加陀螺的稳定程度,所以推陀螺仪就不会倒了。

白:不过现在它像是普通陀螺一样,开始偏转,绕着竖直方向的虚拟轴转动了。这是为什么呢?

张:因为它也存在进动现象。

刘:是的,因为它发生了偏转,角动量不守恒了,所以也能出现进动现象。你看!(陀螺仪吊绳子)

白:那有没有不存在进动现象的陀螺仪呢?

张:当然,这个可以有!

刘:这个必须有,你看(指 PPT)刚才我们只是在陀螺的外面增加了一个相对垂直的外框,现在我们给它的外圈再增加一个,你看看现在,是不是不管外框如何移动,内部陀螺的平面总是保持向上稳定不动啊?这样的陀螺仪就绝对稳定了。

白:那陀螺拍摄仪呢?

刘:它是利用陀螺仪的稳定性制成的。

白:那陀螺仪在我们的生活中有什么应用吗?

刘:你坐过飞机吗?

白:坐过啊!

张:飞机的姿态仪可以帮助飞行员了解飞机在空中的姿态,调整飞机的俯仰横滚。

刘:现在航空、航海中都有它们的身影了。

白:这下我就全都明白了。

刘:那我要考考你了!

白:没问题!

刘:为什么陀螺会转起来?

白:因为存在力矩。

刘:陀螺为什么会发生偏转?

白:因为存在进动现象。

张:有时还会存在章动,根本原因是重力矩不为0,角动量不守恒。

刘:陀螺仪为什么稳定呢?

白:因为存在角动量守恒。

刘:那我们今天的实验——探秘陀螺仪成功!

五、活动照片

六、主创人员

仝鲜梅　白思凝　刘统达　张微

03

乌 鸦 喝 水

一、活动简介

本活动以"乌鸦喝水"为主题,以在科技馆现场进行科学实验表演为主要表现形式,以体验式学习、多感官学习、情境教学和在做中学为主要教学方法,以实验探究为主要活动形式,以PPT为辅助教学手段,让学生了解乌鸦能否喝到水取决于什么,进一步掌握现象背后蕴含的科学原理。

二、活动目标

1. 科学知识

通过本活动的学习,了解乌鸦喝水的奥秘是水的体积以及浸入石头的体积大于或等于瓶子的容积。

2. 科学探究

初步了解发现问题、作出判断、进行验证、得出结论的科学发现的过程。

3. 科学态度

学生亲身经历以探究为主的学习活动,通过参加观察、实验、制作、调查等科学活动,培养了好奇心和探究欲,加深了对科学本质的理解,学会了探究、解决问题的策略,为今后的学习与生活打好基础。

4. 科学、技术、社会、环境

了解社会需求是推动科学技术发展的动力,了解科学技术已成为社会与经济发展的重要推动力量。

三、活动准备

教学场地：多功能报告厅。
教学准备：计算机、显示屏、实验器材及表演器材（见下表）。

序号	物品名称	数量
1	乌鸦服装	1套
2	相同规格的小石头	若干
3	相同规格的大石头	若干
4	量筒	4个
5	锥形瓶	12个
6	烧杯	8个
7	不同形状的容量瓶	若干

四、活动脚本

乌鸦：呀！呀！大家好，听到这样的叫声，知道我是谁了吧？没错，我就是那个人见人嫌、花见花败的乌鸦。大过年给大家唱首歌：新年好呀，新年好呀，祝福大家新年好……咳咳，我唱起歌来不太好听。哎！也难怪人们叫我"乌鸦嘴"。不过我们乌鸦家族可做了一件惊天地、泣鬼神的大事，《乌鸦喝水》的故事听过吧？没错，我就是《乌鸦喝水》故事的主人公乌鸦的远方亲戚。

（实验员1、实验员2上场）

实验员1：你听说过乌鸦喝水的故事吗？

实验员2：当然听说过了……

乌鸦（打断）：我知道，我知道。一只乌鸦口渴了，它发现有一个瓶子，瓶子里有一些水，它便将石头1颗、1颗、1颗、1颗……

实验员1：别1颗、1颗了，你觉得乌鸦能喝到水吗？

乌鸦：地球人都知道,当然能喝到水啦!

实验员1(问观众)：那大家觉得呢?

实验员2：看来大家都跟我想的一样。

实验员1：那我们让乌鸦来试试。

乌鸦：试试就试试。

实验员2：我来拿瓶子,你来放石头。

乌鸦：你看这个液面上升了吧。

实验员1：你继续放。

实验员2：石头都到顶了,但是液面却不上升了。

乌鸦：呀……呀,怎么回事？居然喝不到。

实验员1：喝不到吧?

实验员2：还真是,这是为什么呀?

乌鸦：我倒要看看有什么幺蛾子。

实验员1：咱们来做个实验,你看这里有两个烧杯。

实验员2：一个1000毫升,一个400毫升。

实验员1：乌鸦你来放石头,看哪个能喝到水。

乌鸦(对实验员2说)：我没喝到,你怎么就喝到了呢?

实验员1：大家刚刚观察到它们的水量了吗?

实验员2：对了,一个水多,一个水少。

乌鸦：水那么少,肯定不行呀。

实验员1：所以能不能喝到水,跟水的多少是有关的。

实验员2：那我知道了,只要水够多就可以了。

乌鸦：水够多就行。

实验员1：那大家再看这两个烧杯。

实验员2：两个都是1000毫升。

乌鸦：这次肯定能喝到水。

实验员1：那我们把这些石头倒进去。

乌鸦：我还是没喝到水。

实验员2：我喝到了。

实验员1：再来观察一下它们有什么区别。

实验员2：水量是一样的,容器也是一样的。

乌鸦：但是你倒的石头多,我倒的石头少,所以我自然就喝不上了。

实验员1：没错,放入石头的多少也影响喝水。

乌鸦：石头够多就行。

实验员2：我有一个问题。

实验员1：什么问题？

实验员2：这些都是小石头，我们换成大石头会怎么样？

乌鸦：这个主意好。

实验员1：大家肯定也有这样的疑问，那我们换成大石头。

实验员2：你看这个石头，可以了吧！

乌鸦：够大。

实验员1：咱们来试试。为了对比更明显，乌鸦来放大石头，实验员2来放小石头。

乌鸦：好嘞。1颗、2颗、3颗……

实验员2：我放完了，你呢？

乌鸦：放是放完了，可是这水还是到不了瓶口。

实验员2：难道石头的大小也影响喝水吗？

实验员1：没错，石头的大小也跟喝水有关。

实验员2：哦，我知道了。

乌鸦：你说要是把大、小石头混合起来呢？

实验员1：好，那我们就混合起来，接下来我们先把小石头放进去，然后再放大石头。

实验员2：水没有到瓶口，看来喝不到水。

实验员1：那我们换一下顺序，先放大石头，再放小石头。这次呢？

乌鸦：这次就能喝到。

实验员2：就算石头混合起来，放置顺序也会对其有影响呢！

实验员1：是的，与放石头的顺序也有关。

乌鸦：没想到想喝水这么难。

实验员1：做了四组实验了，我要考考你们了，哪些方法能让乌鸦喝到水呢？

实验员2：水多的可以。

乌鸦：石头多的可以。

实验员2：放小石头的可以。

乌鸦：先放大石头再放小石头的也可以。

实验员1：这些为什么能喝到水呢？

实验员2：因为倒进去的石头和水加起来正好可以使水到达瓶口。

乌鸦：没错。

实验员1：这就是乌鸦能喝到水的条件，水的体积加上石头的体积需要大于或等于瓶子的容积。

乌鸦:呀……呀,当年我那乌鸦同胞喝水用的可不是这样的瓶子。

实验员1:你来看看这里有没有?

乌鸦:好像是这个。

实验员2:我们课本上学过。

实验员1:这是人教版课本上的瓶子,你说的是长春版课本上的瓶子,还是北师大版、陕西师大版的?

乌鸦:花样还真多。

实验员2:那乌鸦喝水跟瓶子的形状有关系吗?

实验员1:那我们就通过实验来回答你的问题,这些瓶子的容积都是2500毫升。

实验员2:那瓶子里的水呢?

实验员1:水都是1700毫升,都一样。不仅如此,一会要放进去的石头的体积也是一样的。

乌鸦:现场有没有观众想跟我们一起试试?

实验员1:我们请两位观众一起来完成这个实验。

实验员1(邀请观众):现在你们可以把石头放进去了。

实验员2:水位正在不断上升。

实验员1:石头都放完了,水到达瓶口的请举手。

乌鸦:我的水到瓶口了。

实验员2:我们的水都到达瓶口了,看来跟瓶子的形状没有关系。

实验员1:谢谢这两位观众的参与。通过刚才这些实验,乌鸦喝水跟什么有关呢?

实验员2:水的多少、石头的多少、石头的大小、放石头的顺序。

乌鸦:而且都得满足水的体积加上石头的体积大于或等于瓶子的容积这个条件,这样就能喝到水了。

实验员2:跟瓶子的形状没有关系。

实验员1:是的,今天我们帮乌鸦喝到了水,同学们在今后的学习中也应该像乌鸦喝水一样,不断积累知识,循序渐进。

实验员2:勤于思考!

乌鸦:善于动脑!

实验员1:再困难的问题都会迎刃而解。我们这节课就到这里了,下次再见。

五、活动照片

六、主创人员

仝鲜梅　刘统达　南江亭　白思凝　庞志琴　高雅

04

钟 摆 波

一、活动简介

本活动的创意点来源于网络上一次制作钟摆波的风潮。以体验式学习、探究式学习为主要教学方法，一步一步揭开谜底。主要介绍单摆的概念、单摆的周期，以及钟摆波出现多种形态的原因。最后带领大家通过前期的学习做一个自己的钟摆波。本活动适合在场馆和学校开展。

二、活动目标

1. 科学知识

通过本活动的学习，可以对单摆的等时性、周期公式等概念有更加深入的认识。

2. 科学探究

从变化多端的蛇摆导入，激发学生的好奇心，分析引起这一现象的原因。先通过单摆分解蛇摆、通过周期公式分析蛇摆构造，再通过制作钟摆波完成原理验证，完成发现问题、实验探究、实际应用、科学发现的过程，体验科学探究的方法。

3. 科学态度

亲身经历以探究为主的学习活动，通过参观展品、发现问题、分解感知等探究方法，培养学生的好奇心和探究欲。

4. 科学、技术、社会、环境

了解伽利略的周期公式，体验科学家发现、探究科学原理的历程。深究科学公式的花式应用,增强学好科学知识的信心;体会用科学知识解决问题的过程,体验科学的神奇与魅力。

三、活动准备

教学场地:多功能报告厅。

教学准备:计算机、显示屏、实验器材以及表演器材(见下表)。

序号	物品名称	数量
1	蛇摆	1套
2	铁球	4个
3	剪刀	1把
4	尺子	1把
5	风筝线	1套

四、活动脚本

(甲提着单摆上场)

乙:咦,你提的东西和我家的钟摆一样!

甲:这个呀,是单摆,你刚刚说的钟摆就是非常典型的单摆,我最近就在研究它呢!

乙:这有啥好研究的,不就是个单摆吗?一根绳子挂个球,摆来摆去,一点儿意思也没有。

甲:没意思?来,我让你看个炫的,你瞧好了。

甲:看,像什么?

乙:我感觉这像条大蛇。

甲:你现在看看是不是变成三条小蛇了?

乙:哎!还真是。哎!两条了!咋又变成三条了?

甲:你看,到这儿,所有的小球就又都回到了原来的位置,这样它们就完成了一个大周期。

乙:你这是什么东西啊?

甲：这个呀，你看看，它就像许多钟摆放在一起摆动，摆动起来又像波纹一样，所以叫钟摆波。

乙：哦，原来叫钟摆波呀，那它摆起来像蛇形又是怎么回事呢？你快给我讲一讲。

甲：这还得从钟摆说起。钟摆总是来回摆动，我们把它摆一个来回所用的时间叫作一个周期。早在1583年，伽利略就研究得出，单摆的周期只与摆长有关。你仔细瞧瞧，我这里用到的这些单摆，它们的摆长有什么特别的？

乙：哎！我看这些单摆的摆长都不一样，并且从前往后呀，摆长越来越长。

甲：这就是奥秘所在了。因为单摆的周期只与摆长有关，摆长越长，单摆的周期就越长，所以摆越长，它运动得就越慢。

乙：慢！哦，我明白啦！你这里的摆由短至长，这后面的摆的运动总比前面的要慢一些，（顺势拿起笔在白板上画）这第一个小球跑得快，它到这儿的时候，后面的小球才到这儿，再后面的更慢，这样蛇形就出现了。我说得对吗？

甲：没错，看来你已经弄明白啦！

乙：不过我还有个问题，这两条蛇、三条蛇又是怎么出现的呢？

甲：这个呀，也不难。你看刚刚这些摆又回到了原来的位置，这样就完成了一个轮回，而这个时间刚好是30秒。我在做这个钟摆时，控制了每个摆的摆动次数，这个摆在30秒内摆动29次，这个是28次，后面每个摆都比前面那个摆少摆一次。

乙：哦，是一奇一偶吧！

甲（在白板上写）：没错，所以在时间过去一半时，第一个摆是不是就摆了29次的一半，14.5次，第二个摆就摆了14次，第三个摆就摆了13.5次。你看出什么没？

乙：偶数摆都刚好摆完了一整个来回，而奇数摆都只摆到一半，这样，我就看到两条蛇了。

甲：没错，这出现三条蛇的情况就不用我解释了吧！

乙：简单！不就是一个算周期的事吗？在10秒的时候，这个摆30次的单摆就摆了10次，那这个就摆了$9\frac{2}{3}$次，这个就是$9\frac{1}{3}$次，它们分别摆了1个周期、$\frac{2}{3}$个周期和$\frac{1}{3}$个周期，所以就出现三条蛇的情况了。

甲：那我考考你，这分开两列（变成两条蛇的情况）后，两条蛇交互运行又是怎么回事呢？

乙：分开两列后，这两列小球分别从左右两侧的同一高度同时释放，就像第一条大蛇出现时一样，但由于它们释放的方向是相反的，所以就出现两条蛇相互交叉运行了。

甲：那三条蛇呢？

乙：一样的道理。

甲：看来你已经完全弄懂啦！

乙：那这东西该怎么做，我回家也做一个！我是不是要找些球，随便挂一挂，让它们长短不一就行了？

甲：要做这个呀，我们要先在杆子上打孔，但这孔可不是随便打的，是有要求的。你看这个小球的直径有10厘米，所以这两个孔之间的距离 r 就一定要大于10厘米，最好是在12~13厘米，这样就可以防止它们相撞了。我们就先把这两个孔之间的距离定为12厘米。打完孔后我们再来确定整个钟摆波的大周期，这个周期可以随便设定。在这里，我们将整个大周期设定为30秒。接下来，你要确定最短的摆在这段时间里的摆动次数。

乙：30次。

甲：接下来每个摆都比它前面那个摆摆动次数少1次，只要确定了一定时间内它的摆动次数，是不是就能够算出它的周期了？

乙：30秒摆动了30次，那这个最短的摆的周期就是1秒。

甲：咱们刚刚说过了，单摆的周期只与摆长有关。来，我们来看这个周期公式：$t = 2\pi\sqrt{l/g}$，其中 t 代表单摆的周期，l 代表单摆的摆长，g 代表重力加速度。我们根据公式就可以算出要求的量啦！

版本一：

甲：你做的时候可得注意了，因为钟摆波受到各种因素的影响，所以实际和理论很可能会有偏差，要想效果好，还得多实践。毕竟实践出真知嘛！

版本二：

乙：我感觉我这个太小，还是你的那个壮观，要不咱们再看看你的那个吧！

甲：行！

乙：咦，我怎么感觉你这个钟摆波摆一个轮回不止30秒呢？

甲：没错，我们刚刚说的都是理论，那是在非常理想的状态下才能实现的，实际操作中它会受到各种因素的影响，理论和实践很可能会有偏差，要想效果好，还得多实践，毕竟实践才能出真知嘛！

五、活动照片

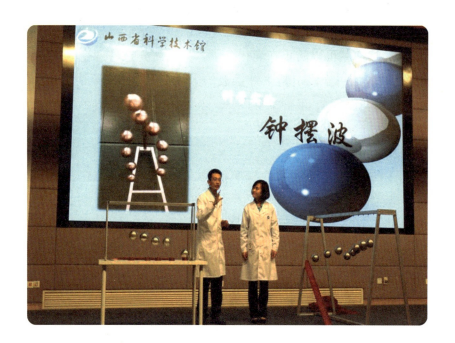

六、主创人员

仝鲜梅　刘统达　周宏艺　韩宏宇　赵雪姣　曹怡

勇往直"潜"

一、活动简介

本活动是山西省科学技术馆专为各个年龄段的学生自主创作的科学实验。主要以直播为形式,以探究式教学为主要教学方法,以多媒体背景屏幕为辅助教学工具。引导学生发现问题、提出问题,再通过探究式实验解决问题,让大家知道"奋斗者"号载人深海潜水器触底马里亚纳海沟的消息,了解"奋斗者"号的性能、特点,掌握压力以及浮力的知识。

二、活动目标

1. 科学知识

通过介绍"奋斗者"号的成功下潜和返航,讲述载人深海潜水器的神奇之处,从而引出液体压强的公式,让学生理解为什么"奋斗者"号能抗高压?为什么它可以顺利上浮?为什么它的身体是绿色的?

2. 科学探究

本活动以"直播带货"的形式,使学生了解事件导入、提出问题、知识回溯、解决问题的科学探究过程,体验科学探究的方法。

3. 科学态度

学习科学的主要目的是解决生活中的问题。本活动就是以事件为背景,深挖其中的科学内涵,让学生亲身经历以探究为主的学习活动,培养解决问题的能力。

4. 科学、技术、社会、环境

通过本活动的学习,体会大国重器的神奇魅力!感受我国科技的进步与发达,综合国力的提升与壮大!

三、活动准备

教学场地:多功能报告厅。

教学准备:一系列实验装置(见下表)、直播手机支架、实验服3件、多媒体背景屏幕。

序号	物品名称	数量	序号	物品名称	数量
1	裂桶实验水槽	1套	7	空心玻璃微珠	1个
2	浮力实验水槽	1套	8	"奋斗者"号模型	3个
3	普通水槽	1套	9	塑料泡沫	1块
4	量筒	1套	10	空心正方体	1个
5	梯子	1个	11	黄色/绿色激光笔	各1支
6	鸡蛋	若干	12	自己配制的海水	若干

四、活动脚本

(音乐起)

张:激动的心,颤抖的手!推荐什么都买走!大家好!欢迎来到科学有曰直播间!今天,我们给酷爱买买买的你,推荐一个好东西。

张:三二一!

合:上链接!(展示勇往直"潜"背景图片)

张:"奋斗者"号!10909米,它在马里亚纳海沟成功坐底的消息,惊艳全球!

周:哇,太厉害了!

张:今天我就带大家见识一下!

(音乐起,弹幕:10000多米,"奋斗者"号是怎么承受住这么大的压强的呢?)

周:是呀,是呀!

张:今天我们先从水压说起。这里有 3 个量筒,它们的液体深度不同,但是在同一高度开了孔。(拔开塞子)

周:水越深喷得越远。

张:根据液体压强的公式 $p = \rho gh$,水越深压强越大,喷得越远!

周:那水再深一点,压强有多大?

张:三二一!

周:上实验!

张:哇!实验员要再现经典的帕斯卡裂桶实验!(倒水)下面是一个装满水的水槽,上面是软管,从上往下倒水,水槽会怎样? 我们拭目以待!

周:请实验员往里面不停地倒水。

张:压力表指针已经有了变化,那水槽会怎样?

张:仅在压强为 30000 帕、3 米的深度下,水槽都裂开了,那在万米的深海中"奋斗者"号要承受多大的压强?

周:1 亿多帕。啊,那么大呀!

张:对呀! 就相当于 2000 头大象踩在你的背上。那"奋斗者"号是怎么克服它的呢?

实:你们看!(出示鸡蛋)

周:鸡蛋?

张:"奋斗者"号和鸡蛋有点像呢!

实:我们一起用力握鸡蛋!

周:握不碎? 为什么?

实:因为鸡蛋可以把力量均匀地分散到外壳表面。

周:啊? 那把鸡蛋放在万米深海中也压不碎吗?

刘:当然不是! 为了使"奋斗者"号更抗压,我们还采用了新型钛合金来助力,并使用了真空电子束焊接技术。

张:36 吨的"奋斗者"号,再加上压载铁的配重可以安全下沉,但它怎么浮上来呢? 三二一,上实验!

周:大家看这是一个空心正方体。它的上下左右四面都贴了膜,当我们对它施加压力时,膜就会鼓起。

刘:这个水槽分为内槽和外槽,中间有个孔相通。

张:把它放到内槽里,按住它,不断加水,松开手,空心正方体肯定会……怎么没浮起来?

刘:大家注意观察,正方体上的膜受到水压的作用,左右两侧凸起,由于水的深度一样,所以水压相等,它们之间相互平衡。再观察上下方的膜,上方受到水向下的压力,膜凸起,而下方没有水,没有受到水向上的压力,所以它浮不起来。

张:那怎么办呢?

刘:我们往外槽里加水。

周:此时我们加的是绿色的水,水位在慢慢上升,下面的膜也微微鼓起。

张:怎么还没有浮起来?

刘:虽然下方有水了,但膜凸起的程度不够,说明水压不够大,水向上的压力还是小于向下的压力,所以它还是浮不起来。

周:那再加水!

张:哦,向上的压力要大于向下的压力,这两个压力产生的压力差就是浮力了。

刘:要让它浮起来,浮力还必须大于它自身的重力。

周:"奋斗者"号有36吨,怎么能让它上浮?我可以给它穿一件救生衣吗?

张:还真有一件特制的救生衣。抛去压载铁,减轻重力,穿上救生衣,顺利上浮。上材料!

周:这个是塑料泡沫。

刘:这个是空心玻璃微珠做成的浮力材料。

张:把它们按在水里看现象。大家看看哪个会浮起来呢?

张:都浮起来了呀!它们都可以做成浮力材料吗?

刘:当然不行,在万米深海中必须得耐高压,你们看!

红:塑料泡沫被压扁了,空心玻璃微珠没有变化。

刘:空心玻璃微珠的直径只有数微米到数百微米,玻璃珠抗压强度高,中间空心还能降低材料密度。再用特殊的技术把它们加到低密度、高强度的树脂中,做成了这一个个方块。

张:将它安在"奋斗者"号的外壳夹层中,可以提供足够的浮力,还能经受万米深海的考验。

周:有了它们,潜水器就能一次次安全地返回水面啦。

周:有人问"奋斗者"号的颜色为什么大部分是绿色的呢?

张:上实验!

刘:我们准备激光笔和自己配制的海水来验证一下吧。准备两支相同规格的激光笔,一起来试试!先来看看这支黄色的激光笔,颜色明显吗?

主:还可以。

刘:再来试试绿色的。

主:挺明显的。

刘:再来同时看一下。

主：还是绿色更明显。

实：我们都知道，光有7种颜色。其中绿色的衰减是最慢的，因此外壳涂成绿色最容易被大家看到。

张：原来它是深海中"最靓的仔"啊！我们再来回顾一下"奋斗者"号的三大特点：抗高压、浮力强、颜色明显！

张：感谢大家对我们直播间支持！直播是形式，为博您一笑。

刘：传播国之重器是我们的使命。

周：在逐梦深海的这条路上，让我们一起……

合：勇往直"潜"！

五、活动照片

六、主创人员

仝鲜梅　张哲桥　周宏艺　吴翔　刘统达　王嫔

神奇的气流

一、活动简介

本活动以"气流"为主题,以在科技馆现场进行科学实验表演为主要表现形式,以体验式学习、多感官学习、情境教学和做中学为主要教学方法,以实验探究为主要活动形式,以 PPT 为辅助教学手段,让学生了解伯努利原理,进一步掌握其现象背后蕴含的科学原理。

二、活动目标

1. 科学知识

通过本活动的学习,理解伯努利原理的概念。

2. 科学探究

了解发现问题、作出判断、进行验证、得出结论的科学发现过程。

3. 科学态度

学生亲身经历以探究为主的学习活动,通过参加观察、实验、制作、调查等科学活动,培养了好奇心和探究欲,加深了对科学本质的理解,学会了探究、解决问题的策略,为今后的学习生活打好基础。

4. 科学、技术、社会、环境

了解伯努利原理在日常生活中的应用。了解社会需求是推动科学技术发展的动力,了解科学技术已成为社会与经济发展的重要推动力量。

三、活动准备

教学场地：多功能报告厅。

教学准备：计算机、显示屏、实验器材及表演器材（见下表）。

序号	物品名称	数量	序号	物品名称	数量
1	小吹风机	1个	7	饮料瓶	1个
2	电风扇	2个	8	灯泡	1个
3	乒乓球	1个	9	宽胶带	1卷
4	气球圈	若干			
5	彩带	若干			
6	大鼓风机	3个			

四、活动脚本

刘：大家好，我是山西省科学技术馆的刘导，什么？说我是导游？不是！我是辅导员！今天我要带大家认识神奇的气流。

南（拿着吹风机吹着乒乓球上台，摇摇晃晃作炫耀状，对刘说）：看看我这魔法气流，轻轻松松学习小科学。

刘：你这就是小儿科，还在我这里炫耀。

南：这可是著名的伯努利原理呢！

刘：你这个实验太常见了，不就是因为中间的空气流速快、压强小，周围的空气流速慢、压强大，所以乒乓球被控制在气流中吗？今天我要让你看看我们山西省科学技术馆的特色伯努利，你就知道你吹的那些都不算什么。

南：特色？什么特色？和我的有什么区别？我倒要瞧瞧！

（刘拿出饮料瓶，在南面前晃）

南：这不是饮料瓶吗？你要吹它？别逗了，怎么可能！我们都知道，乒乓球这些规则形状的物体能吹起来，饮料瓶？长成这样的？

刘：不信？那你就把它放上去看看！

南：真的吹起来了，好神奇，(变换饮料瓶的方向)还能横着吹？我眼睛没花吧！

刘：还有更神奇的呢！看！(拿出灯泡)

南：灯泡？不会吧！这也能吹？(面向观众)观众朋友们，你们觉得可能吗？(转向刘)掉到地下可是很危险的！

刘：不信你看。(吹灯泡)

南：天呐，真的。这到底是怎么回事？

刘：这就是我们的特色伯努利，我们能把形状不规则的物体吹起来！请大家注意观察，它们有一个共同点。

南：什么共同点？

刘：注意看，它们底部与气流接触的部分是圆弧形的，这些圆弧形的面不仅没有把气流打乱，还可以把气流组合起来向上吹。所以，乒乓球、饮料瓶、灯泡这些具有圆弧面的物体比其他形状的物体更容易吹起来。

南(四下寻找，看到气球圈)：你不是说你那气流神奇吗？你能把这气球圈吹起来吗？

刘：当然可以！

南：不会被吹跑吧？

刘：不会的！要相信科学！

南：快让我看看，我好期待呀。

(刘吹气球圈，气球圈旋转起来)

南：真棒，看来今天来科技馆收获可真大。可这是为什么呢？

刘：你看，气球圈为什么会旋转起来呢？这得靠我的风机在侧面给它一个力矩。那为什么旋转的气球圈没有被吹跑呢？这还得靠伯努利原理，气球外侧的空气流速快、压强小，而气球内侧的空气流速慢、压强大，所以气球圈不会飘走而被周围的大气压到风口附近。

南：咦，还可以控制。气流真神奇！

刘：刚才看到的仅仅是一股气流，我们还可以用两股气流吹呢！

南：什么？两股气流？我越来越佩服你了。

刘：来，上道具。

南：你拿电风扇干什么？

刘：吹彩带。(从口袋中掏出彩带)

南：我才不信！

刘：首先我们把2个电风扇面对面放置，然后打开电风扇，接下来我们就可以放彩带了。

南：1根。

刘：1根算什么，还可以继续放。

南：2根、3根。哇，这都可以。

刘：继续看，4根、5根。

南：彩带飘起来是因为它又小又轻，刚才这气球圈你还能让它飘起来吗？

刘：当然可以。

南：真有两下子，你快给我们说说，这又是怎么回事啊？

刘：你们看，当两股气流力量相近并对吹时，在它的中间，会形成这样一股呈圆形向四周扩散的风，那么此时，我们把彩带和气球圈放在中间，由于它们各部位受力均匀，所以它们就悬浮在空中。

南：观众朋友们，你们看多神奇，一起上来试一试？

刘：五彩的世界，神奇的气流，尽在山西省科学技术馆。

五、活动照片

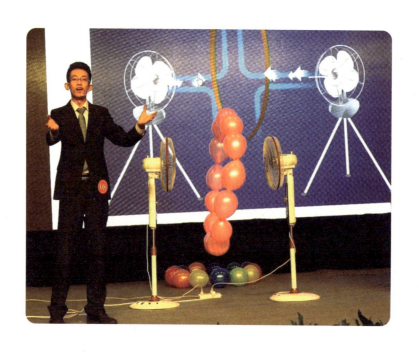

六、主创人员

吴翔　刘统达　南江亭　石亮

07

激情世界杯

一、活动简介

2018年世界杯终于来了,此时此刻,尽情为你喜爱的球队加油。但是足球比赛中有许多神奇的进球,你知道它们背后的科学原理吗?这些球基本上是香蕉球、落叶球和电梯球。我们在科技馆现场模拟足球比赛场景,以体验式学习、多感官学习、情境教学和做中学为主要教学方法,以实验探究、角色扮演为主要活动形式,以播放视频为辅助教学手段,实现了解"力作用于物体,可以改变物体的形状和运动状态"与"液体压强与流速的定性关系"的教学目标。

二、活动目标

1. 科学知识

本活动的学习,最需要理解"力作用于物体,可以改变物体的形状和运动状态"的概念。同时还需了解"液体压强与流速的定性关系",伯努利原理与马格努斯效应,物体的运动可以用位置、快慢和方向来描述等知识点。

2. 科学探究

从香蕉球和落叶球引入,分组设计探究方案。利用实验验证的方法来分析不同类型的足球飞行方式,经过推理得出结论,并相互交流自己的探究结果和观点。初步了解发现问题、作出判断、进行验证、得出结论的科学发现过程。运用伯努利原理和马格努斯效应解释生活中遇到的实际问题。

3. 科学态度

以培养学生的科学素养为宗旨,倡导学生亲身经历以探究为主的学习活动,通过参加观察、实验、制作、调查等科学活动,培养他们的好奇心和探究欲,加深他们对科学本质的理解,使他们学会探究、解决问题的策略,为他们今后的学习生活打好基础。通过实践来发现问题,并再次通过实践来验证、判断所做探究方案是否可行,最后通过再实践再检验,以此培养学生养成科学实证的精神以及科学的方法论和价值观。

4. 科学、技术、社会、环境

了解伯努利原理和马格努斯效应在日常生活中的应用,了解伯努利原理与马格努斯效应对人类生活以及交通的影响,了解社会需求是推动科学技术发展的动力,了解科学技术已成为社会与经济发展的重要推动力量。

三、活动准备

教学场地:多功能报告厅。

教学准备:计算机、显示屏、实验器材及表演器材(见下表)。

序号	物品名称	数量	序号	物品名称	数量	序号	物品名称	数量
1	足球	1个	7	橡皮筋	2包	13	乒乓球	1包
2	球门	1个	8	气球	2包	14	鼓风机	5个
3	成人足球队服	2套	9	吹风机	5个	15	饮料瓶	10个
4	儿童足球队服	3套	10	气球机	5个	16	灯泡	10个
5	纸杯	30个	11	A4纸	1包	17	纸盒	10个
6	宽胶带	10卷	12	人墙挡板	1个			

四、活动脚本

旁白：激情世界杯，相"曰"科技馆。现场的各位朋友们，大家好！欢迎大家来到山西省科学技术馆和我们一起"曰"球。2018年俄罗斯世界杯正在酣战之中，无数球迷大饱眼福。"你死我活"激烈争夺的赛场，让人们看到了一个又一个勇敢的"斗士"，还有一场又一场让人吃惊的赛事和比赛结局。这就是足球的魅力。

今天是7月15日，也是2018年世界杯决赛的日子！我们今天来和大家约球，既要踢球又要说球，我们从科学的角度和大伙说说足球背后的秘密。

法国4比3胜阿根廷就是一场绝妙好球。足球比赛本身就是一场竞技赛，是一场勇敢者的战争。

（开场互动提问）现场有多少小朋友喜欢足球？谁会颠球啊？大家觉得今天哪个队能赢得大力神杯？你最喜欢哪个球星？最看好哪个国家？

好，接下来我们有请足球小宝贝闪亮登场，来看看他们的球技如何！刚开始，小宝贝们都能踢进去，接下来我们要设置一个障碍。这个障碍就是来自足球赛场的任意球，当罚任意球时前面会有人墙，接下来看看几个小宝贝还能踢进去吗？

大家看到了，没有进球。那为什么我们在电视上看到的就可以踢进去呢？这球和我们踢的路线一样吗？它是什么球？我们来看一段视频。（播放视频）

原来这是香蕉球和落叶球啊！那什么是香蕉球、什么是落叶球呢？首先我们来说一说这些名字是怎么来的，先来说说香蕉球。因为球的运动轨迹是弧形的，类似香蕉的形状，因此以"香蕉球"为名。"男神"球员贝克汉姆就以擅踢香蕉球著称，有"贝氏弧线"的美誉。再来看落叶球，简单对比来说，踢香蕉球时，足球左右旋转，而踢落叶球时，足球则竖直旋转，有点类似乒乓球里的弧圈球。这些是它们名字的由来，而我们更想知道为什么香蕉球能躲开人墙进入球门？我们明明看到罗纳尔多往外边踢，球怎么会拐到球门里呢？具体原理如下：

一般情况下，足球应该和大多数物体一样遵循抛物线原理。在很多情况中，无论是水平任意球还是竖直任意球，两者大多是通过足球旋转和空气发生力的相互作用而改变轨迹的。

球员在踢香蕉球的一刹那，通过摩擦使足球旋转。当足球在空中一边飞行一边自转时，也会带动周围的气流旋转。

在球的一侧，旋转产生的气流和飞行中的相对气流的方向相同，气流速度加快；而在球的另一侧,旋转产生的气流和飞行中的相对气流的方向相反,气流速度减小。

两侧气流相对球的速度不同,会形成压力差。气流速度小,压强大;气流速度大,压强小。这个时候,高压区会向低压区产生一个横向力(如下图所示)。

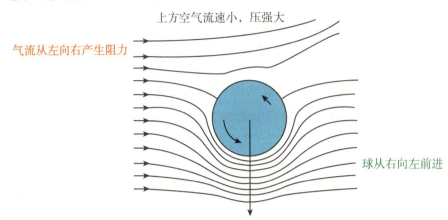

旋转的足球在飞行中受横向力的影响,会有明显的偏转,从而形成弧线。

香蕉球的关键在于球员触球时的脚法——不但要使球向前,而且要使球急速旋转。不同的旋转方向,球的转向也不同。

空气和水都属于流体,球在空气中运行。这一过程也符合伯努利原理(流体如果不可压缩,则流速大的地方压强小,流速小的地方压强大)。球在旋转的过程中,只要球本身同上下或左右的稀薄空气层产生摩擦导致的压强不一,就会使球的轨迹发生偏移。

从物理上讲,如果一个前进的球体同时向前旋转,那么这个球到达最高点后会急速下坠,弧度比正常的抛物线大(如下图所示)。

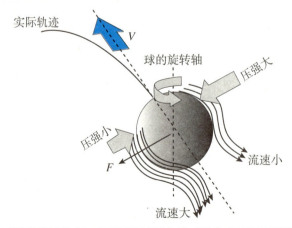

当然,由于伯努利原理只能针对不可压缩流体,而空气可以压缩。因此这只能定性解释任意球的轨迹偏移现象,无法定量得出精确结果。

接下来,我们用纸杯做一个落叶球的小实验。

将两个气球摆在你面前,你使劲一吹,按理说,气球应该被吹开才是,但是两个气球却紧紧靠在了一起,这是因为往两个气球之间吹气,中间的气流速度加快,而伯努利原理说的是,流体的流速越快,压力就越小。当两个气球间的气压变小了,周围的正常大气压就把它俩压在一起了。

其实在我们的生活中也有伯努利现象:比如在火车站、地铁站设置1米安全黄线,船吸现象,等等。现在,大家一起来说一说为什么要设置1米安全黄线?请小朋友们用伯努利原理尝试解释。

下面我们来说一说不旋转的电梯球:

看球时间较长的球迷或许知道,电梯球尽管早已存在,但这一说法直到2012年欧洲杯才正式出现——皮尔洛在对阵克罗地亚的比赛中踢出了一个球本身几乎没有旋转的精彩任意球。

《米兰体育报》称这次进球的下坠过程"比坐电梯还快",此后"电梯球"这一说法才开始出现。

这类球的特别之处在于球本身几乎没有旋转,初始速度很快,迅速上升且突然下坠,有人形象地将其比喻为"先将电梯迅速升到6楼,再急速降到1楼",因此得名"电梯球"。

其轨迹也很像我们看到的喷泉、烟花从天上落下的轨迹。

再请足球小宝贝上来试试能不能踢出香蕉球,踢香蕉球的时候应该用脚的什么部位呢?应该踢球的什么位置呢?

踢香蕉球是用脚背内侧踢定位球。踢香蕉球要求在脚接触球的时候脚法稍有变化。在用脚背内侧踢定位球时,球员都是用脚背内侧踢球的正后方,但是,踢香蕉球时球员摆腿的方向不通过球心,沿弧线前摆,在击球的瞬间,踝关节用力向右转,这样就能使球划出一道弧线,从而绕过人墙的防守。

看来关键在于球员触球时的脚法,不但要使球向前,而且要使球急速旋转,旋转方向不同,球的转向就不同,这需要球员刻苦训练,才能练就娴熟的脚上功夫,只有经过千锤百炼,才能达到炉火纯青的地步。

世界杯足球赛牵动着无数球迷的心,让我们看到了足球的魅力。足球的魅力不仅在于它的对抗性,更在于它的未知性。当双方人数相等,真正较量的时候,孰强孰弱、孰胜孰败。

足球为什么吸引人?或许还是那句话最有道理:足球是圆的。这意味着它的公平和透明。

只要你拼搏了,只要你探寻了,虽败犹荣。

五、活动照片

六、主创人员

仝鲜梅　刘统达　张哲侨

08

探 秘 桥 梁

一、活动简介

本活动通过令人惊叹的实验,引起学生的兴趣,将桥梁的类型一一罗列,并对它们的适用场景进行深度讲解。本活动以体验式学习、情境教学为主要教学方法,学生现场参观、体验并观看科学老师的现场科学实验表演,对桥梁的类型和基本的受力分析有深入的了解,进而掌握其现象背后蕴含的力学原理。

二、活动目标

1. 科学知识

通过此活动,学会根据受力的方式不同,对桥梁进行大致的分类,熟悉桥梁的类型及其基本特点;对力的分解和力的平衡也有一定的了解。

2. 科学探究

以4根木棍搭建的悬空桥吸引学生的注意力,再分别引入著名的桥梁,对拱桥、梁桥、斜拉桥进行逐个分析,让学生对其一一总结并得出结论,最后再验证最初的悬空桥。

3. 科学态度

本活动将小游戏与科学知识结合起来,有助于提升科学普及的趣味性和有效性,极大地调动了学生参与的积极性。本活动以物质科学领域的工程为教学内容,以认识理解各种桥梁为主题,以基于实验的探究式学习为教学理念,以体验式学习、多感官学习为教学方法,通过小游戏、小实验、亲手搭桥等多种形式展开。使学生掌握"猜想—推断—验证—总结"的科学研究方法,培养学生通过实证检验观点的科学态度。

4. 科学、技术、社会、环境

本活动针对不同桥梁的知识点,查找有关的事例并进行相关实验,让学生在实验中了解桥梁受力的奥秘以及不同桥梁的优点;知道遇到问题要仔细观察、大胆求证,实践出真知;增强学生学习、探究科学的兴趣。

三、活动准备

教学场地:多功能报告厅。

教学准备:计算机、显示屏、桥梁模型以及表演器材(见下表)。

序号	物品名称	数量
1	斜拉桥	1个
2	大拱桥	1个
3	小拱桥	1个
4	小木棍	12根
5	凳子	5个
6	长条木棍	4根
7	书	若干

四、活动脚本

(博士正在搭桥,此时小兰上场)

小兰:嗨,大家好,我是博士的助手小兰,今天我带大家去博士的实验室看看博士又有什么新奇的实验。博士,你在干什么呢?

博士:我在尝试搭一种悬空桥呢!

小兰:就这么几根木棍,也不用钉子、胶水,就能搭桥?我才不信呢!

博士:已经搭好了,小兰,你上来试试吧!

小兰(摆手拒绝):不不不,这么高,而且我感觉,你的桥一点都不结实,我可不上。

博士:那我给大家试试。

小兰:别别别!太危险了吧,博士!

博士:你别拉我,你瞧好吧!

(博士成功上桥)

小兰:天呐,太神奇了!真不可思议,这几根棍子就能把你支撑住。

博士(跳下来):还有更神奇的呢!小兰,你再看看这个。

小兰:这有什么啊?

博士:你猜猜它上面能放几本书?

小兰:这么细的小木棍,1本吧!

博士:你再猜猜?

小兰:嗯……(作思考状),2本不能再多了!

博士:那你看好了!

博士、小兰:1、2、3、4、5、6、7、8。

小兰:够啦,够啦,博士。这细细的木棍还挺厉害,能支撑这么重的书。咦,这个形状是拱形吧,和著名的赵州桥形状很像!

博士:是啊,小兰,赵州桥就是拱桥。除了拱桥,你还见过什么样的桥?

小兰:我还见过有"万里长江第一桥"之称的武汉长江大桥。"一桥飞架南北,天堑变通途",就是毛主席对它的评价!

博士:对!你说的武汉长江大桥是梁桥,你还知道什么桥吗?

小兰:嗯……我之前去上海旅游,上海的杨浦大桥造型优美、气势恢宏,给我留下了很深的印象呢!

博士:杨浦大桥是斜拉桥,你知道的还挺多!那我考考你,你知道这些桥为什么都这么稳呢?

小兰:啊?这个问题我还真没有思考过……

博士:那我们一起来看看吧!

小兰:嗯嗯!

博士:我们先来看看这个。拱桥是把所承受的重量分散开来,同时向两侧及下方传递,将桥中间的重量传向桥的两端,由两侧的桥基来承担重量。

小兰:哦,博士,那武汉长江大桥呢?

博士：武汉长江大桥不仅是南北交通的重要连接点，而且将梁桥的优点体现得淋漓尽致。

小兰：梁桥有什么优点呢？

博士：小兰，你看，梁桥能实现上下公铁两用，桥面平坦，桥的重量可以只通过垂直方向传至桥墩，只要桥墩足够坚实，梁桥就能安然无恙。

小兰：博士，梁桥我也明白了，您能再给我讲讲上海的杨浦大桥吗？它上面有很多斜拉的绳索作为装饰，像一面扇子，特别好看！

博士：小兰，那不是装饰，那是斜拉索，是斜拉桥的一个重要组成部分。通过斜拉索将索塔主梁连接在一起。来看看这个！（拿出斜拉索的模型）

小兰：对，就是这样。很有设计感呢！

博士：这样的桥是将力学和艺术完美地结合在了一起。

小兰：还真是呢！

博士：假设索塔两侧只有2根斜拉索，左右对称各1根，这两个力可以分别分解为水平的力和竖直的力。

小兰：哦！水平的力和竖直的力。

博士：水平的力大小相等、方向相反，相互抵消，最后就只有竖直方向的力传到下面的桥墩上了，斜拉索越多，就越能分散主梁给斜拉索的力。

小兰：博士，这些看起来不太稳固的结构，原来背后有这么多力学原理在支撑啊。现在我再看看你这个悬空桥，我一点都不害怕了！我也想试试。

博士：那来吧！小兰！

小兰：好的。（小兰成功上桥）耶，没问题。这下我知道为什么你刚刚那么放心地站上去了，这和桥的原理是一样的。

博士：没错。

小兰：我的重量都被分散到这4个凳子上了。

博士：小兰，你学得还挺快！

小兰：博士，我有一个小小的请求，我也想做一个属于自己的桥。

博士：没问题，我带你做一个厉害的，清明上河图中的拱桥怎么样？

小兰：好呀，好呀！

博士：来，听好了，首先，将2根木棍水平放置，抬起来一端，上面放置1根木条，接着在它的内侧再放2根木棍，斜插入另一根木条，再这样操作一次，你看看，怎么样？

小兰：博士博士，我搭好了，可是这和图中的不一样啊？

博士：不够宏伟是不是？没关系，如果你每排再多放一些木棍，然后重复几次这样的步骤。就能和图中的一样了。

小兰：哦，我明白了。博士，你听我说，拱桥梁桥斜拉桥，受力通通分解开，水平方向互抵消，垂直方向向下传，只要桥墩够结实，桥梁定能安无恙。

博士：小兰，看来你完全明白了。

小兰：博士，可是我还有一个疑问。

博士：问题还真不少！

小兰：为什么要在这些不同的地方建不同的桥呢？就不能建成一样的吗？

博士：小兰，你还挺聪明的嘛，发现了不少问题。每个地方的地质和环境不同，桥梁需要的长度也不同，所以我们要建造不同的桥梁来应对各种问题。

小兰：有道理！那如果我要建造一个很长很长的桥呢？

博士：那得看水域的深浅。

小兰：那如果在水域较浅的地方呢？

博士：那就得建梁桥！

小兰：如果水域很深呢？

博士：那就得建斜拉桥。

小兰：咦，你还没说拱桥呢！

博士：拱桥一般建在跨度较小的水域之上，桥身成拱形，桥洞能起到泄洪的作用。

小兰：博士，这次我明白了，那我也要考考你！

博士：好呀！

小兰：港珠澳大桥这么长的桥又属于什么桥呢？

博士（胸有成竹）：你看这段，是斜拉桥。

小兰：可是这一段是梁桥啊。

博士：是的，港珠澳大桥是结合了多种桥梁结构的世界级大桥。

小兰：博士，你可真厉害，这些问题都没难倒你。我懂了，不同的地方适合建不同类型的桥，面对问题，要理论联系实际，一一解决，才能获得成功。

四、活动照片

五、主创人员

姚芝芸　王兰

2 科普表演

09　超市奇幻夜
10　月亮的味道
11　算法的世界
12　元素奇遇记
13　糖丸爷爷
14　低碳生活，保护环境
15　愤怒的小水滴
16　龙宫奇事
17　寻鹿记
18　河马和鳄鱼
19　绿林探秘
20　宝贝，欢迎你！
21　走西口
22　我也想当科学家
23　沉睡的香蕉
24　小丑嘉年华
25　派对狂欢夜
26　十二生肖之狗年说狗

超市奇幻夜

（剧作者：常佳）

一、活动简介

本活动以"食品安全"为主题，以在科技馆现场进行科普剧表演为主要表现形式，以多感官学习、情境教学为主要教学方法，以播放视频为辅助教学手段，让大家了解并关注食品安全问题。本活动适合在场馆和学校开展。

二、创作思路

2008年的"三聚氰胺事件"引发了人们对食品安全的高度关注和热议，根据这个话题我们创作了科普剧《超市奇幻夜》。剧中的黑心大王为了使食品更加诱人畅销，在猪肉中添加瘦肉精，在鸭蛋中添加苏丹红，在牛奶中加入三聚氰胺。本剧利用跌宕起伏的剧情，侧面反映出一些社会现象，但黑心大王最终被以苦瓜为代表的正义力量打败，启发人们重视食品安全问题。此外，本剧采用舞蹈互动的形式，为大家带来精彩的演出。

三、剧本

第 一 幕

旁白：超市里生活着一群可爱的小精灵，白天它们静静地躺在货架上，乘着人们的菜篮子去千家万户，带给人们健康，而到了晚上它们就活蹦乱跳起来。嘘！你听，它们来了！

齐声：小朋友们大家好！

小猪：让我们先来介绍一下自己。我膘肥又体壮，肉类营养我最棒！

鸭蛋：好吃可口又营养，出生就在养鸭场！

牛奶：遇到难事不要急，多喝牛奶没问题！

齐声：还有一位小可爱，快把名字说出来，快！快！快！

苦瓜：我……我……我……

牛奶：你倒是说呀，急死人了！

鸭蛋：牛奶哥哥你先别急，我们一起拍手鼓励它吧！

小猪：小朋友们，我们一起来！一二加油，一二加油！

苦瓜：清凉败火又减肥，大家猜猜我是谁？

牛奶：小朋友们，你们知道它是谁吗？

小猪、鸭蛋：它是苦瓜！

苦瓜：对，我就是小苦瓜！

小猪：啊，小苦瓜，你不结巴了！

牛奶、鸭蛋：小苦瓜不结巴了！

苦瓜：我……我不结巴了，太好了！

齐声：小苦瓜不结巴了，不结巴了，太好了！

小猪：小伙伴们快来看，新的畅销榜出来了！

牛奶：馒头？馒头怎么可能登上畅销榜？

小猪：馒头！就是那个味道一般的大白馒头吗？这怎么可能？

鸭蛋：我告诉你们，馒头妹妹大变样啦！刚一上架就被抢了个精光！

小猪：我才不信呢！

苦瓜：它变成什么样啦？

鸭蛋：它变成金黄金黄的玉米馒头啦！

牛奶：我可听说了，粗粮馒头特别健康，人们都非常喜欢粗粮馒头。

苦瓜：可是，上次的冠军不是小猪吗？

牛奶、鸭蛋：嘘！小猪不行啦！

小猪：哼！它能上，我也能上！我不就是胖了点吗，我要变成骨感美人的话，肯定能超过它！

鸭蛋：我也要，我也要上畅销榜！人们不就是喜欢红心鸭蛋吗？如果我变成了红心，我也能上畅销榜！

牛奶：我们要有内涵！我就想变得更浓、更香，人们一看到我就说："哇！哇！不是所有牛奶都是特伦特！"

齐声：呃……

牛奶：至于吗！咦，苦瓜你呢？

苦瓜：我？我妈妈跟我说了，我们就应该最天然、最环保，我们要是都变了样，这好吗？

小猪：哎呀，我们就是随便说说，你当什么真呀！没意思，不跟你玩了！

鸭蛋：就是，好像就你懂得多！

牛奶：你拍一我拍一，一个小孩儿没人理，没人理！

苦瓜：哼，每回都这样！

第 二 幕

黑心大王：在这个世界上，只要有丧尽天良的黑心商人，我就会无处不在。今天我来到你们这里，专程来实现你们的愿望，小家伙们醒来吧！

鸭蛋：你，你，你是谁？

黑心大王：我是谁，我是你们的梦想啊！

齐声：梦想？

黑心大王：没错，你不是想变苗条吗？

小猪：是，你怎么知道的？

黑心大王：哈哈哈哈哈，我当然知道，还有你不是想变成红心蛋吗？你不是想变得更浓、更香、更有名吗？

牛奶、鸭蛋：嗯！对呀！

黑心大王：对了，还有一位小可爱，苦瓜！呃，全身是疙瘩，姑娘你怎么长这样？

苦瓜：哼，虽然我长得不好看，可是我有营养啊！哼！

黑心大王：小苦瓜，看你满脸疙瘩还不求改变，想要人们喜欢你，白日做梦啊！你们只要按照我说的做，保证你们个个梦想成真！

齐声：真的吗？

小猪：你怎么哭了？

黑心大王：你踩我脚了！

小猪：对不起，那我们该怎么办？

牛奶、鸭蛋：我们该怎么办呢？

黑心大王：很简单，只要我给你们加一点特效，"砰"的一声就变了！

齐声：真的吗？

苦瓜：小伙伴们，别听他胡说！

黑心大王：我胡说？那就让奇迹发生吧！牛奶，你的三聚氰胺！

牛奶：我知道，要两粒在一起才最好！

黑心大王：怎么样呀牛奶？

牛奶：怎么样？别问我怎么样，我浑身充满了力量！

小猪、鸭蛋：哇，太棒了，我们也要！

苦瓜：别相信他，他就是个骗子！

黑心大王：牛奶！

牛奶：在！

黑心大王：拿下！

牛奶：是！

黑心大王：美女，你的瘦肉精！

鸭蛋：姐，你先来！

黑心大王：还有你的苏丹红，张嘴，再来一片，怎么样？

鸭蛋：爽！

（黑心大王下场，舞蹈）

小猪：身材凹凸又有致，脂肪减少百分之十，完美曲线人人爱，畅销榜首独一枝！

牛奶：蛋白含量杠杠的，销售数量蹭蹭的，香浓可口棒棒的！

鸭蛋：多么神奇的苏丹红，我的蛋心红彤彤，名牌标签一上身，上架就会被抢空！

牛奶：我怎么头晕眼花！

小猪：我四肢发麻！

鸭蛋：我肚子好疼！

苦瓜：牛奶、鸭蛋、小猪，它们怎么了？

黑心大王：怎么了？中毒了呗！

苦瓜：中毒？

黑心大王：没错，这些药让它们变漂亮，但也让它们的身体充满了毒素，假如人类吃了它们，苏丹红会毒害肝肾器官，瘦肉精会让人四肢发颤，三聚氰胺会引发肾结石。吃了它们，癌症就离人类不远啦！

苦瓜：不行，不行，我绝对不能让你危害人类！

黑心大王：就凭你小小的苦瓜怎么可能战胜我？

苦瓜：是，我是小，可是我妈妈跟我说了，从小要做一个正直、善良、勇敢的人，我相信正义的光芒！

黑心大王：正义！我最害怕正义了！

苦瓜：你们这些黑暗势力无处遁形！

第 三 幕

苦瓜：黑心大王被打跑了，小伙伴们快起来吧！

齐声:刚刚发生了什么?
苦瓜:黑心大王给你们吃的东西都是有毒的。
齐声:有毒的?
苦瓜:嗯,不过没关系,我已经把他打跑了!
齐声:小苦瓜你真棒!
苦瓜:小伙伴们,以后我们千万不能被这些黑暗势力蒙蔽了眼睛,我们要做最真实的自己!
牛奶:对,生活应该是单纯的,牛奶应该是天然的,不要添加三聚氰胺,这样会危害我们的健康!
鸭蛋:天然的红心鸭蛋只是我们其中的一小部分,我们的营养价值并不比红心鸭蛋差,但是为了成为红心鸭蛋添加苏丹红是绝对不行的。
小猪:瘦肉精坚决不能添加,猪肉本来就是肥瘦相间的。
苦瓜:说得没错,合理膳食有营养,科学饮食更健康!
齐声:让我们保持原汁原味,健康快乐动起来,小朋友们我们一起来!
(舞蹈,谢幕)

四、演出剧照

五、主创人员

白思凝　程文娟　崔雯　刘统达　周宏艺　白璐　王嫔　吴翔　南江亭　裴斐

10

月亮的味道

(剧作者:常佳)

一、活动简介

山西省科学技术馆针对3~7岁的儿童特意编创了手影剧《月亮的味道》。结合中国神话传说,讲述关于月食的童话故事。区别于传统课堂的讲授,本剧在山西省科学技术馆儿童乐园科学剧场进行定时表演,以多感官学习、情境教学为主要教学方法,向儿童揭示月食这种科学现象。

二、创作思路

手影是中国的传统艺术,近年来却逐步走向衰弱。我们将科普与手影有机融合,将我国优秀的传统文化传承发扬。此外,手指游戏是儿童喜闻乐见的一项活动,能调动儿童的注意力、全身的感官能力和综合协调能力。手影剧更能增加儿童的想象力,通过手影剧的表现形式,融入嫦娥奔月、天狗吃月等带有中国传统元素的神话传说,讲述有关月亮的童话故事。以"月亮的味道"这个看似荒诞但儿童感兴趣的话题展开讨论,在推动情节发展的同时,渗透了有关月亮的科学知识,将有趣的科学知识灌输给儿童,向儿童揭示月食这种科学现象。

三、剧本

第 一 幕

(音乐:夜幕降临的蛐蛐声)

场景:一轮晶莹的圆月悬在天空中,非常可爱。月光皎洁,树影斑驳。

旁白：天黑了，月亮出来了。森林里的小动物们聚集在一起，沐浴在月光下，有说有笑。

大狗：嗨，小蜗牛，好久不见。

蜗牛：嗨，大狗哥哥，(气喘吁吁，稍作停顿)快看，今晚的月亮好美啊！

大狗：是啊，是啊！

小鹿：真的好美啊！

猫头鹰(发出欢快的叫声)：今晚的月亮就像一个大大的圆盘，高高地挂在夜空中，但有时它又害羞地躲在云层里。

大狗：要我说呀，圆圆的月亮就像饼干，咔嚓一口，香脆美味。真想咬一口啊！

蜗牛：拜托，大狗哥哥，你别总想着吃好吗？啊，对了，我听说月亮上住着嫦娥、玉兔，还有吴刚，你们说是真的吗？

猫头鹰：蜗牛宝宝，其实你说的这些都是神话传说，月亮上根本没有这些。

小鹿：怎么没有？你又没见过！我听说在很久很久以前，月亮掉到了井里，猴子的爷爷们用尾巴勾在一起，挂在树上，深入井底，费了好大的力气去捞那金黄色的月亮呢！它们捞月亮的时候肯定见过！

蜗牛(急促)：真的吗？真的吗？那月亮上好玩吗？

猫头鹰：小鹿，快别瞎说了，月亮上真的没有人。

小鹿：有人！不信你们看(其他动物抬头看月亮)，月亮上比较暗的地方就是他们住的房子。(其他动物点头表示赞同)

猫头鹰：真的没人！月亮上有许多环形山和陨石坑，(对小鹿说)而你说的那些比较暗的地方，实际上是月球上的广阔平原。

大狗：哦，我还以为那是月亮蘸了巧克力酱呢！甜甜的，真想舔一口啊！

小鹿：猫头鹰博士，月亮上肯定有人，不然为什么它有时候会变成弯弯的小船呢？一定是有人用布遮住了它的一部分。(大狗认同地点头)

大狗(仰望天空)：依我说呀，天上一定是有好多个月亮，它们有着不同的形状，按照时间顺序排好队，轮流等着我去吃，哈哈哈！

蜗牛(一脸嫌弃地对大狗说)：你呀，就知道吃。

大狗：嘿嘿嘿！

蜗牛：不过我还真想去月亮上看一看啊！

大狗：带上我，带上我，我想尝尝月亮到底是什么味道的。

蜗牛:你们说,月亮上和地球上的空气一样无色无味吗?

小鹿:大狗,月亮上的人肯定也和地球上的人类一样,早就把月球污染了,月亮上肯定也是雾霾的味道。

大狗(慵懒饥饿状,打着哈欠):不说了,我好饿啊!我得去找点儿吃的了!(大狗退场)

蜗牛:这个大狗呀,就知道吃!

第 二 幕

(这时候,小鹿突然发现月亮少了一块……)

小鹿:快看,快看,月亮少了一块!

蜗牛:呀,真的少了一块,不是真的被大狗吃了吧。大狗!咦,大狗不见了!不好了,大狗把月亮吃了,怎么办啊?

(此时,月亮在一点一点地消失……大家都抬头看天上圆圆的月亮慢慢地一点一点消失不见了)

小鹿:别急,别急。我听我爷爷说,这是"天狗吃月亮",得用力敲脸盆,这样天狗一害怕就会把月亮吐出来了。

蜗牛:那我们快敲吧,别让它把月亮都吃完了。

〔于是,大家开始用力敲脸盆(敲脸盆的声音),(大家七嘴八舌地喊月亮)可是月亮却渐渐地消失了……〕

蜗牛(受惊):不好了,不好了,月亮彻底不见了。

(天空中的月亮就这样不见了,夜晚一片漆黑)

蜗牛:完了,完了,月亮都被大狗吃完了。小鹿,你的方法不管用。

小鹿(有些不知所措地说):我……我……

〔此时,大狗吃饱后,慢慢走来(哼着小曲),小鹿急忙走过去〕

小鹿:大狗,你现在胆子大了啊,快把月亮吐出来!

大狗:什么月亮?月亮不是就在天上吗?咦,月亮真的不见了!

蜗牛:少装蒜,不就是你把月亮吃了吗?快还给我们。

大狗:不是我,不是我,真的不是我……

(月亮失踪的消息传遍了森林里的大街小巷,大家都急着找出真凶)

(音乐:急促的音效)

场景：小鹿追着大狗跑。

小鹿(抓住了大狗)：终于抓住你了，快把月亮吐出来。

大狗(含冤叫喊)：我没吃月亮，我是被冤枉的。

小鹿、蜗牛：就是你，就是你。

小鹿：大家快来帮忙，把大狗摁住了，别让它跑了。

大狗：不是我，真的不是我。

猫头鹰：你们快别吵了，月亮又出来了！

第 三 幕

(正在这时，月亮露出了笑脸，回到了夜空中)

场景：月亮一点一点露出，直到整个圆盘挂在夜空中。

蜗牛(指着天空中的月亮)：快看，快看，月亮真的回来了。

大狗：月亮，月亮，你可算回来了，你可千万别离开我们呀！我说我是被冤枉的吧！月亮现在不是好好地挂在天空中吗？

小鹿：那你们说，月亮刚刚是被谁咬了呢？

猫头鹰：月亮不是被谁咬了，这是月食现象。

蜗牛：月食现象？哎呀，这到底是怎么回事啊？

小鹿：不是，就是"天狗吃月亮"。

蜗牛：不，敲了半天脸盆也没见月亮出来，我再也不相信你了。猫头鹰博士，你快说。

猫头鹰：其实月食是一种特殊的天文现象。因为月亮本身不发光，它反射的是太阳光。就在几分钟前，月亮和地球、太阳转到了一条直线上，月亮被地球完全挡住了，太阳光照不到月亮上，所以我们就看不到月亮了。(其他小动物认同地点点头)

(听了猫头鹰博士的话，大家恍然大悟)

齐声：原来是这么回事啊！

蜗牛：怪不得月亮一会儿胖一会儿瘦。

小鹿(边说边点头)：对，对！刚开始，月亮像一条小船。

蜗牛：接着变成了镰刀，后来又变成了眉毛。

小鹿：最后变成了弯弯的细钩，再后来呀，连细钩也不见了，整个月亮都被黑影吞没了。

大狗：我知道！我知道！这个黑影就是地球。看，我说我是被冤枉的吧，这下你们相信我了吧!

　　蜗牛:哈哈哈,真是冤假错案。

　　小鹿、蜗牛:哎呀,对不起,大狗,我们错怪你了。

　　大狗:没关系。

　　蜗牛:还有你小鹿,记住了,再也别信什么"天狗吃月亮"了。

　　大狗:就是,就是,害得我被大家冤枉。你也不想想,月亮那么高,我就是再贪吃也吃不到月亮呀!哼!

　　小鹿:别笑我了,以后我一定好好学习,再也不乱说了。

　　齐声:哈哈哈!

　　猫头鹰:你们看,现在的月亮像一个大玉盘似的挂在天空中,还是那么漂亮啊!

　　小鹿、蜗牛、大狗:真漂亮啊!月亮,月亮,我们爱你,我们需要你。

　　(失踪的月亮终于回来了,大家好开心呐,有月亮的夜晚,才是真正美丽的夜晚)

四、演出剧照

五、主创人员

乔璐 董金妮 庞志琴 魏本醒 姚芝芸 傅丽 李亚楠

11

算法的世界

(剧作者：张晓肖)

一、活动简介

本活动的创意点是以当前互联网时代的大数据为背景，以关系到每个人的算法为主题，讲述了以算法先生、搜索小姐、斯坦爱因教授为主要角色的故事。科普剧主要结合体验式学习、多感官学习、情境教学等教学方法，用最简单直白的方式把复杂的算法、运算的相关知识传递给观众。

二、创作思路

此剧是在互联网时代的大数据背景下产生的，是针对关乎每个人的算法这个热点话题而创作的。随着科学技术的飞速发展，人工智能已经融入人类生活的方方面面，可是就在地球的某个角落，还有一个重要的人物没有接触过人工智能，于是人工智能王国派搜索引擎（搜索小姐）和算法过滤器（算法先生）亲自出马，准备将他俘获，故事便这样开始了。本剧利用丰富有趣的人物、跌宕起伏的剧情，将互联网中复杂的算法原理简单直白地表演出来，以新颖的形式呈现出一场精彩的演出。

三、剧本

第 一 幕

场景：在一个满是书籍的屋子里，斯坦爱因正在埋头查阅资料，然而在浩瀚的书籍中，他似乎遇到了棘手的问题。

斯坦爱因:我的天!我三天前准备好的资料怎么又找不到了,我本以为我聪明的大脑可以解决一切问题,可现在我遇到了麻烦,我的资料在哪里?谁来帮帮我啊!

[搜索引擎(搜索小姐)和算法过滤器(算法先生)上场]

算法先生:亲爱的搜索小姐,就是这里了。

搜索小姐(高冷出场):天呐,这就是我们要找的教授?他的书房简直惨不忍睹。

算法先生:这就是我们来这里的原因啊!帮助他,提高他,让他接受新的技术。

搜索小姐:放心,相信我,在这方面我可是一流的,看我的。(击掌)

搜索小姐:亲爱的教授,您是在找这本书的第256页第37行倒数第2段吗?

斯坦爱因(托着厚厚的眼镜仔细看书):就是这个,就是这个,我终于找到你了!

搜索小姐:咳咳!

斯坦爱因:这位小姐,您是?(反应过来推眼镜抬头)

算法先生:请让我为您隆重介绍,这可是我们人工智能王国的搜索引擎——搜索小姐。

搜索小姐:想找什么信息搜索一下,您就知道!

斯坦爱因(握手):您好,搜索小姐。

搜索小姐:您好,教授。

斯坦爱因:那这位先生是?

搜索小姐:他就是我们人工智能王国的算法过滤器——算法先生。

算法先生:教授您好,我能根据您的搜索记录,分析您的个人偏好,计算、过滤出您最需要的信息。

斯坦爱因:真的吗?

搜索小姐:当然,其实我们都是像您这样的科学家创造的,但是我很遗憾,为什么您不让我们帮助您呢?

斯坦爱因:我……

算法先生:为什么?

搜索小姐:为什么呢?

斯坦爱因:我……

算法先生:为什么?

搜索小姐:为什么呢?

算法先生:为什么?(算法先生和搜索小姐来回拉扯斯坦爱因)

斯坦爱因:好了好了,可能是我太相信自己的大脑了,而且也养成了这样的科研习惯。

算法先生:可是您的信息太闭塞了!

搜索小姐:您的资料(绕书桌转一圈)也太陈旧了。不过没关系,有了我们的帮助,您感兴趣的信息,只要点击一下,即刻出现在您的眼前。

大屏幕:桌面同时呈现500多种实时更新的学术期刊。

斯坦爱因:哇哦,这么多期刊! 还……还都是最新的!

算法先生:这算什么,您再瞧瞧这个!(挥手切换)

大屏幕:桌面同时呈现500多位科学家的个人微博并实时更新。

斯坦爱因:哇哦! 哇哦! 我要的资料这都有。

搜索小姐:这些都是与您的研究项目相关的大师级科学家的个人微博。

算法先生:并且还会实时更新哦。

搜索小姐:您想找什么信息,搜索一下,马上就能看到。

斯坦爱因:好好好,我正想搜一搜"人类进化"。

算法先生、搜索小姐:教授请坐。

算法先生、搜索小姐:让我们一起搜索一下。

第 二 幕

场景:在搜索界面输入关键词"人类进化"。

(音乐:键盘敲打关键词的音效)

(各种信息如雪花一样铺天盖地地从天上撒下来。代表各种信息和链接的群演上场,散在斯坦爱因周围跳着自由的舞蹈。斯坦爱因像一个刚出生的孩子一样如饥似渴地汲取着每种"信息"身上的养分)

(音乐、舞蹈起)

唱:人工智能发展,信息帝国崛起。

　　搜索引擎和算法过滤器,我们俩所向披靡。

　　人见人爱,没有人能够阻碍!

　　只有你想不到,没有我搜不到。

　　过滤信息,算法我最在行。

　　尽在掌握,信息都别想逃。

　　筛选条件,制定条条框框。

　　算法精确,你的个人喜好。

教授,喜欢吗?

教授,高兴吗?

教授,开心吗?

斯坦爱因:给我搜索"人类进化",给我搜索出来。

(音乐、舞蹈起,代表"人类进化"的信息和链接群演上台,一起舞蹈,争先恐后地要通过算法过滤器)

(第一个经过的信息是"人类进化")

算法先生:人类进化,请。

(第二个经过的信息是"基因")

算法先生:停!教授搜索的可是"人类进化","基因"凑什么热闹。

搜索小姐:就是,就是。

"基因"信息:算法先生,我虽然和教授搜索的关键词没有关系,但是我是他研究的重要组成部分呢!

搜索小姐:一派胡言,我就是要拦下你们这些无用的、无关的、纷杂的信息,没有进化,不许过!

算法先生:听到没,走走走。

"基因"信息:求求你了,让我过去吧!

(第三个经过的信息是"游戏进化专区")

"游戏进化专区"信息:您就是算法先生?

算法先生:你是?

"游戏进化专区"信息:我是游戏进化专区,教授不是要搜索"人类进化"吗?瞧瞧,我也有"进化"(指着自己身上的信息关键词),您就让我过去吧,也没破了您的规矩不是?

算法先生:搜索小姐,你看看这个!

搜索小姐:它的确有进化,过吧,过吧。

(音乐渐小,灯光渐暗)

第 三 幕

场景:体验搜索过滤的快节奏知识过程中,斯坦爱因教授突然发现有些信息根本是自己不需要的,他勃然大怒。

(音乐紧张,灯光渐亮)

斯坦爱因:咦,不对!怎么最近搜索出的资料都是"似曾相识"的,难道最近大家都没有什么新的想法吗?

斯坦爱因:不对!怎么"游戏进化专区"会出现在这里?

算法先生:你快瞧瞧教授这又怎么了?

搜索小姐:科学家都是这个样子,奇奇怪怪的,别着急,再看看!

斯坦爱因:咦,同样是"进化",我用其他人的账号登录搜索的页面信息怎么和我的完全不一样?

(大屏幕显示一样的关键词不一样的界面)

算法先生:你快看看,他好像越来越生气了。

搜索小姐:难道是我们的问题?

算法先生、搜索小姐:不可能。

斯坦爱因:还有这么多我没有看过的资料,"变异""基因"这么多信息为什么我都看不到?难怪我整日在自己的怪圈里兜兜转转,一定是他们!(搜索小姐和算法先生正准备跑,教授上前小跑一把抓住算法先生)

斯坦爱因:搜索小姐、算法先生,请给我一个合理的解释。

搜索小姐:教授,我负责筛选关键词。

算法先生:我负责过滤信息,我们都是为了帮您。

斯坦爱因:帮我?可是你们影响了我的研究啊。

搜索引擎(挽留):哎,教授,教授!(全场安静下来)

搜索引擎:我们没有恶意,我们只不过是想得到您的认可,人工智能搜索已经风靡世界了,为什么您?唯独您,一个拥有人类强大智慧的教授还迟迟不肯接纳我们?

(音乐起)

斯坦爱因(慢慢转过身来):是啊,技术变革的节奏如此迅速,智能搜索带来的影响如此深远,人类未来的生活将不可避免地发生改变。

群演甲:搜索引擎都在提供你们最有可能点击的网页。

群演乙:今日头条在说你们最关心的事。

群演丙:网易读书努力让你们总是能看到喜欢的书。

斯坦爱因:一切看似都很美好,可是……(扭头)

群演齐声:可是什么?

斯坦爱因:你们仔细想想,我们喜欢的,就是我们需要的吗?

(音乐、舞蹈起)

斯坦爱因:假如让算法创造一个世界,我希望我能决定看到什么。它给我展示那些合我心意的信息,也会保留那些不合意的、具有挑战的或更为重要的信息。假如让算法创造一个世界,我需要确保算法一定透明。我能了解信息过滤的规则,也能决定可以通过的、不能通过的或者可以选择的信息。

算法先生、搜索小姐(俘获失败,准备离开):看来,我们终究还是没能得到您的认可。

斯坦爱因:你们别走!其实,我很清楚,在未来,计算机将能够赶超人类智能的各个方面。

算法先生、搜索小姐:这么说,您认可我们了?

斯坦爱因:智能搜索因人的需求而产生,虽然现在看来还存在一些问题,但是我相信,它也会随着人类需求的不断提高而日益完善。只要我们人类在使用技术时,依旧愿意用我们的大脑去思考,用我们的双手去触摸,用我们的身体去探索,我相信随着人类的不断进化,一定会让人工智能走得越来越远,未来的新世界,等着我们!

齐声:啊!星光在这里闪耀,点亮人类希望。信息链接无限可能,打开万物天窗。啊!人工智能势不可挡。谁将主宰这时代,智慧改变未来生活,共创美好世界!

(大屏幕:愿我们的技术能够和人类最优秀的品质相媲美)

四、演出剧照

五、主创人员

仝鲜梅　郝思远　周宏艺　白思凝　刘统达　张微　崔雯　程文娟　王嫔　白璐

12

元素奇遇记

（剧作者：张晓肖）

一、活动简介

本活动的创意点源于2019年是门捷列夫发表元素周期表150周年，因此活动以"元素"为主题，以在科技馆现场进行科普剧表演为主要表现形式，以体验式学习、多感官学习、情境教学为主要教学方法，并结合焰色反应、惰性气体通电发光等实验，以播放视频为辅助教学手段，让大家了解元素周期表中周期与族的概念，进一步了解各元素所组成的物质之间的化学反应、元素构成的有机与无机的物质世界。本活动适合在场馆和学校开展。

二、创作思路

2019年是门捷列夫发表元素周期表150周年，根据这个热点话题我们创作了科普剧《元素奇遇记》。剧中讲述了公主寻找拥有蓝色魔法的人，通过跌宕起伏的剧情，将焰色反应实验与惰性气体通电发光实验结合起来，采用新颖的表现形式，给大家带来精彩的演出。

三、剧本

旁白：一年前公主被绑架，一个拥有蓝色魔法的人救了她。公主为了报恩，寻找拥有蓝色魔法的人，这时绑架她的人再次来到公主身边，故事就这样开始了。

第一幕：就不告诉你

（音乐起，大屏幕字幕：有机王国公主召开盛大的新闻发布会寻找拥有蓝色魔法的

人)

公主:啊哈哈哈哈哈,哈哈哈哈,哈哈哈哈!

(侍女点头送客)

(碘侍卫一脸装酷地站在公主身边,音乐起)

公主:这次召开如此盛大的新闻发布会,相信大家一定可以帮我找到那位拥有蓝色魔法的人!

侍女:公主,您确定这次能找到他?

公主:当然啦,你还不相信本公主的魅力?你说呢?碘侍卫?

碘侍卫:作为公主的侍卫,我的任务就是保护好公主。其他事情我都不管。

侍女:公主,一年前发生的事情您忘了吗?上一次您被绑架多危险啊。这次会不会出什么状况?

碘侍卫:尊敬的公主殿下,对于您这次要找到拥有蓝色魔法的人的事,我也觉得不妥。

公主:哪里不妥?即使这次真有什么危险,我也一定要找到他,因为当时就是一个拥有蓝色魔法的勇士救了我。

侍女:您不知道他的名字吗?

公主:不知道。

碘侍卫:那您记得他的模样吗?

公主:不记得了。那个时候我只看到蓝色的光,就晕过去了。

碘侍卫:可是公主殿下,拥有蓝色魔法的人有很多,你怎么能确定他是谁呢?

公主:这可是我的秘密哦。我不告诉你们。

侍女:公主,等等我,您告诉我嘛。(跟下场)

碘侍卫:不管发生什么危险,我一定会守在公主身边。

第二幕:密谋

(音乐起,钾和氩气出场)

钾:嘿嘿嘿嘿嘿嘿!

氩气:呵呵!

钾:可爱的小公主,一年前,那个不知道从哪儿跑出来的臭小子坏了我们的事,让你躲过一劫。这次,你又要找拥有蓝色魔法的人。哈哈哈……我倒要看看这次谁会来救你啊。对不对,阿氩?

氩气:呵呵!

钾:哎,我说,你的确是惰性气体,但不等于"弱智"啊。我说什么你都呵呵,你还有别的词吗?

氩气:你看看,你们碱金属家族都是火爆脾气,一点就着,走哪儿都得拿液状石蜡罩着,呵呵呵!

钾:……

氩气:作为成熟稳重的惰性家族气体氩气,我觉得有必要提醒你,公主要找的是拥有蓝色魔法的人。

钾:我就是拥有蓝色魔法的人。

氩气:那又怎样?

钾:你说怎样?在碱金属家族中,透过蓝色钴玻璃能呈现蓝色火焰的人只有我,锂、钠、铷、铯、钫可都没有这本事。

氩气:别生气,我知道你是最棒的。不过在惰性气体家族中,唯一能通电发出蓝光的人只有我,氦、氖、氪、氙、氡都不行啊,呵呵!

钾:那还等什么?我们赶紧开始行动吧!

第三幕:画外音

(参加蓝色魔法展示的选手登场)

侍女:公主,已经看了这么多选手的表演了,您要找的人会出现吗?

公主:再看看下一位选手的表演。

碘侍卫:请开始你们的表演。

钾:魔法是一种表演艺术,讲究的是"坑、蒙、拐、骗"四门功课。

氩气:哎!

钾:先做个自我介绍,我是来自碱金属家族的钾,虽然我在我们家族中作出了一些贡献,但只是一点点,不值一提,站在我旁边的这位是我的搭档,同样,不值一提。

氩气:哎,你得介绍我啊!

钾:哦哦,这是来自惰性气体家族的氩气。

氩气:呵呵!

钾:我热情似火。

氩气:我懒惰成性。

钾:我动若脱兔。

氩气:我纹丝不动。

钾:接下来,就由我们为大家带来大型悬疑超现实主义魔法秀。

(钾做实验,氩气捧哏)

氩气:当炙热的火焰遇上钾。

侍女：蓝色，蓝色！

氩气：别着急，好戏还在后头呢！当炙热的火焰遇上钾，再透过蓝色的钴玻璃，就会看到蓝色的火焰！

公主：下一位！

钾（继续夸）：蕴丹田之气，聚洪荒之力，引九天玄雷，燃元素圣火。

氩气：看钾变身。

公主：对不起，你们不是我要找的人。

钾：什么？我们兄弟俩折腾这么半天，你一句不是就要打发我们走，今天行也得行，不行也得行，阿氩，给我上！

氩气：哎！别生气。

碘侍卫（一个箭步冲到公主前面）：公主小心！请公主退后。（公主与碘侍卫接触，全身变成蓝色，音效配合）

氩气：等一下！公主变蓝了！

公主：原来上次救我的就是你，碘侍卫。

钾、氩气：原来上次就是你这个臭小子。

氩气：我就说他还会来嘛。

钾：就是因为你！这个乌鸦嘴，快撤。

氩气：别生气！

（钾、氩气跑下场）

侍女（崇拜的语气）：碘侍卫，你可真厉害啊！

公主：碘侍卫，能告诉我这是怎么回事吗？

碘侍卫：其实我是来自卤素家族的碘，当碘与淀粉相遇，就会化作梦幻般的蓝色。

侍女：原来是这么回事！

碘侍卫：也许是上天的安排，我们无机王国的钾和氩气要绑架您被我得知，于是我阻止了他们的第一次绑架，但我知道他们不会善罢甘休，所以我就来到您的身边，成为您忠实的侍卫。

公主：我更愿意把你当作我最忠诚的朋友，谢谢你。

侍女：一切皆有可能。

公主：元素构成了丰富多彩的物质世界，有机和无机共同创造了美好的生态环境。

四、演出剧照

五、主创人员

仝鲜梅　郝思远　周宏艺　白思凝　刘统达　张微　白璐　王嫔　程文娟　崔雯

13

糖 丸 爷 爷

(剧作者：程文娟)

一、活动简介

本活动的创意点源于2020年9月11日，习近平总书记在科学家座谈会上指出："科学家精神是科技工作者在长期科学实践中积累的宝贵精神财富。"爱国、创新、求实、奉献、协同、育人，这份精神气质书写下一个共同的名字——科学家。本剧以"科学家精神——顾方舟"为主题，在科技馆现场进行以舞剧为主要表现形式的科普剧，以情境教学为主要教学方法，以播放视频为辅助教学手段，让大家了解在特定的历史事件下，顾方舟"舍小家为大家"的科学家奉献精神。本活动适合在场馆开展。

二、创作思路

《糖丸爷爷》以舞剧的形式，讲述了1955年江苏南通爆发脊髓灰质炎（简称脊灰）疫情时，顾方舟用自己刚满一岁的儿子试药的故事。顾方舟一生都在为我国的脊灰事业做贡献，本剧选取了最典型、最感人、最能让观众感同身受的事件——让自己的儿子成为疫苗的第一个试验对象。本剧旨在引导青少年对科学家精神进行正确解读，对像顾方舟一样的科学家产生由衷的崇拜之心。

三、剧本

第一幕：喜悦

场景：实验室。

人物：顾方舟、顾方舟的妻子、同事A、同事B、同事C。

（大屏幕播放视频）

旁白：1955年，江苏南通爆发脊髓灰质炎疫情，俗称小儿麻痹症。

新华社报道：小儿麻痹症的主要症状是发热，严重时表现为瘫痪，甚至死亡。

《人民日报》消息：全市1680人突然瘫痪，大多数为儿童，其中死亡人数为466人。现疫情逐渐向上海、青岛、南宁等地蔓延。

《光明日报》消息：党中央面对疫情迅速开展疫苗研制工作，31岁的顾方舟临危受命担任组长，携妻子和同事研发脊髓灰质炎疫苗，目前已通过动物试验，进入临床试验阶段。

顾方舟和妻子率先喝下疫苗，同事们在他们的带领下，也纷纷喝下疫苗。

同事A：我没事！

同事B：我没事！

妻子、同事C：我们也没事！

齐声：我们的疫苗成功了！

（舞起，众人拥抱、欢呼、转圈）

第二幕：抉择

场景：实验室。

人物：顾方舟、顾方舟的妻子、同事A、同事B、同事C、婴儿。

（婴儿的哭声打断了大家的喜悦，顾方舟的妻子下场抱孩子，其他人下场）

妻子（抱着孩子上场）：方舟，你看我们的儿子。

（一家三口温馨地舞蹈。同时，顾方舟也作出了决定——用自己的儿子试疫苗。他背对着妻子一次次拿出药，又藏了起来。趁妻子给儿子冲奶之间，抱起孩子决定喂疫苗，同事A上场，一把拦住了顾方舟）

同事A：顾老师，这怎么跟嫂子交代。

顾方舟：谁家的孩子不是孩子，我们要相信自己的疫苗。

（顾方舟转身看到了自己的儿子，露出了难以抉择但坚定的眼神。顾方舟抱着儿子，将疫苗给儿子喂下）

（婴儿哭声）

（此刻妻子看到顾方舟手中的滴管，手里的奶瓶"砰"的一声掉在地上，听到声响，同事A、同事B、同事C上场，大家看到眼前的一切，愣住了）

（妻子冲向顾方舟接过孩子，捶打顾方舟，瘫坐到地上，众人上前，同事B、同事C搀扶起她）

同事 B:万一瘫痪呢?

同事 C:这是有风险的。

顾方舟(含泪转身):谁家的孩子不是孩子呀,我们不能拿别人家的孩子做试验!试验不做的话,研究就无法进行下去,我们等不了了,中国等不了了,如果能用我的儿子救一代人,值了!

(妻子被顾方舟的话深深地触动,原谅了他)

(日子一天天过去,音频中传来了孩子的笑声,孩子没事,疫苗通过了儿童临床试验,疫苗成功了)

(1960 年,首批疫苗推向全国,脊髓灰质炎疫情得到了一定的控制,顾方舟又借鉴中医丸剂的方法,将液体疫苗融入糖丸,糖丸疫苗就此诞生。2000 年,经世界卫生组织证实,中国成为无脊灰国家,顾方舟作为代表郑重地签下了他的名字)

(2019 年,92 岁的顾方舟在北京逝世。他留下了这样一段话:我一生做了一件事,值得,值得,孩子们快快长大,报效祖国)

第三幕:颂歌

道具:衣架、白大褂、勋章。

人物:顾方舟的儿子、群众 A、群众 B、群众 C。

(此刻,顾方舟的儿子捧着勋章上场)

儿子:爸,儿子长大了,作为您的儿子,作为新中国第一名儿童疫苗试验者,我感到无比骄傲和自豪,您不光是我的父亲,更是全中国千千万万孩子的父亲。爸,您听……

群众 A:我是疫苗的受益者,现在的我正在享受美好的退休生活。

群众 B:我是疫苗的受益者,现在的我已经是两个孩子的妈妈了。

群众 C:我是疫苗的受益者,大学毕业的我,正在从事我喜欢的工作。

儿子:爸,您听到了吗? 您是值得永远铭记的中国脊梁!

四、演出剧照

五、主创人员

郝思远　田敏　范博文　王嫔　张哲侨　李博

14

低碳生活，保护环境

（剧作者：裴斐）

一、活动简介

本活动的创意点源于当前的环境问题，讲述了以辛格尔家族、住在北极的姑姑、宠物伊丽莎白等为主要角色的故事。科普剧主要结合体验式学习、多感官学习、情境教学等教学方法，把欢笑、知识传递给观众。

二、创作思路

此剧是针对环境问题这个热点话题而创作的。极端天气频繁出现，北极冰层消融、印度高温、马尔代夫海平面上升……在印度生活的小辛格尔为了探索问题的来源，在宠物伊丽莎白的帮助下找到了答案。本剧通过跌宕起伏、时空穿越的剧情，将科学原理和保护环境的理念结合起来，巧妙地融合了新颖的表现形式，呈现出一场精彩的演出。

三、剧本

旁白：观众朋友们晚上好。现在为您播报国内新闻。在我国北方的小镇帕洛迪，19日监测到当地最高气温达到51摄氏度，这样持续的高温将给我们印度民众的生活带来严重的危害。

韩达拉通达：我要喝水，谁来救救我？

小辛格尔：爸爸快看！有个人晕倒了。

辛格尔：在哪？

小辛格尔：伊丽莎白，赶紧走！

小辛格尔：咦，这不是咱们家门口卖甩饼的韩达拉通达吗？

辛格尔：大哥，醒醒。

韩达拉通达：水，我要喝水。

辛格尔：小辛格尔，还有水吗？

小辛格尔：伊丽莎白，还有吗？

伊丽莎白：给！

小辛格尔：爸爸给。

韩达拉通达：兄弟，滴水之恩，没齿难忘。哎哟！我还得回去做甩饼，咱们再见。

小辛格尔：爸爸你真棒。

辛格尔：好孩子，人与人之间应该互相帮助。来，到这坐着，天这么热，爸爸给你擦擦汗，这鬼天气我听说都热死2000多人了。

小辛格尔：是啊，我家门口卖煎饼的大妈，现在都不用火炉了，饼直接放到地上就烫熟了。

辛格尔：反常的事越来越多了，各种疾病都来了，我们该怎么办？

小辛格尔：对，我们该怎么办？

伊丽莎白：我知道，凉拌！

小辛格尔：哈哈哈哈哈，伊丽莎白说得对，哈哈哈。爸爸，我不是有一个姑姑住在北极吗？这里这么热不如我们去北极投奔姑姑，这样我就可以裹着棉被吃火锅了。

辛格尔：吃着火锅唱着歌。小辛格尔，你去收拾行李，爸爸给姑姑打电话。

姑姑：谁啊？怎么了？

辛格尔：喂，妹妹，我是你印度老哥辛格尔。

姑姑：哥哥，我好惨啊！

辛格尔：你别急，慢慢说。

姑姑：气候变化，冰层融化。我去年刚买的房子没了！

辛格尔：妹妹，你怎么这么惨？

姑姑：哥哥，我现在每天要走好几十千米才能歇一会儿，我都瘦脱相了，不信我给你拍张照片，你看看。哥，我不跟你说了，我还饿着肚子，我得赶紧找吃的去了。

小辛格尔：这也太惨了，本来我们还想裹着棉被吃着火锅唱着歌，真是的。

辛格尔：小辛格尔，小点声，有电话。喂，哪位？

老王：猜猜我是谁？

辛格尔：老王！

老王：不愧是多年的老同学，在印度过得怎么样？

辛格尔：快别提了，热得跟火炉子似的，你没看新闻吗？印度的地上都能煎鸡蛋了。

老王:这么热?

辛格尔:马尔代夫那么美,我们还想去你那里凉快凉快呢!

老王:别,老同学。我家现在都成龙王庙了,再这样下去,再过几年马尔代夫就要被淹了。

辛格尔:这么严重!

老王:老同学,你那有光头强的电话吗?我们可以去他的伐木场凉快凉快去!

辛格尔:我来找找他的电话。

小辛格尔:马尔代夫也被淹了,印度热得跟个大火炉似的,你说这都是为什么?

伊丽莎白:为什么得去问问你的爷爷,我这里有一个魔法棒,现在我就带你去爷爷的年代看看。

辛格尔:放学了,爸爸、妈妈你们在哪儿?

爷爷:我儿子放学了,今天上学乖不乖?

辛格尔:乖,老师说我是最乖的!

爷爷:来,让爸爸亲一口。来和爸爸坐在这,爸爸给你讲讲创业的故事。辛格尔,作为一个男人要有叱咤风云的豪气,你看这片广袤的草原,我要把它建成世界上最大的油田,我要让你开上汽车,坐上飞机;再看这边一大片森林,我要把它变成世界上最大的伐木场,我要让咱们住上高楼大厦,过上好日子!

辛格尔:可是爸爸,这样做会破坏环境吗?

爷爷:傻孩子,这么大的地球,我砍两棵树就能破坏环境吗?再说了这都是多少年后的事情了,管那么多干吗!为了你,爸爸不吃饭、不睡觉,打起精神赚钞票!

齐声:不吃饭、不睡觉,打起精神赚钞票!

(沙尘暴、雾霾、火山爆发、冰川融化、海啸、地震。随着人类对大自然无度地索取,天灾就在我们的身边发生。假如这些还不能让我们警醒,那么这一切都将发生在明天)

小辛格尔:不,我不要这样的事情发生,如果是这样的话,那么以后我能给我的孩子们讲什么故事呢?

伊丽莎白:别难过,这样的世界我们都不喜欢。

小辛格尔:可是我们该怎么办呢?

伊丽莎白:其实这样的极端气候和我们的日常生活是息息相关的,所以大家应该从我做起!

小辛格尔:对,从现在做起,低碳生活、绿色出行、保护资源、合理配置。以后我要给我的孩子们讲最美好的故事。对,讲最美好的故事。

齐声:对,最美好的故事!

四、演出剧照

五、主创人员

仝鲜梅　张哲侨　郝思远　白思凝　刘统达　崔雯　白鹿　王嫔　程文娟

15

愤怒的小水滴

（剧作者：程文娟）

一、活动简介

本活动源于对环境污染问题的思考，以"保护水资源"为主题，以在科技馆现场进行科普剧表演为主要表现形式，以多感官学习、情境教学为主要教学方法，以播放视频为辅助教学手段，让大家了解水资源以及保护水资源的意义。本活动适合在场馆和学校开展。

二、创作思路

环境保护是一个永恒的话题，根据这个话题我们创作了科普剧《愤怒的小水滴》。剧中因为人类无休止地破坏环境，小水滴从清泉变成污水，最后成为洪水。通过跌宕起伏的剧情，强调人类破坏生态环境引发的一系列问题，引发人们对环境保护的思考。本剧采用互动的形式，为大家带来更精彩的演出。

三、剧本

第 一 幕

小水滴：小朋友们，大家好，我是小水滴，我的家族可牛了，我的爷爷是大海，我的爸爸是江河。小朋友们，你们知道水有什么作用吗？

大树：我知道，我知道。

小水滴：嘘！我在问小朋友们呢。这位小朋友说水可以浇花，这位小朋友说水可以刷牙、洗脸……你们说得都对，水有这么多作用，我希望在以后的日子里，还能像现在这样，天那么蓝，水那么绿，我这么清澈透亮。小树、小鸟，我们快乐地生活在一起。大家说，是不是呀？

（小树咳嗽两声）

小水滴：小树哥哥，你怎么啦？口渴了吗？快喝点水吧。

小树：谢谢你，小水滴。

小水滴：不用谢，这是我应该做的。

小鸟：小水滴，我可算找着你了。

小水滴：小鸟姐姐别着急，慢慢说。

小树：别着急，慢慢说。

小鸟：我们小鸟家族和熊爷爷准备办一场大派队，为了感谢你多年来对大家的照顾，我们把你定为特邀嘉宾了！

小水滴：特邀嘉宾？是真的吗？

小鸟：当然啦，明天晚上8点记得准时参加派队，我还有好多事情要忙呢，先不跟你们说了，拜拜！

小水滴：小树哥哥，是真的吗？

小树：是真的，快去好好准备吧。

第 二 幕

小鸟：咦，小树哥哥你也在这儿，我最近老感觉浑身没劲，都没力气飞了。

小树：是啊，我爷爷和我爸爸都长得高高大大的，可是你看看我连叶子都没几片了。

小鸟：唉，你说我们这都是怎么了？

小水滴：小鸟姐姐，小树哥哥。

小鸟、小树：咦，你是？

小水滴：我是小水滴呀，你们怎么都不认识我了？

小鸟：小水滴，你的脸怎么黑了？

小水滴：我……我中毒了。

小树：啊？中毒？

小水滴：嗯，我的爷爷死了，我的爸爸也病倒了，就连你们，你们喝的水也是有毒的。

小鸟：小水滴，亏我们大家那么信任你，你怎么能害我们呢？

小水滴：小鸟姐姐，你听我解释呀！

小鸟：别解释了，我再也不相信你了。哼！

小水滴：小鸟姐姐！小树哥哥！

小鸟、小树：哼！

第 三 幕

小水滴：大家对我现在的样子很陌生吧？小时候我是清泉，现在我迫不得已变成了这个样子，我要报复，我已别无选择。

小鸟：小水滴，我可算找着你了，你把我们大家都害苦了，你把小树哥哥冲走，把我们冲的都无家可归了。你……你太可恶了。

小水滴：哼，幸亏你会飞，不然连你也冲跑！

小鸟：你再也不是我认识的那个小水滴了，你这样做早晚会后悔的。

小水滴：都是人类逼我的，其实我也不想这样，我也老了，我该走了。

第 四 幕

小树、小鸟、小水滴（上场舞蹈）：让我们一起保护环境，珍惜水资源！

四、演出剧照

五、主创人员

仝鲜梅　崔雯　郝思远　刘统达　白璐

龙宫奇事

(剧作者:闫夏)

一、活动简介

本活动的创意点来源于 2020 年 11 月 10 日,"奋斗者"号载人深海潜水器在马里亚纳海沟成功坐底,坐底深度为 10909 米。以"奋斗者"号为主题,以在科技馆进行科普剧表演为主要表现形式,以多感官学习、情境教学为主要教学方法,以播放视频为辅助教学手段,让大家了解"奋斗者"号的外观、性能和海洋勘探的故事,感受中国一代代深潜人的"深蓝梦"。本活动适合在场馆和学校开展。

二、创作思路

2020 年,"奋斗者"号抵达了全球海洋的最深处——马里亚纳海沟。万米的海底究竟是什么样子的?根据这个热点话题我们创作了科普剧《龙宫奇事》。剧中"奋斗者"号和深海龙宫的朋友们发生了有趣的故事,以幽默风趣的形式将大国重器和科普剧完美融合,为大家带来精彩的演出。

三、剧本

故事梗概:这天,深海龙宫出现了一艘怪船,原来是进行海试的"奋斗者"号载人深海潜水器。龙王众人与"奋斗者"号之间发生了什么样的奇妙故事呢?

旁白:奶奶给我讲过一个故事,在很深很深的大海里有一个很漂亮的房子,听说那里还住着一位深海龙王……

第 一 幕

场景：龙宫大殿。

（音乐：京剧小锣伴奏）

（龟丞相踏着锣点走上台，疾走几步，踉跄摔倒。剑鱼急匆匆上台，扶住龟丞相）

剑鱼：哎哟，龟丞相，您慢点。

龟丞相：唉，年纪大了。

剑鱼：怎么会呢？您可是咱们深海龙宫的智囊，天上地下无所不知！

龟丞相（得意后收敛）：哈哈，不行了，老啦！

（龙王驾到！剑鱼、龟丞相走到龙椅两侧站定）

（音乐起）

龙王（走到龙椅前）：道德三皇五帝，功名夏后商周，五洲四海共敬仰，吾乃深海龙王！

众人：参见龙王！

龙王：众爱卿平身！

（龙王坐定）

龟丞相（向前一步）：有事禀奏，无事（看一眼龙王，龙王点头，龟丞相笑笑）退朝……

剑鱼：微臣有奏！

龙王：讲！

剑鱼：近年来，海面上人类的船舶增多，微臣担心他们会伤害到海中生灵。

龙王：可有人闯过龙宫？

剑鱼（想了想）：那……倒没有。

龟丞相（笑了笑走出来）：回禀龙王，咱们有祖上留下来的法宝，让人类不敢下来！

龙王：哈哈哈，极好极好！

（众人正得意，章鱼冲上台）

章鱼（急匆匆闯进来）：报告龙王！西太平洋马里亚纳海沟附近出现一艘怪船！

龙王（着急地直起身子）：嗯？什么怪船？

章鱼（比划）：那怪船头部突出，全身浑圆，正在不断下潜……

龟丞相：龙王莫急！那马里亚纳海沟最深处超过10000米，是龙宫禁地。

剑雨：对，那里水压极大，谁来了都会被压扁。

章鱼：可那怪船来回数次，怕是要危及我海底生灵。

龙王（惊站起）：不行，本王要御驾亲征！

（京剧过场伴奏响起，众人绕场一周从另一侧上台，"奋斗者"号从对面出场并配音效）

第 二 幕

旁白:好神奇,原来海底真的有龙王啊……那你们知道闯进马里亚纳海沟的怪船是什么吗?

(音乐:《哆啦A梦》主题曲)

"奋斗者"号:深海的奥秘是什么?现在我来告诉你。只要有我"奋斗者"号,就能下到海底深万米。钛合金来做身体,灵活爪子当手臂。最后披上绿外衣,一起探索深海奥秘。深海两万里,让我陪着你。"奋斗者"号,加油啊!冲冲冲!多少秘密,等待着你!我们一起来努力!小朋友们大家好,我是你们的新朋友"奋斗者"号。雯雯你在哪儿呢?我怎么找不到你啊?

雯雯:"奋斗者"号,请报告你现在的位置。

"奋斗者"号:我在184米。

雯雯:你所在的位置是海洋上层区,那里阳光充足,海洋生物非常多。

"奋斗者"号:是啊,我看到了很多漂亮的小鱼、小虾,还有很多可爱的小海草。你看小海草在和我们挥手呢,小海草们,让我们一起舞动起来。

(音乐起)

"奋斗者"号:小海草们,再见!我要继续前往深海探秘了!哇,这里好热呀,好热呀。

雯雯:"奋斗者"号,请报告你现在的位置。

"奋斗者"号:我在2000米,我看到了一个黑烟囱。

雯雯:你现在的位置应该是深海热液区,看到的黑烟囱是海洋板块和大陆板块之间的火山口。它附近的温度高达400摄氏度,你要注意安全啊。

"奋斗者"号:小朋友们,我要离开这儿了,我要离开这儿了,我要继续前往深海探秘了。

雯雯:"奋斗者"号,你马上就要到达7062米了,那可是"蛟龙"号曾经创下的深潜纪录。

"奋斗者"号:哇!原来是我大哥"蛟龙"号待过的地方啊,我一定要比它做得更好,相信我吧,我会更努力的。

雯雯:小朋友们一起为它加油吧!"奋斗者"号加油!

"奋斗者"号:"奋斗者"号,加油!"奋斗者"号,加油!

第 三 幕

章鱼:龙王,这就是那艘怪船。

龙王:剑鱼将军!

剑鱼:在!

龙王:前去问话。

剑鱼(上前):是!哪里来的怪船?龙王在此,还不快快拜见!

章鱼、龟丞相:快快拜见!

"奋斗者"号:这个小姑娘好可爱,让我看看。(弹剑鱼)

剑鱼:岂有此理!我的剑能刺穿50厘米厚的木船板,看我不把你的壳子刺穿!

龟丞相:且慢!

剑鱼:哎哟,龟丞相,别人都到家门口了,你咋还慢悠悠的!

龙王:剑鱼将军,知己知彼,方能百战百胜!听听龟丞相有何高见。

龟丞相:你可知在这万米深海,若那怪船身上出现一道小裂缝,这水流的速度相当于子弹射出的速度。

剑鱼:哈哈哈,嘚!

(音乐:打斗的京剧音效)

(剑鱼甩头炫耀头上的剑,大喝一声"一剑穿心",信心满满地冲上去用剑刺"奋斗者"号,结果剑折弯了)

剑鱼(摔倒在地):哎哟!哎哟!我的剑!

"奋斗者"号:小姑娘,你疼不疼呀?我的身体是用科研所的叔叔、阿姨们自主研发的新型钛合金做成的。

龙王、章鱼、龟丞相:新型钛合金?

"奋斗者"号:对呀,我的舱体还采用了真空电子焊接技术,非常坚固。

剑鱼:章鱼给我上!

章鱼(上前):外壳攻不破,我看前面这双手挺奇特!(抓住"奋斗者"号的机械手)我的触手上有200多个吸盘,拖动20千克的东西不在话下,看我不把你这小细爪子折断!

(音乐:京剧伴奏)

(章鱼抓住"奋斗者"号的机械手,前进后退一番,"奋斗者"号一甩手,章鱼摔倒在地)

章鱼:哎哟!

"奋斗者"号:咦,你要做什么?

章鱼:我在吸你呀!

"奋斗者"号:你能吸得住我?我的手臂上有7个关节,抓取灵活,举起60千克的重物都不在话下。

章鱼:60千克?我才20千克,居然敢跟它掰手腕!

龙王:呀!竟折损我两员大将!

龟丞相:两员?(来回折三根手指)

龙王：下去！待我与你大战三百回合！

龟丞相：龙王息怒，我看不如智斗！

剑鱼、章鱼：智斗？

龙王：龟丞相有何高见？

海龟：龙王，您还记得龙宫的深海禁区吗？

剑鱼：哇哦，那里有10000多米。

章鱼：那里水压极大。

龙王：耶！怪船，有本事你过来呀！

章鱼、剑鱼、龟丞相：你过来呀！

"奋斗者"号：咦，你们要跟我玩吗？我们要去哪呢？

龙王：你跟我走就行！

"奋斗者"号：慢点儿，深海区很危险！

龙王：废话，不危险谁带你来！

（与观众互动，舞蹈）

第 四 幕

龟丞相：我头晕眼花！

章鱼：我八爪发麻！

剑鱼：我肚子好疼！

龙王：一帮废物！这可是深海禁区呢！呃！

"奋斗者"号：小朋友们，它们要去哪儿呢？它们突然晕倒啦。

雯雯："奋斗者"号，你已踏入万米大关，如果感觉不适请立即返航。

"奋斗者"号：我现在还好，我还不能回去，我要救我的朋友们。

剑鱼：这是在哪？

龟丞相：发生了什么？

章鱼：怪船在哪？

龙王：我们打赢了吗？

（"奋斗者"号、雯雯出场）

"奋斗者"号：雯雯，他们醒了！

章鱼：怪船在那！

龙王：它还找了个帮手！

剑鱼：龙王，我们跟它拼了！

（四人上前）

雯雯：停！你们是不是有什么误会？刚才可是"奋斗者"号救了你们。

齐声：它救了我们？

章鱼：我不信！

剑鱼：不可能！

龟丞相：嗯……

龙王：你们不是要侵占我的龙宫吗？

"奋斗者"号：你们……你们真的误会了，我是中国科学院海洋研究所研究的载人深海潜水器——"奋斗者"号。

众人："奋斗者"号！

雯雯：我们正在做深海探测，不是要侵占你们的家园，而是在进行海洋资源勘探，为了做科学研究。

"奋斗者"号：为了更好地保护海洋。

众人：哦！

龙王：看来我们错怪它了！

众人：嗯！

"奋斗者"号：可算弄明白了。这是雯雯，她是我的设计师，也是我最好的朋友。

雯雯：你们好，欢迎来到探索1号，这里就是"奋斗者"号的母船。

众人：谢谢你们！

龙王：感谢你们的救命之恩！

众人：嗯！

"奋斗者"号：不客气，我们都是好朋友。

雯雯：我们每个人在小时候都听过龙宫的故事，也都曾梦想过要去龙宫看看，为了这个梦想我们一直在奋斗着！

"奋斗者"号：所以我就叫"奋斗者"号，今天我已成功地创造了马里亚纳海沟中国载人深潜的新纪录，我的大哥"蛟龙"号下潜到了7062.2米，我的二哥"深海勇士"号做到了全面国产化，而我已经下沉到了10909米。

章鱼：10909米，这是一个新的开始。

剑鱼：在逐梦深海的路上，我们永不止步。

龙王：每一次科技的进步，都源于平凡的梦想和执着的追求。

龟丞相：小朋友们，你们愿意加入我们吗？

"奋斗者"号、雯雯：对，小朋友们快来加入我们好不好？

雯雯：让我们一起下潜到更深的海洋，留下我们更多探索的脚步。

唱：深海奥秘是什么？现在我来告诉你。

只要有我"奋斗者"号,就能下到海底深万米。
钛合金来做身体,灵活爪子当手臂。
最后披上绿外衣,一起探索深海奥秘。
深海两万里,让我陪着你。
"奋斗者"号,加油啊!冲冲冲!
多少秘密,等待着你!我们一起来努力!

四、演出剧照

五、主创人员

仝鲜梅　郝思远　崔雯　范博文　张哲侨　周宏艺　刘统达　王嫔

寻 鹿 记

（剧作者：常佳）

一、活动简介

《寻鹿记》是一个沉浸式科普剧，通过表演、语言叙述、矛盾冲突等形式，以播放视频为辅助教学手段，让大家了解不同的鹿的外貌与形态、生活环境、生活习性和生存技能。本活动适合在场馆和学校开展，适合中低年龄段的孩子们。

二、创作思路

中国作为麋鹿的故乡，经历过麋鹿的繁盛期，又遭遇了野生麋鹿灭绝的困境。之后，经过几代人的努力，麋鹿再次回归祖国、回归自然，成功地得到了保护。

在圣诞节来临之际，我们借助有趣的故事情节，以圣诞老人寻找"搭班"送礼物的鹿引出故事。长相相似的梅花鹿和狍鹿、四不像的麋鹿、视力不好的马鹿，以及生活在极寒地区的驯鹿都来报名参加选拔，它们各有特点，非常热闹。

三、剧本

故事梗概：圣诞节马上就要到了，可是陪圣诞老人送礼物的鲁道夫却生病了，圣诞老人急得团团转。很快世界各地的鹿都来应征，都想来当他的领头鹿。

（开场音乐：《We Wish You A Merry Christmas》）

圣诞老人：小朋友们，大家好啊，你们知道我是谁吗？没错，我就是圣诞老人。眼看着圣诞节就快到了，关键时候我的老伙计鲁道夫病了，就是你们经常看到的那头长着红鼻子的驯鹿。我得赶紧找个领头鹿来帮我把礼物送给大家，可是谁能胜任呢？

（黇鹿和梅花鹿挤着上场）

黇鹿：别挤，别挤。

梅花鹿：是我先来的！

黇鹿：明明是我！

梅花鹿：不管不管，就是我！就是我！

圣诞老人：小朋友们，不要吵架。

黇鹿：圣诞老爷爷，好久不见。

梅花鹿：是啊，好久不见呢。

黇鹿：学我，怎么哪儿都有你。

梅花鹿：哼！

黇鹿：爷爷，我听说鲁道夫病了？

圣诞老人：是啊！

梅花鹿：我听说要选新的领头鹿？

圣诞老人：没错！

黇鹿、梅花鹿：远在天边，近在眼前，我就是小鹿。

圣诞老人：你们是梅花鹿？

梅花鹿：我才是梅花鹿，它是冒牌的。

黇鹿：去去去，我才不做你们庸俗的梅花鹿，我是来自于地中海的黇鹿。

圣诞老人：黇鹿，可你身上有像梅花一样的斑点啊！

梅花鹿：爷爷，不是所有有斑点的鹿都是梅花鹿。

黇鹿：爷爷，你听我说。从我有记忆开始，我们黇鹿家族就有一个独特的本领，在鸟语花香的春天和骄阳似火的夏日，我们的皮肤会变成黄褐色；当秋风萧瑟、冬雪来临的时候又会变成灰褐色，如果有猛兽来袭，我们的皮肤也会根据环境的变化而变化。

圣诞老人：我知道，这是保护色。

梅花鹿：爷爷，你快来看看我。我有火红色的皮衣，油亮油亮的，再配上这雪白雪白的斑点，还有漂亮的珊瑚状鹿角！我一定会是最漂亮的领头鹿！

黇鹿：我的鹿角才特别，就像手掌一样。爷爷，爷爷，选我做领头鹿嘛！

梅花鹿：选我选我，我才最漂亮。

圣诞老人：你们啊，别吵了，你们都很漂亮，可你们俩的个头都不大，体能也有点弱，我得拉好多好多礼物，你们俩不行，不行。

梅花鹿、黇鹿：爷爷！

圣诞老人：麋鹿的体格不错，和我的老伙计鲁道夫还有几分相似呢！你也是来参加选拔的么？

麋鹿：是啊，爷爷。

圣诞老人：那你来做领头鹿吧！

梅花鹿：不行不行，爷爷你看它的脸！

驯鹿：像马。

梅花鹿：脖子。

驯鹿：像骆驼。

梅花鹿：尾巴。

驯鹿：像驴。

梅花鹿：蹄子。

驯鹿：像牛。

梅花鹿、驯鹿：就是四不像。

梅花鹿：而且走起路来咯噔咯噔的。

圣诞老人：也是，你拉上雪橇去送礼物，会把小朋友们吵醒的。

（马鹿唱歌）

梅花鹿、驯鹿：唱得真棒，就你了，就你了。

圣诞老人：这个马鹿，歌唱得不错，跑得也挺快，就是这视力是怎么回事？你们四个都很好，但不是爷爷苛刻，你们能陪我一起走过北极荒原，踏过茫茫白雪，忍受北极的严寒吗？你们能在严寒下找到方向吗？

各种鹿齐声：是鲁道夫回来了！

圣诞老人：太好了，鲁道夫，你怎么越活越年轻？

圣诞老人：那就赶紧去准备礼物吧！

各种鹿齐声：爷爷，爷爷。

驯鹿：既然领头鹿已经找到了，那我们还是回家吧！

圣诞老人：孩子们别走，你们都很优秀。马鹿，你体格健壮，但以后要保护视力，争取把眼镜摘掉。梅花鹿，你可爱漂亮，还有驯鹿，你有漂亮的保护色，可是你们的体格较小，需要锻炼好身体。麋鹿，你将来一定是个运动健将，加油。

齐声：太好了，今年的圣诞我们一起过。

（音乐：《叮叮当》）（发礼物）

四、演出剧照

五、主创人员

崔雯　程文娟　周宏艺　白思凝　刘统达　张微　白璐　王嫔　程文娟

河马和鳄鱼

（剧作者：常佳）

一、活动简介

山西省科学技术馆针对3~7岁的儿童特意编创了科普皮影剧《河马和鳄鱼》。该剧以多感官学习、情境教学为主要教学方法，讲述了河马妈妈十分忌惮鳄鱼对小河马虎视眈眈而诬陷鳄鱼，最后大象法官得知真相，命令河马妈妈寻回鳄鱼，最终它们和谐共处的故事。该剧原定于2020年春节在山西省科学技术馆儿童科学乐园科学剧场上演，由于受到新冠肺炎疫情的影响，推迟到2020年5月开馆后录制视频并改为线上演出，但仍受到许多亲子家庭的一致好评。

二、创作思路

千篇一律的科普剧让人觉得索然无味，于是我们寻求形式与内容的创新。采用皮影剧这种观众喜闻乐见的形式，科普河马流"血汗"这样的冷门科学小知识。皮影是我国的非物质文化遗产，是光与影的艺术，在保留传统皮影元素的基础上，我们打破了传统的皮影风格，打造了全新概念的科普皮影剧。音乐不再是传统的民俗音乐，而是融入现代音乐并配合音效；人物剪影也没有采用兽皮制作，而是采用PVC材料，新颖独特，使人物剪影圆润软萌，更加吸引儿童。本剧在丰富儿童动物知识的同时，也能激发儿童进一步探索动物奥秘的兴趣；引导儿童遇事冷静，学会搞清楚事情的真相，不能凭借已有的经验判断是非。

三、剧本

第 一 幕

旁白：当太阳从地平线上升起时，非洲大草原上的动物们苏醒了，万兽群集，视野开阔，露水挂满了枝叶，空气中充满了新草的清香和野花的味道。斑马昂昂，角马呦呦，鸟声婉转，层次分明。

（音乐：非洲大草原的背景音效）

（在一片墨绿色的水湾中，水草丰茂，鳄鱼和河马妈妈共享着这块风水宝地。太阳刚刚升起，天空还泛着玫瑰色的霞光）

（音乐：欢快愉悦的音效，两只小河马跳一段舞蹈）

（音乐：紧张恐惧的音效，一只鳄鱼上场）

（趁着河马妈妈不在，鳄鱼对小河马虎视眈眈，准备偷袭小河马们）

小河马：快跑，鳄鱼来了。

（这时，河马妈妈恰巧回来了）

河马妈妈：坏鳄鱼，有本事冲我来。以大欺小，算什么本事？

鳄鱼：哼！我才没那么傻，我的表弟就是命丧于你那宽阔的大嘴和尖锐的獠牙。

河马妈妈：你真狡猾，怪不得名声不好。

鳄鱼：你真虚伪，怪不得"皮厚"，看起来温顺憨厚，其实你才是最暴躁的。

河马妈妈：警告你多少次了，你还在小河马身上动心思，我看你是活腻了。

（河马妈妈说着，张开大嘴，一口咬住鳄鱼的脊背）

鳄鱼：看，小河马。

（河马妈妈"啊"了一声，松开大嘴，鳄鱼才逃过一劫。鳄鱼往水湾边挪动，离河马妈妈远点再远点，生怕再被它攻击）

鳄鱼：臭河马，你这个大块头，真是太欺负人了。别忘了，好多人都怕我。我可是头号杀手。

河马妈妈：你也就是会拖住猎物往水里淹，我们河马会游泳、会潜水，你那点三脚猫的功夫我才不怕。

鳄鱼：你你你，真是欺人太甚。把我的河湾挤得这么狭窄，还搞得我这儿臭气熏天。你给我等着，我要去告你，让你永远消失在这片水湾。

第 二 幕

场景:动物法庭建在非洲大草原特有的金合欢树下,动物们在此聚集。

旁白:正午时分,毒辣的阳光照射大地,草原居民们聚在金合欢树下栖息乘凉。鳄鱼对河马妈妈无计可施,于是跑去动物法庭控告它,大象法官受理了鳄鱼对河马妈妈的控告。

鳄鱼(委屈):尊敬的大象法官,您可要为我做主啊。我和河马共存一片水域多年,我们鳄鱼对它们河马家族总是礼让三分,可它们呢?

大象法官:传被告河马。

河马妈妈:威严的大象法官,您可不要听鳄鱼信口雌黄。它对我的宝宝们虎视眈眈,不安好心啊。

鳄鱼:大象法官,你看看我的脊背,都快被河马咬断了。

河马妈妈:我这么谦和温顺,谁会相信我能吃了你?

鳄鱼:我说的都是事实,幸亏我急中生智,大象法官,不然我早就见不到您了。

(烈日炎炎,鳄鱼、河马妈妈激烈地争辩着,这时候的阳光显得更加毒辣)

河马妈妈:大象法官,您看我身上血迹斑斑,都是拜鳄鱼所赐。它这是故意伤害呀。

鳄鱼:我没有,我没有。那不是我咬的。

(鳄鱼还没说完就被其他动物们打断了。大家看着河马妈妈身上流着鲜红的液体,都泪流满面,善良的听众们义愤填膺)

斑马:鳄鱼是世界上最凶狠的动物了,没有之一。

长颈鹿:是呀,它那尖尖的牙齿,我看着都打寒战。

斑马:不要相信鳄鱼的眼泪,它们最狡诈,而且冷血。大象法官,一定要把凶手惩办。

鳄鱼:大象法官,河马妈妈的体重仅次于您,我的血盆大口也容不下它呀。

(鳄鱼百口莫辩,大象法官看着河马妈妈血淋淋的身体,特别同情它)

大象法官:现在证据确凿,并且鉴于鳄鱼的一贯表现,鳄鱼犯故意伤害罪,赶出河湾。

河马妈妈:您真是英明、正义的大象法官。

鳄鱼:臭河马,真是恶人先告状,倒打一耙。我一定还会回来的。

第 三 幕

场景:河马生活的水域。

旁白:烈日当头,阳光照射在水面上发出闪闪的光芒。熟悉的河湾,少了鳄鱼的虎视眈眈,小河马在水里愉快地玩耍。

小河马:大象法官,您好。多亏您把鳄鱼赶出这片河湾,我再也不担心妈妈不在家,坏鳄鱼要来吃我了。

大象法官：不客气。你妈妈的伤口好些了吗？

（话音未落，大象法官发现小河马身上有鲜血正不断地往外淌）

大象法官（惊讶）：小河马，你身上怎么流血了？鳄鱼又回来欺负你了吗？

小河马：哎哟，大象法官，我身上的红色液体不是血，你看，今天的太阳真毒啊。我们河马没有汗腺，所以会分泌这种红色的液体，我身上冒的"血汗"，它能够反射阳光，不然我们的皮肤会被晒得开裂。

（大象法官方才恍然大悟，原来河马妈妈身上的是"血汗"，尽管鳄鱼是有名的坏蛋，但这一次却被河马妈妈诬陷了）

大象法官：天呐，都怪我知识有限，冤枉了鳄鱼。

（这时，觅食的河马妈妈赶了回来）

大象法官：河马妈妈，你怎么能这样？我全都知道了，你就算保护孩子也不能冤枉鳄鱼呀。

河马妈妈：对不起，大象法官。鳄鱼总是趁我不在的时候偷袭我的宝宝，为了以绝后患，我只能将计就计，利用大家的同情心，让您把它赶走。

大象法官：我必须重新审判，河马妈妈，你得为你的行为负责，找回鳄鱼，给它赔礼道歉。

河马妈妈：好的，大象法官。我一定做到。我以后再也不说谎了，得给孩子们做个好榜样。

（经过草原居民的一起努力，鳄鱼被找了回来。大象法官对河马妈妈进行了审判）

鳄鱼：大象法官，我就说吧！我没有咬它，您还不信？

大象法官：事情的真相到底是怎样的呢？

河马妈妈：那天我觅食回来看到它又在小河马身上动心思，就和它吵了起来。最后就闹到了您这儿。

鳄鱼：就是这个讨厌的大块头，是它咬我了，我可没咬小河马，我是有贼心，但我没贼胆儿啊。你们都冤枉我了。

大象法官：河马妈妈，既然鳄鱼没有伤害你，那你就应该道歉。

河马妈妈：对……对不起。

大象法官：鳄鱼，你也不对。你们俩遇事都应该冷静，不要动不动就吵起来。

鳄鱼：我知道了，大象法官，我以后不挑事儿了。

大象法官：还有我，作为法官，以后不能以貌取人，仅凭已有的经验去判断，必须要搞清楚事情的真相。

河马妈妈：没错。

鳄鱼：是呀，是呀。

大象法官：以后你们要好好相处，争做我们非洲大草原的优秀公民。

众人：嘻嘻嘻……

（后来，河马和鳄鱼共同愉快地生活在这片水湾）

（音乐：欢快的音效，众人舞蹈）

四、演出剧照

五、主创人员

程文娟　郝思远　杨宏蓉　白璐

19

绿 林 探 秘

（剧作者：闫夏）

一、活动简介

音乐科普剧《绿林探秘》以音乐情景互动的方式带领小朋友们走进森林，寻找更多关于大自然的秘密。小朋友们正在科技馆参观，突然出现一只黑熊，它要带小朋友们去迷雾森林探寻大树的奥秘。探秘途中，小朋友们被小兔邀请去做客，知道了聪明的兔子如何躲避天敌；在寻找食物的过程中，他们学会了分辨有毒的蘑菇；他们帮助小树找到医生，并且和小树成了朋友；为了走出迷雾森林，他们寻找到了更多关于大树的秘密……

二、创作思路

随着社会的发展和进步，儿童音乐剧已经逐渐成为众多家庭实现亲子相伴的重要方式。它融合声乐、舞蹈、表演、戏剧等多种艺术元素，有效地与孩子们的情感、认知相关联，让孩子们在快乐体验、轻松享受的同时，获得艺术素养及科学素养的提升。该剧将科普剧与儿童音乐剧结合，为孩子们开启一段梦幻般的森林探险之旅。

三、剧本

场景：穿幕影院。
（小朋友们看完电影，主持人正在提问）
主持人：大树的身体分为几个部分？大树是怎么得到营养的呢？
（音乐：《青春修炼手册》，黑熊探险家跳舞出场）

黑熊探险家:你们在这里干什么呢?

小朋友:看电影《树的一生》。

黑熊探险家:我知道很多关于树的秘密哦!而且森林里除了树,还有很多有趣的东西呢!我正好要去迷雾森林里探险,你们想跟我一起去吗?

小朋友:想!

黑熊探险家:那我们一起走吧!

(音乐:《蓝精灵》伴奏,走到二楼大厅遇到小白兔在跳舞,音乐变成《兔子舞》)

黑熊探险家:看看这里有什么?哦,一只小白兔在跳舞,它跳得真好,我们也一起跳吧。

(带着小朋友们一起跳兔子舞,到二楼扶梯处)

小白兔:你们要去哪里呢?

黑熊探险家:我们要去迷雾森林探险。

小白兔:我想跟你们一起去,请带上我吧。

黑熊探险家:小朋友们好不好呀?

小朋友:好!

(音乐:《蓝精灵》,乘扶梯至乐园)

小白兔:前面就是我的家了,我请你们去做客。

(引导小朋友们站在相应的位置,小朋友们能看到虚拟影像的小白兔,但是走到洞口小白兔却不见了)

黑熊探险家:小白兔,你在逗我们吗?你的家为什么有这么多洞口?

小白兔:这是我的生存秘诀啊!

(唱歌,音乐:《Let It Go》)

小白兔:可知道,可知道,我们兔子太弱小。
　　　　可知道,可知道,我们被危险环绕。
　　　　天上老鹰,地上狐狸和狼,
　　　　都是我们的天敌。
　　　　多亏我们跑得快,才能在地上安全。
　　　　漫天飞霜,像心里的风暴一样,
　　　　只有天知道我受过的伤。
　　　　我给自己的家,挖好几个出口。
　　　　挖在树根下面和灌木旁,
　　　　放上杂草,作为掩护,不被发现。

敌人啊,你来吧,我可以随时逃走。

　　我的洞,那么多,我偏不往那儿走。

　　我就是,狡兔三窟。

黑熊探险家:小白兔你可真聪明!森林世界真奇妙,科普知识我知道!小朋友们,你们知道兔子窝有几个洞吗?左边答案是一个,右边答案是好多个,选好答案排排站,回答正确有奖励。

(小朋友们选好答案站好,回答正确贴小红花)

小白兔:小朋友们这边走,翻过这座小山就到迷雾森林了。

(黑熊探险家和小白兔带领小朋友们从楼梯上到乐园二层,边走边唱《到森林去》)

众人:我们一起到那森林去,

　　可爱的小弟弟,

　　鸟儿在歌唱,

　　燕儿做游戏。

　　我们一起到那森林去,

　　趟过小溪水,

　　溪水多清澈,

　　小鱼多可爱。

　　啦啦啦……

　　我们一起到那森林去,

　　可爱的小妹妹,

　　围个大圆圈,

　　坐在青草地,

　　唱唱歌,谈天说地,

　　快快乐乐地,

　　喝喝果汁,

　　尝尝糖果。

　　啦啦啦……

小白兔(表现出很累的样子):哎呀,我的肚子好饿啊。

黑熊探险家:小朋友们,我们帮小白兔找些食物来吧。小白兔喜欢吃什么呢?

小朋友:萝卜、青菜……

小白兔:其实,我还特别喜欢吃蘑菇,迷雾森林里的蘑菇特别美味,哎呀,想想就流口水。蘑菇喜欢阴暗潮湿的地方,大树下泥土养料丰富,蘑菇经常长在树根旁。小朋友们,能不能帮我采一些蘑菇来吃呢？

黑熊探险家：小朋友们，看到那些树底下的蘑菇了吗？你们想给小白兔采哪一个，就站在那个蘑菇的旁边，我跟小白兔会过去收集的。

（音乐：《采蘑菇的小姑娘》）

小白兔：小朋友们，谢谢你们帮我采蘑菇。

（唱歌，音乐：《魔法城堡》）

小白兔：小朋友们你们知道吗？

森林里有魔法，

森林的魔法会让蘑菇都说话，

把手放在蘑菇头顶，

听听它说的话。

说的什么呢？仔细听哦！

（把手放在彩蘑菇头顶，听彩蘑菇说话）

这个小蘑菇，长得真漂亮，

勾勒着幸福的模样。

黄色的身体，彩色的圆点，

可它有毒吃了会生病。

小朋友们，在森林里，可不能随便采东西吃哦！

这个小蘑菇，长得真是丑，

摸摸它的头，看它说的啥。

（走到褐蘑菇跟前，听褐蘑菇说话）

小小蘑菇长得丑，

营养反而最丰富，

不能光凭外表来判断。

毒蘑菇形态各异，

一不小心就中招。

进了森林要小心，保护安全最重要。

黑熊探险家：森林里的东西真是不简单呢！森林世界真奇妙，科普知识我知道！小朋友们，你们知道这个蘑菇能吃吗？左边答案是吃了没事，右边答案是吃了会中毒，选好答案排排站，回答正确有奖励。

（小朋友们选好答案站好，回答正确贴小红花）

黑熊探险家：小朋友们，让我们继续探险吧！咦，这里有一个树屋，小朋友们，我们从这里穿过去,到森林深处去好不好?

(音乐:《到森林去》,帮助小朋友们爬树屋)

(小树的哭声,小树藏在大树后面)

黑熊探险家:小朋友们,你们有没有听到有谁在哭呀?(小朋友们找出小树)原来是小树。小树小树,你为什么要哭呀?

小树:因为……因为我快要死了。

黑熊探险家:为什么呀?

(唱歌,音乐:《一棵大树》)

小树:我是一棵小树,

起风了,听树叶,沙沙响。

阳光下,我轻轻歌唱。

我是小树,拥有梦想。

长得比天高,树根扎得深。

树干很坚实,而且粗又壮。

树枝上的密叶能遮阳。

长成大树,一身的骄傲。

不怕风吹,也不怕雨打。

但是梦想太远,现在我很苦恼。

小虫子爬满身,身体要被掏空。

一点点咬断了我的维管束。

营养越供越少,我真的好难受。

黑熊探险家:小朋友们,我们能不能帮帮小树呀?我们该找哪种动物来帮助它呢?

(小朋友们找到在树上的啄木鸟模型,黑熊探险家引导他们呼唤啄木鸟)

小朋友:啄木鸟,啄木鸟,前面有一棵小树快要病死了,你去帮帮它好不好呀?啄木鸟,啄木鸟,前面有一棵小树快要病死了,你去帮帮它好不好呀?

(啄木鸟出场,唱歌,音乐:《森林里飞来啄木鸟》)

啄木鸟:森林里飞来一群啄木鸟,

巡逻兵的队伍走呀走来了。

好像是战鼓声声敲,

你在树上查呀,

它在树里找。

害虫害虫,害虫害虫。

哪呀么哪里逃！

（啄木鸟吃光了虫子，治好了小树）

小树：谢谢你啄木鸟，我感觉好多了。

（唱歌，音乐：《小跳蛙》）

小树：健康的一棵小树呀！啦！

茁壮的一棵小树呀！啦！

快乐的森林里面有一棵小树，从小到大的梦想是变成大树呀！

暖暖的阳光，水和空气能给我能量。

光合作用后就变成营养物质啦！

啦！通过身体里，导管运输到我的全身各处。

很快我就能快乐地成长！然后变成梦想中的模样。

以后的我，是最高的树。

黑熊探险家：小树的梦想是长成参天大树，所以它要多吃炸鸡、巧克力，多喝饮料。森林世界真奇妙，科普知识我知道！小朋友们，我刚才说得对不对？左边答案是正确，右边答案是错误，选好答案排排站，回答正确有奖励。

（小朋友们选好答案站好，回答正确贴小红花）

小树：哈哈哈，小朋友们真聪明！我需要的是阳光、空气和水！咦，你们接下来要往哪边去呢？

黑熊探险家：我们？哎呀，我们好像迷路了，小朋友们，你们还分得清东南西北吗？（等待回应）那怎么办呀？

小树：我有办法！我记得我爷爷的爷爷把它的智慧做成了锦囊藏在了老树根的下面，小朋友们可以在老树根下面找一找，看看能不能找到辨别方向的办法。

（三个锦囊：1.白天可以看太阳，早上太阳升起的地方是东边，下午太阳落下的地方是西边。2.晚上可以找北极星，北极星指向北方。3.可以看树的年轮，年轮长得密一点的指向北方，年轮长得疏一点的指向南方。小朋友们找到锦囊念出办法）

黑熊探险家：这么多辨别方向的办法，我们现在能用哪一个呢？（引导：现在是白天，看不到北极星，树叶太厚了把太阳挡住了，那我们就找年轮吧，什么是年轮呢？）

小树：我知道！小朋友们，我们能不能找到一个大树桩呢？

（小树和小朋友们走到大树桩前）

小树：小朋友们，你们看。这大树桩上一圈圈的就叫作年轮，刚刚锦囊里说该怎么判断方向呢？

（小朋友回答）

黑熊探险家：太棒了！小朋友们，现在你们能找到南、北方向了吗？

（让小朋友们找一下）

小树：年轮不仅能指示方向，还能告诉我们大树的年龄，年轮有多少圈，大树就有多少岁。

黑熊探险家：真有意思！小朋友们，快来数一下这个大树桩的年轮有多少圈呢？（等待回应）那它有多少岁了呢？（等待回应）大树身上真的有好多有趣的知识！小朋友们，这里就是我们的迷雾森林！

（音乐：《Do Re Mi》；黑熊探险家、小树、啄木鸟、小白兔歌伴舞表演）

众人：大森林里真奇妙，树木长得高又大。

　　　树上小鸟叫喳喳，猴子松鼠来安家。

　　　树下泥土最营养，长出美味小蘑菇。

　　　石头下面藏生机，看看有什么小生物。

　　　大森林里真奇妙。

　　　森林里面成员多，每个成员互助友爱，就像一个大家庭。

　　　这里阳光真温暖，这里空气总清新。

　　　我们要爱护树木，共筑我们的家园。

四、演出剧照

五、主创人员

崔雯　郝思远　周宏艺　范博文　赵雪娇　李祎璇

20

宝贝，欢迎你！

（剧作者：张晓肖）

一、活动简介

本活动借助提线木偶的表现形式，讲述了鳄鱼妈妈千辛万苦产子的故事，通过三个情节设定，普及了鳄鱼繁衍后代的科普知识，突出了"不同的是种族，相同的是生命的繁衍和母爱的伟大"的主题。

二、创作思路

本剧虽然是一个小故事，但却能抓住儿童的兴趣。在儿童这一特定观众群面前，不能讲述复杂的故事，要更重视视觉的冲击力，因此采用彩色的、可爱的木偶来演绎整个故事，台词简洁明晰。同时，在简单的剧情中渗透科学知识，给予儿童思考生命和理想的更大空间。

三、剧本

第一幕：寻找孵化宝地

旁白：在遥远的维多利亚湖，住着一群鳄鱼。其中有一只鳄鱼，静静地浮在湖面上想着自己的心事，一只鹿妈妈正向它走来。

鹿妈妈：鳄鱼，鳄鱼，你怎么啦？最近感觉你有心事啊！

鳄鱼妈妈：哎！不瞒你说，我也要当妈妈了！可是，我却不知道要把宝宝生在哪儿？

鹿妈妈：哎，那还不简单，你整天待在水里，把宝宝生在水里不就行了！

鳄鱼妈妈：那可不行！别看我整天待在水里，可是我和你一样，是用肺来呼吸的，要是把宝宝生在水里，一出生，宝宝就会被水呛得喘不上气的！

鹿妈妈：啊？那就和我一样，把宝宝生在陆地上吧！

鳄鱼妈妈：哎，你的肚子里暖暖和和的，宝宝能够健康成长，可是我的身体随着环境时冷时热，没有稳定的温度，怎么能孵化宝宝呢？

鹿妈妈：呃，这可就难办了。

鳄鱼妈妈：哎呀，我的蛋宝宝好像动了一下，看来是要着急出来了。

鹿妈妈：蛋宝宝，别着急，我陪你妈妈一起给你找一个安全的地方。

（音乐：酷热的音效）

（太阳炙热地烤着湖面和大地）

鳄鱼妈妈：啊，今天的太阳可真毒啊！

鹿妈妈：啊，是啊！咦，太阳！对对对，你可以把蛋宝宝放到太阳底下啊！

鳄鱼妈妈：不行，中午太阳太热，一不小心就把我的蛋宝宝烤成熟蛋了！

鹿妈妈：那埋在沙滩里呢？

鳄鱼妈妈：咦，我看这是个好主意！太阳晒热了沙石，沙石温暖着我的蛋宝宝，既保温又保暖。我们一块来找找看吧！

鹿妈妈：走！

鳄鱼妈妈：好！

鹿妈妈：快来看，这个斜坡好，中午太阳直晒不到，下雨也不会有积水。

鳄鱼妈妈：好，好，就这儿，就这儿，帮我一起刨土吧！

（音乐：低沉阴森的音效）

（一只坏鳄鱼慢慢地朝鳄鱼妈妈的背后走来，它虎视眈眈地昂着头，看着那块风水宝地，鹿妈妈先抬头发现了它）

鹿妈妈：啊！鳄……鳄鱼妈妈，我先走了，希望你的蛋宝宝能……能健康出生！

坏鳄鱼：这里真是一块风水宝地呀，我也要把宝宝生在这儿！

鳄鱼妈妈：你休想，这里是我先找到的！

（音乐：节奏逐渐紧张，然后激烈。两只鳄鱼激烈地争夺孵化地）

（音乐：节奏渐缓）

（强者为王，经过激烈的争夺，鳄鱼妈妈终于保住了那块宝地）

鳄鱼妈妈：宝贝，妈妈一定会保护好你们的！

（鳄鱼妈妈把几个奶白色的蛋放在孵化坑里，用嘴叼来杂草铺好，用尾巴扫平了痕迹，静静地守在旁边）

第二幕：暴风雨来临

旁白：太阳永远是最值得信任的，它每天从东方升起，把光明和温暖无私地洒向大地。

（一星期后）

鹿妈妈：鳄鱼妈妈，你没事吧！

鳄鱼妈妈：没事，没事，我的嘴巴比它大，尾巴也比它长，它打不过我的！

鹿妈妈：你真厉害！鳄鱼妈妈，话说你是喜欢儿子还是女儿啊！

鳄鱼妈妈：我啊，女儿、儿子都喜欢！

鹿妈妈：话虽是这么说，但也由不了咱啊！

鳄鱼妈妈：哈哈，告诉你吧鹿妈妈，我可是有办法决定生男生女哟！我特意把蛋铺成了两层，中间夹一层草根和沙土。上面一层温度高，下面一层温度低。温度的高低能直接影响我孩子的性别。所以，我是有儿又有女呀！哈哈哈！

鹿妈妈：你可真了不起！

（风云突变，云越来越厚，遮住了太阳，雷声滚滚，豆大的雨点开始落下来）

鳄鱼妈妈：不好了，如果雨水浇到窝里，渗入蛋壳，我给蛋宝宝们准备的营养液就全泡汤了。不行不行，我不能让我的蛋宝宝们等死！

（鳄鱼妈妈趴在了蛋宝宝们的身上，任由雨水打、狂风刮）

第三幕：妈妈，我来啦！

旁白：一轮红日缓缓升起，新的一天来临了。

（音乐：预示新生的音效）

（一个鳄鱼蛋开始摇晃，逐渐摇晃得厉害。其中一个蛋壳破了，露出了一个小脑袋，慢慢地露出整个身体。小鳄鱼懵懂地看着周围，看着这个世界，看着躺在一旁和它长得一样的妈妈）

小鳄鱼：妈妈，妈妈，妈妈！

鳄鱼妈妈：宝贝，欢迎你们，欢迎你们来到这个世界！

（蝴蝶破茧成蝶，蝌蚪进化成青蛙，小鸟嗷嗷待哺，婴儿呱呱坠地。不同的是物种，相同的是生命的繁衍不息和新生命的来之不易！宝贝，欢迎你，欢迎你来到这个世界）

四、演出剧照

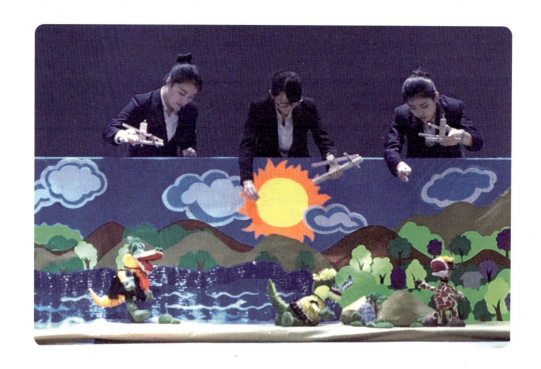

五、主创人员

仝鲜梅　张安琪　魏本醒　乔璐　白璐　王嫔　张哲侨　崔雯

走 西 口

(剧作者：程文娟)

一、活动简介

本活动将山西的地域文化与科学实验完美地结合在一起，以"走西口"的故事为主线，并结合焰色反应、伯努利原理、彩虹实验等，以播放视频为辅助教学手段，在山西省科学技术馆开展科学秀表演。让大家既能了解"走西口"这段历史，也能看到化学反应、物理实验与舞美的完美结合。本活动适合在场馆开展。

二、创作思路

"哥哥你走西口，小妹妹我实在难留"这首流行于山西、陕西的民歌《走西口》，讲述了山西贫苦百姓背井离乡艰难生存的历程，也是走西口人们坚韧、诚信、勇往直前的历史缩影。作为山西人，作为山西的下一代，必须要了解这段历史。本活动依据这段历史，创作了科普剧《走西口》。剧中刚刚新婚不久的太春，为了让妻子孙玉莲过上好日子，决定"走西口"。跌宕起伏的情节，扣人心弦的剧情，还有焰色反应、伯努利原理、彩虹实验等与故事情节环环相扣，以新颖的表现形式，为大家带来一场精彩的表演。

三、剧本

旁白：咸丰五年，山西大旱。可那时正值太原府女子孙玉莲和太春的新婚之日。

[跨火盆喽！"新娘跨火盆，日子过得更红火"（焰色反应）。太春拉着娇羞的玉莲进入那个昏暗却又充满喜气的洞房，桌子的一角放着一朵太春为玉莲摘的花，显得格外耀眼。太春急忙点亮蜡烛（魔棒点灯），想看看那在他心里最美的玉莲。玉莲羞涩地低下了

头,太春把花轻轻地插在了玉莲的头上,可在他心里,花依旧没有玉莲美。太春为玉莲端上一碗酒,想捉弄一下玉莲(彩虹实验),却反被玉莲捉弄(红绿灯实验)。两人深情地饮下交杯酒,约定厮守一生〕

太春:玉莲,二舅捎来一封信,说西口外面好收成,我想……

玉莲:你想干啥?

太春:我想走西口。

玉莲:走西口?

(玉莲顿时如晴天霹雳。因为玉莲知道,虽是生离,但走西口也可能是死别啊)

〔临行前,玉莲为太春带上了家乡的黄土(水中分沙),让他记着这份牵挂〕

〔从那天起,玉莲天天望着窗外,盼着太春归来,盼着,盼着……窗户上竟然出现了太春的影子(酚酞显影),她惊喜;看着空荡荡的房间,她失落。望着那朵花,她沉沉地睡着了〕

〔太春回来了,他们深深相拥(伯努利原理),回到了那个青涩的年代,一起嬉戏玩耍(熔岩灯)。玉莲突然惊醒,原来是场梦。她拼命地寻找,可留下的却只有空荡荡的房间和孤独的自己,她心碎了,拿起那朵花揉碎撒向天空(低温液氮)〕

1. 实验一:焰色反应。

(硫酸铜、氯化锂、酒精)

2. 实验二:魔棒点灯。

(高锰酸钾、浓硫酸、酒精)

3. 实验三:彩虹实验。

(氢氧化钠、稀硫酸、酚酞、百里酚酞、3-硝基甲苯、酒精)

4. 实验四:红绿灯实验。

(氢氧化钠 50 mL、50 ℃的热水 150 mL、葡萄糖 4 g、酒精若干)

5. 实验五:水中分沙。

(疏水沙)

6. 实验六:酚酞显影。

(酚酞、氢氧化钠、酒精)

7. 实验七:伯努利原理。

(风机、纱)

8. 实验八:熔岩灯。

(泡腾片、食用油、色素、水)

9. 实验九:低温液氮。

(液氮)

四、演出剧照

五、主创人员

郝思远　周宏艺　王嫔

22

我也想当科学家

(剧作者:张安琪)

一、活动简介

通过科普相声的表现形式,用诙谐幽默的台词,向观众展现想当科学家并非易事。科学成就离不开精神的支撑,站上新征程,想要更好地推动一个国家的发展,就需要进一步弘扬科学家精神,增强科技的"内核力"。让观众在听取相声欢声笑语的同时,弘扬科学家精神,让科学家精神光耀时代,让新时代科学家精神深入人心。

二、创作思路

本作品利用科普相声的表演形式,用一种群众喜闻乐见的形式,弘扬科学家精神,打破传统,增加趣味性。教育目标明确,科学内涵准确,科普意义清晰。相声内容流畅,表达方式生动有趣,表演富有特色,具有感染力。

三、剧本

甲:亲爱的观众朋友们,我想死你们啦!

乙:喂喂喂,说得好像你跟大家很熟似的。

甲:你有所不知,其实我已经参加过三届全国科技馆辅导员大赛了。

乙:咦,可是我上届比赛怎么没见过你呢?

甲:我参加的是观看比赛视频直播。

乙:这样参赛的啊。我能问问,是什么让你如此执着吗?

甲:因为我也想当一位科学家呀。小时候作文里不经常写嘛,我长大以后要当一位科学家,为人类做贡献。

乙:不错,你能坚持要当科学家的理想,这很可贵嘛!

甲(得意):那是!

乙:那你给大伙说说,为什么想当科学家。

甲:这不前段时间在北京人民大会堂举行了国家科学技术奖励大会嘛,王泽山院士和侯云德院士获得了国家最高科学技术奖(2017年)。

乙:哦,你是觉得有油然而生的自豪感,你也想有朝一日能获奖。

甲:对,获奖者各奖励500万元现金。

乙:咦,你关注这个干吗?这个奖金是用来作为科研经费的。再说了,科研成果带来的贡献能用金钱衡量吗?想当科学家,你了解科学吗?

甲:科学,我了解啊。爱迪生的灯泡、诺贝尔的炸药、屠呦呦的青蒿素、袁隆平的杂交水稻、伽利略的铁球、法拉第的电流、孟德尔的豌豆、李四光的石油……这不都是科学吗?

乙:停停停,这些大家都听过啊,可我们也没成为科学家啊。

甲:所以我就在琢磨啊,怎么才能成为科学家。

乙:科学家的品质。

甲:我琢磨来琢磨去,终于想到一点。

乙:什么?

甲:帅!

乙(没反应过来):帅?军队里的主帅?

甲:不,长得帅。(拿出马克思·普朗克的照片)马克思·普朗克年轻时候的照片,认识吗?

乙:认识,他是量子力学的开创者,诺贝尔奖的获得者。

甲:但是有一点你肯定不知道,他年轻时可是会弹琴、唱歌、作曲的大才子,实打实的大帅哥,放在今天可以被称为"流量小鲜肉",是一位明明可以靠脸,却偏偏要靠才华的物理学家。

乙:那科学家和帅有什么关系呢?

甲:当时很多人都因为普朗克去学物理,甚至爱因斯坦每次见他都要带一朵玫瑰。咳,我觉得我的颜值也不差吧,所以我也决定踏入物理的大门。

乙:物理最难学,厉害了!

甲:可不嘛!

　　三大定律要记得,牛顿最爱吃苹果。

　　高山空气很稀薄,浮力大小看体格。

　　色散光圈,红橙黄绿蓝紫靛。

透镜实验,实像虚像看焦点。
　　滑轮杠杆,全都是简单机械。
　　光速难以超越,宇宙源自奇点。
　　什么零线火线,什么电源光源,最怕看到切割磁感线。
　　大到广阔的银河,小到基本的夸克,
　　物理大神研究的问题比这还要多!还要多!还要多!

乙:我看你是不自量力。

甲:哎,你怎么骂人呢?

乙:我是说,不要自学量子力学,简称"不自量力"。

甲:好吧,通过学习物理,我又总结出一个道理——学物理,如雾里,雾里看物理,勿理物理。

乙:嗨,你这样半途而废怎么能成为科学家呢?普朗克能成为杰出的物理学家,靠的是他对科研工作的真诚,他一生历经沧桑,妻子儿女全都意外身亡离他而去,他孤身一人,凭借坚韧的意志始终致力于物理学研究,最终以他伟大的创造性观念造福于后人,这才是我们需要学习的地方。

甲:好吧,那我再想想如何才能成为科学家。哎,我想到啦!

乙:什么?

甲:做梦!

乙:哎,我知道成为科学家很难,但是你也不用这么快就放弃吧。

甲:不是,我是说,靠做梦成为科学家。

乙:躺着做梦就能变成科学家?哪有这样的道理。

甲:当然可以,元素周期表你知道吧。

乙:当然知道啊,初中化学学过嘛。俄国科学家门捷列夫把当时已知的63种元素依相对原子质量大小并以表的形式排列,把有相似化学性质的元素放在同一列,制成了元素周期表的雏形。经过多年修订后便有了现在我们看到的元素周期表。我对化学元素也很了解呢!

甲、乙:你拍一,我拍一,我是氢,我最轻,火箭靠我运卫星;我是氦,我无赖,得失电子我最菜;我是锂,密度低,遇水遇酸把泡起;我是铍,耍赖皮,虽是金属难电离……

甲:停!停!你的化学是学得很好啦,可是我要讲的这张元素周期表的神奇之处是门捷列夫做梦得来的。

乙:愿闻其详。

甲:在当时,科学家们已经发现了63种元素,但这些元素之间毫无规律,这些化学物质的性质又非常多,学起来十分复杂。如此众多的元素使得科学家不可避免地要思考一个重要的问题——自然界是否存在某种规律，使各种元素能够井然有序、分门别类、各得其所呢？当时35岁的化学教授门捷列夫也在苦苦思索这个问题，在极度疲倦中，他进入了梦乡。睡梦中，他看到了一张表，元素们纷纷落在了合适的格子里，各种元素犹如一个个训练有素的士兵，各自站在各自的岗位上。醒来后，他立刻拿起笔记下了这张表，在对表格进行反复验算后，他发现除了一处需要修改外，梦中的那张表简直是完美的——元素的性质随原子序数的递增而呈现出有规律的变化。怎么样？这是不是靠做梦得出的惊人发现？

乙：你呀，只知其一不知其二。任何一门科学研究都不会是一帆风顺的。门捷列夫在此之前已经进行了大量的研究，他常常从清晨就开始工作，一直工作到深夜，可是研究却一直没有进展。偶然之中都有必然，就像牛顿发现了万有引力一样，门捷列夫在长期的研究和揣摩中已经有了相关的潜意识，梦只是一个引子。换作是我，做一辈子的梦也不可能想出元素周期表啊。

甲：啊？照你这么说，我是没法成为科学家啦？

乙：别沮丧，每件事情的成功都不容易。科学家必须忍受巨大的孤独和辛苦，才能获得成功。袁隆平，一位用尽一生精力，让亿万人吃饱一日三餐的朴素老人；南仁东，放弃国外300倍高薪，带领中国天文事业领先世界20年；钱学森，国为重，家为轻，科学最重，名利最轻，五年归国路，十年两弹成……即使当不成科学家，他们身上的很多闪闪发光的品质同样值得我们学习。

甲：好吧，经过这几次尝试，我承认以我的智商是当不了科学家了。不过，我觉得做一名科普工作者也挺好，虽然研究不出足以改变世界的重大发现，但是我可以把这些知识普及给广大观众，科普教育也同样很重要嘛。（看手表）啊，讲解的时间到了，我要赶快走了。（匆匆下台）

乙：喂，还没说完呢！（追上几步又返回舞台中央）

旁白：天上乌飞兔走，人间古往今来。沉吟屈指数英才，多少是非成败。只有存在于客观世界的真理，才是永恒。

台下的同学们，你们还很年轻，未来的选择有很多。科学家也好，程序员也罢，不管你从事什么行业，做哪份工作，都是这个世界的一分子，都可以为这个世界作出一份贡献。

努力吧！真理永无止境，等待我们去探索。

四、演出剧照

五、主创人员

仝鲜梅　刘统达　孟薇

沉睡的香蕉

（剧作者：赵金香）

一、活动简介

本剧借助手偶剧的方式，讲述了大灰狼用施了魔法的香蕉诱惑贪吃的小猴子，小猴子吃了香蕉睡着后，大灰狼想吃掉小猴子，却被佩戴了可以抵制魔法的徽章的森林小卫士跳跳和点点识破的故事。小猴子被解救后，还学习到了一些防止被骗的生活小知识。这个故事告诉小朋友们不要随意听信陌生人的话、吃陌生人给的东西，生活中要多留心、多注意。

二、创作思路

自我保护的防范意识需要我们时刻保持，儿童虽小，危险极大，所以向儿童普及自我保护的知识尤为重要。这部手偶剧旨在通过讲故事的方式，利用独特的手偶方式，诙谐、幽默地将生活中儿童常遇到的危险情况通俗易懂地表现出来，寓教于乐，让儿童更易接受。

三、剧本

旁白：传说在一个神秘的国度，有一片茂密的森林叫希望森林，森林里有一棵巨大的希望树，里面住着两个快乐的小精灵。

（音乐起）

跳跳：我是能跳得很高的小精灵跳跳。

点点：我是有神奇斑点的小精灵点点。

齐声：我们是保护希望森林的小卫士。

点点：保护小伙伴们的安全是我们的责任。

跳跳：我们要提高警惕，防止坏蛋入侵。

淘气猴（唱歌）：在山的那边、海的那边有一只淘气猴，它最爱吃香蕉，它活泼又聪明。

跳跳：哎？淘气猴，你有没有看到什么可疑的家伙？

淘气猴：可疑的家伙？没有，森林不是一直都很安全吗？

点点：最近有一些哄骗小动物上当的坏家伙，你可要小心啊。

淘气猴：知道了，知道了，我这么聪明不会上当的。

大灰狼：森林里自从有了两个臭精灵，害得我都不好对小动物下手了，这一次我要想个办法。有动静……这不是淘气猴吗？

淘气猴：你是大灰狼。好香啊……

大灰狼：是香蕉哦，特别美味。

淘气猴：真的吗？真的有那么好吃吗？

大灰狼：当然了！这香蕉皮薄肉多，吃起来香香甜甜的，你要不要尝一尝？

淘气猴：嗯……不要，妈妈说了，不要乱吃陌生人给的东西。

大灰狼：我又不是陌生人，我们是好朋友，所以才会给你好吃的嘛。

淘气猴：算了吧，我不吃，我要回家了。

大灰狼：不对呀。小猴子你不是最喜欢吃香蕉了吗？

淘气猴：是啊，不过你给的香蕉我可不吃！

大灰狼：你是不是不相信我？要不这样，我吃一个给你看看……怎么样？你看我没事吧。

淘气猴：好像真的没问题。

大灰狼：既然你不相信我就不要吃了，我把香蕉留给别的小伙伴。香甜美味的香蕉哦，谁要吃啊？

淘气猴：这香蕉确实不错，我好久都没吃香蕉了呢。大灰狼……

大灰狼：干什么？

淘气猴：别走呀，我要吃香蕉，其实我早就想吃了。

大灰狼：我就说嘛，哪有猴子不吃香蕉的，你要是不吃香蕉，那我干脆不吃肉算了。

淘气猴：什么？吃肉！

大灰狼：不是，我是说香蕉好吃，我现在都不吃肉了，改吃香蕉哦。

淘气猴：谢谢你，大灰狼。

大灰狼：记得有时间来找我玩哦。

淘气猴：嗯，拜拜。

大灰狼:这下有好戏看了,一会儿等森林里的小动物都睡着了,我就可以好好地美餐一顿了。哈哈哈哈哈,我的口水都流下来了。

点点:淘气猴,你怎么这么高兴?

淘气猴:看!这金黄色的香蕉吃在嘴里的感觉,简直美味极了。(打哈欠)呀,好困呐,我得回家睡觉去了。

点点:瞧!你就知道吃。

跳跳:我看呀,你别叫淘气猴了,改叫贪吃猴吧。

淘气猴:哎呀,我太困了,我要走了。

点点:淘气猴,你怎么了?

淘气猴:我也不知道,只是感觉好困呐!

点点:看看你呀,眼睛都睁不开了。咦,奇怪,我们这儿不产这种香蕉啊。淘气猴,你醒醒,是谁给你的香蕉?

点点:我也感觉好困……

跳跳:是呀,怎么回事儿,我也好困……

点点:管不了那么多了,先睡会儿吧。

大灰狼:这两只臭精灵也在这儿,沉睡香蕉的威力果然大。淘气猴,你帮了我大忙了,为了表示对你的感谢,就……哈哈哈,就先拿你开胃。

点点、跳跳:果然是你,大灰狼!

大灰狼:跳跳、点点,你们两个不是睡着了吗?

跳跳:哼,我们呀,早就猜到一定是你捣的鬼!

大灰狼:不……不可能啊,是不是我眼花了?

点点:那你就好好揉揉你的眼睛吧!

大灰狼:可……可是,可是你们是怎么抵制沉睡香蕉的魔法的?

点点:我们已经佩戴了可以抵制任何魔法的徽章,看!

点点、跳跳:大灰狼别想逃!打倒你这个森林的大坏蛋,打倒你!

跳跳:淘气猴还醒不来,这可怎么办呀?

点点:有了!徽章发挥你的威力吧。

淘气猴:我这是在哪儿?

点点、跳跳:淘气猴,你终于醒了。

淘气猴:刚刚发生了什么?

点点:大灰狼刚刚给你吃的是沉睡香蕉,吃了不仅自己会沉睡,靠近你的小动物也会沉睡。你啊,就知道吃,差点把小伙伴们害苦了。

淘气猴:不对不对,大灰狼也吃了这个香蕉,怎么就没事呢?

跳跳：它吃的那根香蕉是普通的香蕉，你吃的是被大灰狼施加了魔法的香蕉。

淘气猴：我怎么没看出来呀？

点点：所以呀，以后一定要记住，千万不要乱吃陌生人给的东西。

淘气猴：嗯，知道了，我再也不吃陌生人给的东西了。

点点：小朋友，动脑筋！

跳跳：好人坏人要分清！

淘气猴：陌生人说话不轻信！

点点：陌生人要求不答应！

淘气猴、点点、跳跳：分清好坏不上当，做到机智又聪明，又聪明。

四、演出剧照

五、主创人员

傅丽　董金妮　王兰

小丑嘉年华

（剧作者：仝鲜梅）

一、活动简介

哑剧是以动作和表情表达剧情的戏剧，不用台词凭借身体动作和表情就能表达剧情。小丑是一类喜剧角色，表演时，多穿着特大号的鞋子和奇装异服，其脸部也经过涂装，尤以鼻子部分较为突出，这些古怪、搞笑的装束可以给观众带来欢笑。利用小丑这个角色表演哑剧可以很好地吸引观众的注意力。通常小丑都会以自身出糗来娱乐观众，这里用小丑来表演实验室中严谨的科学实验，营造了活泼搞笑的氛围，使观众在欢声笑语中感受科学的魅力。

二、创作思路

本剧设计两个小丑在一次向观众表演的过程中互相比赛，看谁的本领强。小丑甲先上场和观众互动，小丑乙决定上台干扰小丑甲以获得观众的关注，结果两个小丑在互相比赛的过程中，不断碰撞出新奇的实验现象，最后合作完成了一场精彩的表演。

三、剧本

小丑甲上场和观众打招呼，并与观众进行瑜伽球互动游戏，小丑乙悄悄潜入表演现场打乱小丑甲的节奏，并使小丑甲摔倒。为了获得小丑甲的原谅，小丑乙表演隔空取物、空袋出花等技术，并献上一朵火把玫瑰。（实验一）

小丑甲原谅了小丑乙，决定给他露一手。小丑甲将神秘的液体倒入不同的酒杯中，每个酒杯都变幻出了不同的颜色，就像绚丽的彩虹。（实验二）

小丑乙不甘示弱,拿出了长条形气球让小丑甲试着吹气球,看到小丑甲吹不起来,小丑乙很得意地用液氮灌进饮料瓶吹起了气球,小丑甲赶忙来抢,结果气球飞了起来。(实验三)

小丑甲没抢到气球,看到桌子上的圆底烧瓶好奇地把玩,小丑乙从背包中拿出神奇的粉末分给小丑甲,两人一起将粉末倒入圆底烧瓶中,瞬间产生了很多彩色泡沫直喷空中,十分震撼。(实验四)

小丑甲拿起吹风机,小丑乙拿着气球圈,小丑甲用吹风机将小丑乙手中的气球圈吹在空中悬停并转圈。(实验五)

小丑乙拿起玫瑰花放入液氮桶中再拿出,小丑甲双手拍花,玫瑰花变成红色的碎片落了下来。小丑乙将热水倒入液氮桶,瞬间产生巨大的白雾,两个小丑互相看不到彼此。等白雾散去,两个小丑看到彼此,欢快地跳起了舞蹈,他们发现互相比赛不如一起合作,共同为观众创造科学盛宴。(实验六)

1.实验一:隔空取物、空袋出花、火把玫瑰。

借助魔术道具,两个小丑上场活跃气氛。

2.实验二:变色实验。

将紫甘蓝提取溶液分别倒入柠檬水、白醋、洗手液、食盐、小苏打、洗衣粉、强碱中会形成彩虹色的液体。

3.实验三:液氮吹气球。

将液氮放入矿泉水瓶中,利用液氮吹气球,再把吹好的气球放入液氮桶中可以看到气球收缩,在室温下,气球又逐渐膨胀。

4.实验四:彩色泡沫。

将双氧水溶液和洗洁精充分混合放入圆底烧瓶中,加入足量的碘化钾催化剂会瞬间产生大量的泡沫,好像火山喷发一样。

5.实验五:伯努利气球圈。

用圆气球连接形成一个气球圈,将吹风机对准气球圈外侧持续吹风,可以看到气球圈在空中悬浮转动,并且不会离开吹风机口,这是由于伯努利原理,气球圈在压强的作用下被按到了吹风机口附近悬浮。

6.实验六:液氮玫瑰、液氮炸弹。

将玫瑰花放入液氮中,再拿出来,轻轻拍击,玫瑰花会变成碎片。将开水倒入液氮桶中,会瞬间产生大量白雾,就像炸弹一般。

四、演出剧照

五、主创人员

南江亭　白思凝　崔雯　周宏艺　刘统达　程文娟

25

派对狂欢夜

（剧作者：程文娟）

一、活动简介

　　生活中从不缺乏美好的音乐，缺少的只是创作的灵感。本活动的创意点在于利用家里的各种废弃物品自制乐器，以在科技馆现场进行科普表演为主要表现形式，以体验式学习、多感官学习、情境教学为主要教学方法，以播放视频为辅助教学手段，让大家探索声音产生的原理、声音的三要素。本活动适合在场馆和学校开展。

二、创作思路

　　本活动设计了一个情景：新年伊始，一群年轻人正在开着庆祝派对。当他们在一首《青苹果乐园》中载歌载舞时，突然停电了，欢乐的音乐戛然而止，这可把大家急坏了。但是这群年轻人却在手忙脚乱中发现了更美妙动听的音乐，敲击酒瓶的声音、拍打水桶的声音、扣响纸杯的声音……于是在夜幕中，他们用派对上的各种道具制作成乐器重新演奏了《青苹果乐园》。

三、剧本

　　旁白：新年伊始，一群年轻人正在开着庆祝派对。派对上这群年轻人载歌载舞、把酒言欢，他们一起怀念过去、畅想未来，在一首《青苹果乐园》中诉说着对新年的期盼和希望。突然停电了，欢乐的音乐戛然而止，这可把大家急坏了。但是这群年轻人却在手忙脚乱中发现了更美妙动听的音乐,敲击酒瓶、拍打水桶、扣响纸杯……这些都是欢乐跃动的音符。于是在夜幕中,他们用派对上的各种道具制作成乐器演奏出欢乐的乐曲,继续这派对的狂欢!

小艺:观众朋友们大家过年好!大家今天都来我家开派队是吗?真会挑时间,我的朋友们待会也会来,我得赶紧收拾了!

(门铃声响起)

小艺:刚刚好。哎呀,终于来了。快请进。

娟远:不是还有两个人吗?

高雅:来啦,来啦。

雁敏:小艺,这是给你的新年礼物!

小艺:谢谢!

高雅:哇,家里布置得好漂亮呀!

娟远:你们快过来坐下啊!

小艺:来来来,也得给你们打扮一下。

娟远:我要嫩嫩的粉色。

雁敏:那我要红色。

齐声:你们看我美吗?

娟远:美!美!美!小艺,快来拆你的礼物呀!

小艺:哇,这是不是传说中的手指琴?

高雅:真好听!

小艺:哇,我好喜欢呀,谢谢你小敏,爱你!

娟远:行了,赶紧举杯吧!

齐声:哦!干杯!

小艺:停!这种时候怎么能少了音乐呢?

齐声:对!

(音乐起,跳舞)

(停电)

雁敏:哎呀,怎么黑了呀?

娟远:不会是停电了吧!啊啊啊啊啊!

高雅:真扫兴!

娟远：这么黑还怎么开派对呀？

小艺：别着急，我去看看！

（小艺点蜡烛）

小艺：小伙伴们，真的停电了！

齐声：哎！

高雅：收拾收拾回家吧！

（小艺碰到瓶子）

雁敏：咦？（看桌下，拎起瓶子）

雁敏：你们快听！（敲瓶子）

娟远、小艺：这有什么呀？

娟远：这样也有声音呀！

娟远：这样。（敲桌子）

小艺：这样。（敲门）

高雅：这样都有声音啊，小朋友们，你们快找找，身边有什么东西能发出声音呀？

娟远：小敏你听听敲瓶子的声音。

雁敏：你们听！（敲瓶子）

娟远：大家刚才听到什么啦？

雁敏：连音！

娟远：音阶！

娟远：好神奇啊！（拿瓶子上前）这是怎么做到的呢？

雁敏：大家听听这个瓶子是什么声音？那个呢？那个声音音调高呀！

娟远：这个音调高，这个音调低！

雁敏：大家再看看它们有什么不同？

娟远：瓶子里的水面高度不同。

雁敏：这个瓶子里的水面高，空气就少。这个瓶子里的空气多，声音在里面振动的频率快，所以音调高！

小艺：我明白啦！手指琴也是一样的道理，因为手指琴的琴键长短不一样，所以发出的音调也不一样！

娟远：长、短、高、低。咦？管子！

（娟远拿管子，高雅过来帮忙）

高雅:这个管子高。

娟远:里面的空气柱也高。

高雅:这个管子低。

娟远:里面的空气柱也低,我敲,你听!

高雅:我们可以把这些声音变成一段美妙的旋律呀!

娟远:那也带上我吧,哪个呢?嗯!就你吧!

(娟远拍水桶)

(娟远被灰尘呛到了)

小艺:你看你,敲的力气越大,虽然声音越大,但是灰尘也飞得越高呀,碰了一鼻子灰吧!这就是声音的响度!

娟远:这个不好玩。

小艺:来,给你看个好玩的。

(小艺把苹果递给娟远,娟远咬一口)

小艺:这不是给你吃的!我们用它来做一架水果钢琴吧!

娟远:好!我试试。

(娟远弹水果钢琴)

娟远:没想到水果也可以发出这么好听的声音!

小艺:还能弹很多曲子呢!

(曲子弹奏结束)

小艺:小朋友们,我们要善于观察、善于发现,这些美妙的音符就在我们的身边!

娟远:纸杯就是我的乐器!

雁敏:瓶子就是我的乐器!

高雅:那我要用手指琴当作我的乐器!

娟远:管子就是我的乐器!我们继续开派队吧!

1.实验一:声音音调实验(不同水量的玻璃瓶的声音实验)。

2.实验二:声音响度实验(水桶上的面粉实验)。

3.实验三:声音音色实验(不同材质的物体敲击后发出声音的对比实验)。

四、演出剧照

五、主创人员

郝思远　周宏艺　周雁敏　张微

26

十二生肖之狗年说狗

（剧作者：张安琪）

一、活动简介

本活动通过相声的表演形式，利用诙谐幽默的台词，向观众介绍狗的一些生理特点。在为观众送去欢声笑语的同时，弘扬科学家精神，让科学家精神光耀时代，让新时代科学家精神深入人心。

二、创作思路

本活动利用相声的表演形式，传播科学知识，打破传统，增加趣味性。教育目标明确，科学内涵准确，科普意义清晰。相声内容流畅，表达方式生动有趣，表演富有特色，具有感染力。

三、剧本

（音乐：《好运来》，音乐渐弱，此时郭德铁由观众席出场）

郭德铁：观众朋友们！我想死你们啦！（登台）非著名相声演员郭德铁在这里给您拜年啦！（郭德铁鞠躬，同时艾迪生上场）给大伙儿介绍一下，这是我的搭档，咱们山西省科学技术馆的辅导员——艾迪生。

艾迪生：哎！不是我说您，您这非著名相声演员还用得着强调吗？

郭德铁：嘿，话可不能这么说，俗话说三百六十行，行行出状元，条条大路通罗马，罗马不是一日建成的，我相信，只要我在相声这行继续努力，早晚能变成著名的非著名相

声演员。(抱拳)

艾迪生:哟,志向还挺远大的。

郭德铁:说说您吧,大过年的还得来上班啊,辛苦了。

艾迪生:不辛苦不辛苦,本职工作应该的,为观众服务嘛。不过我得说一句,最近总有观众打电话来咨询:你们过年开馆吗?在这里我要郑重地告诉大家,地球不爆炸,我们不放假;宇宙不重启,我们不休息;没有四季,只有两季,你来就是旺季,你不来就是淡季;欢迎来山西省科学技术馆报道,旺季也不收门票;风里雨里节日里,山西省科学技术馆陪伴你。

郭德铁(鼓掌):专业专业,非常专业。那您说说,今天要给我们科普什么知识呀?

艾迪生:这不大过年的嘛,咱们就来聊聊十二生肖吧。

郭德铁:十二生肖啊,这简单呐,子鼠、丑牛、寅虎、卯兔、辰龙、巳蛇、午马、未羊、申猴、酉鸡、戌狗、亥猪(语速飞快),不就这十二个吗?还有谁?

艾迪生:你这嘴皮还挺溜。今年是狗年大家都知道,那我问问你,今年是什么狗?

郭德铁:什么狗?我猜是哈士奇。

艾迪生(嫌弃):不对!

郭德铁:那是阿拉斯加?

艾迪生(更加嫌弃):错了!

郭德铁:那一定是萨摩耶!

艾迪生:"雪橇三傻"都被您凑齐了。您能别总往狗的品种这方面想吗?去年是丁酉鸡,今年是戊戌狗!

郭德铁:早说呀,这我知道,天干地支嘛,古装剧里经常出现啊,天干物燥,小心火烛……

艾迪生:完全不是这么回事儿!天干地支是咱们中国古代的纪年历法,在天成象,在地成形,在人成运,天干是十个数(甲、乙、丙、丁、戊、己、庚、辛、壬、癸),地支是十二个数(子、丑、寅、卯、辰、巳、午、未、申、酉、戌、亥),对应十二种动物,十天干与十二地支两两组合能组成六十个数,也就是咱们常说的六十一甲子。

郭德铁:您这么一解释我就明白了,今年的天干运行到戊这个数,和生肖戌狗一组合,戊……戊……狗。

艾迪生:没错。

郭德铁:狗年伊始,我想去找算命先生算一算,看看我今年的运势怎么样。

艾迪生:喂,咱可是科普工作者啊,2017年全国科普日的主题"创新驱动发展,科学破除愚昧"您忘了吗?怎么您自己倒先迷信起来了。

郭德铁：那好吧，我不找算命先生了。正好我在路边碰到墙角蹲着一只小狗，今年是它的本命年，我问它也行啊。

艾迪生：小狗？它怎么会算你的运势？

郭德铁：我问它："小狗，你说我今年的财运旺不旺？"小狗说："汪！""我事业运旺不旺？""汪汪！""那我桃花运旺不旺？"大伙儿猜猜它说啥？（问观众）

艾迪生：喵喵喵？

郭德铁：汪汪汪！

艾迪生：好嘛，是这么个"旺"法啊。

郭德铁：这几个"旺"听得我心花怒放，我一开心就把这只小狗抱回家了。

艾迪生：嗬，捡了一只流浪狗回家，你还挺有爱心的。

郭德铁：可我把它带回家以后，发现糟了。咱山西，煤炭大省，煤多任性，暖气烧得那叫一个足，我每天在家穿短袖都热得受不了，更何况小狗，为了过冬换了厚厚的毛，没想到却这么热，一到我家，趴在地上不吃不喝光吐舌头。

艾迪生：家里有那么热吗？

郭德铁：当然啊，不信你在我们科技馆四楼待一天试试，体会一下什么叫作入冬失败。

艾迪生：好吧，那确实挺热。

郭德铁：我看小狗不吃不喝我心疼啊，为了让它凉快一点，索性我就把它的毛全剃了。

艾迪生：胡闹！

郭德铁：不行吗？咱们人类觉得热的时候，不是会尽可能地脱衣服吗？狗狗的毛不就是它的衣服吗？脱掉就凉快了呀！

艾迪生：咱们散热是因为人体的皮肤上有大量的汗腺，汗液通过这些汗腺分泌出来，出汗是让汗液带走体表的温度。

郭德铁：蒸发吸热。

艾迪生：所以我们人类脱掉衣服呢，有助于加快汗液蒸发的速度。可是小狗的散热方式和人类不一样，它的汗腺分布在舌头上，你看到它趴在地上吐舌头，其实是把体内的水分通过喉部和舌面排出，它是在给自己散热呢。

郭德铁：啊？那我把它的毛剃光了，岂不是一点用处都没有？

艾迪生：不仅没有用处，当小狗发现自己的毛被剃光了和其他同类不一样的时候，还会觉得自卑，甚至会心情低落拒绝吃饭，就像有人强行给你剃个光头一样，小狗不要面子的啊？

郭德铁：那我真的太对不起小狗了，所以我寻思着对它好点吧。这样吧，我给它做顿美味的饭吃，吃到美食它会开心吧。

艾迪生：这还差不多。

郭德铁：我给它做我的拿手好菜，蒸羊羔、蒸熊掌、蒸鹿尾、烧花鸭、烧雏鸡、烧子鹅、卤煮、卤鸭、酱鸡、腊肉、松花小肚、糖醋排骨、鱼香肉丝、麻辣火锅，还有咱山西的过油肉……

艾迪生：等等，等等，你喂这些给小狗吃吗？

郭德铁：对呀，有什么问题吗？我一口，狗一口，狗狗是人类的好朋友。

艾迪生：问题大了去了！我们人类觉得美味的食物要和小狗一起分享其实是害了它们，小狗的消化系统和人类的不同，对我们来说美味的食物，对它们来说可能是致命的毒药！

郭德铁：有那么严重吗？都是最常见的食材啊。

艾迪生：常见？比如说我们最常见的调味品——盐。小狗虽然需要一定的盐分，但需要的量远远低于人类的标准，人类因为汗腺排出汗液消耗了大量的盐分，而小狗通过舌头呼吸散热，消耗的盐分可以忽略不计。如果长期给小狗吃盐分高的食物，它们的肾脏不能分解过多的盐分，会导致过早的肾衰竭。

郭德铁：幸亏有你提醒我，我赶紧把小狗送去宠物医院检查，医生说它的身体没有问题，只是吃多了有点消化不良。不过……狗的主人找到我了，他说，他只是把小狗拴在路边办点事，几分钟回来小狗就不见了……

艾迪生：合着这不是流浪狗，你把别人的狗牵走啦？！

郭德铁：哎呀！不和你多说了，我得赶快去给小狗和它的主人赔礼道歉去。（退场）

艾迪生：哎！等等，别走呀！（追上几步又返回舞台中央，背景音乐渐起）在场的小朋友、大朋友们，宠物的平均寿命在10年左右，它对于你来说，可能只是人生中的一个过客，但是你，却是它生命中的全部。不管出于什么样的心理，在你选择它的时候，既要接受它带给你的快乐，也要接受它带给你的烦恼，甚至离别。请了解它，爱惜它，保护它。在这个世界上，每一个生命都值得被尊重。

四、演出剧照

五、主创人员

仝鲜梅　刘统达　张哲侨　王子楠

3 科学故事会

- 27 白蛇传说
- 28 穿越千年的握手
- 29 醋坊故事
- 30 人工智能
- 31 "最佳饮品"争霸赛
- 32 哆啦A梦新编——意念控制帽
- 33 哆啦A梦新编——小雄考了100分
- 34 白雪公主之魔镜魔镜
- 35 口吕品田王国奇遇记
- 36 昆虫世界奇遇记
- 37 森森的机器人梦
- 38 互联网与大数据
- 39 玩具店的故事
- 40 "熊孩子"成长记
- 41 嫦娥四号的心愿
- 42 霉菌精灵
- 43 千里眼的故事

44	新十二生肖趣谈
45	雪橇鹿选秀
46	大鹅与猎人
47	科技为民,助力抗疫
48	我的家乡
49	我要出去玩
50	小猴子流浪记
51	战疫
52	种子的旅行
53	火星探测之旅
54	别走,我的动物伙伴
55	生死罗布泊
56	食物的旅行
57	蜗牛要结婚
58	我们的航天梦
59	最后的白鲟

白 蛇 传 说

（剧作者：张安琪）

故事梗概：白素贞原本定居在风景宜人的西子湖畔，却被法海当作妖魔镇压在雷峰塔下。白素贞千辛万苦逃离雷峰塔后，发现昔日风景如画的西湖变得灰蒙蒙的，她还意外染上了怪病。最终发现病源是雾霾小贼，白素贞与法海联手打败雾霾小贼，夺回了宁静的家园。

第 一 幕

场景：西湖。

人物：白素贞、许仙、法海。

（音乐：《青城山下白素贞》）

（白素贞出场）

白素贞：我本是山中一条修行千年、包治百病的白蛇。五百年前，我被一捕蛇人所伤，是一个路过的药童救了我，我修炼成人，特意来人间报恩。终于让我找到了他……

（远处传来许仙的声音）

许仙：娘子！

白素贞：啊哈！

（音乐：《渡情》）

（许仙出场）

许仙（朗诵）：西湖美景，三月天呐！春雨如酒，柳如烟呐！啊哈哈！啊哈哈！

白素贞（打许仙的头）：官人，不要再念这些奇怪的诗了。

许仙（傻笑）：娘子，你看这西子湖畔，风景宜人、风和日丽、风花雪月、风调雨顺、风清日暖、风华绝代……

白素贞：你到底想说什么？

许仙：留下来！

白素贞（想了想）：那好吧，这里还是挺漂亮的，我们就在这儿住下吧。

许仙（开心，从袖子里拿出酒壶）：娘子，为了庆祝我们的乔迁之喜，来，喝了这杯酒。

白素贞（接过酒壶喝下）：这是什么酒？

许仙：今天是端午节，所以我们喝的是雄黄酒。雄黄酒能驱除蛇虫鼠蚁……

白素贞（倒地作痛苦状）：啊？！

许仙（惊讶捂嘴）：蛇……（鞠躬）对不起，对不起，对不起……我忘了娘子本来就是蛇啊……

（音乐：《千年等一回》）

（法海出场）

法海：何方妖孽在此作乱！今天我要替天行道，收了你这妖精！（举起手中的金钵）妖精！快到钵里来！

白素贞：你才到钵里去！

（白素贞与法海打斗）

许仙（阻拦）：大师！住手啊！我娘子她是好人，她从来没有伤害过别人！

（许仙阻拦无果，二人皆被法海打倒在地）

白素贞（绝望）：法海，你不懂爱。

（白素贞不敌法海，被镇压在雷峰塔下。终有一日，雷峰塔轰然倒塌，白素贞得以重见天日）

第 二 幕

场景：西湖断桥（舞台上生起烟雾）。

人物：白素贞、许仙、法海、雾霾小贼。

（音乐：《西湖山水还依旧》）

白素贞：怎么回事？我才离开没多久，西湖为什么会变成这个样子？我的家呢？我的家在哪？我怎么看不到我的家？

许仙（大喊）：娘子！娘子！

白素贞：官人！官人你在哪？

（二人面对面站着，但由于烟雾阻隔视线，看不到彼此）

白素贞、许仙：世界上最遥远的距离不是生与死，而是你站在我面前，我却看不到你。

（二人终于触摸到了对方，白素贞却剧烈咳嗽倒在地上）

许仙（惊慌）：娘子！你怎么了？

白素贞（表情痛苦）：我……好……难受，想哭，喘不过气……

（雾霾小贼出场）

雾霾小贼：啊哈哈哈，这片西湖已经被我承包啦！从今以后，这里我说了算。（看向许仙、白素贞二人）哦？环境污染已经这么严重了，居然还能在这里看到千年蛇精，（鼓掌）厉害了！啧啧，可惜她就要咽气了。

许仙（急切）：求求你！救救我的娘子！

雾霾小贼（想了想，奸诈地笑）：尊夫人是一个蛇精，这蛇精啊，得的不就是蛇精病吗？想救她也很简单，我这里有一包空气，只要让她吸下（雾霾小贼边说边将纸包递到白素贞面前）……

（法海出场）

法海：住手！白素贞，他是在害你！

（白素贞、许仙二人茫然地看向法海）

法海：他是雾霾小贼！你们看这满天浓雾，都是他制造出来的！

白素贞：雾霾？什么是雾霾？我没听说过啊。

法海：雾霾，是雾和霾的组合词。雾主要是悬浮的水滴，太阳一晒就没影儿了。霾，主要是大大小小的颗粒物，太阳晒一个星期也没用，只能靠风吹。

白素贞：那这些霾都是从哪儿冒出来的？之前天气不还好好的吗？

法海：有的颗粒物是人类生产、生活直接排放出来的，属于一次污染物。有的颗粒物一开始是透明的气体，但是几种心术不正的气体碰在一块儿，就会互相学坏，组成犯罪团伙，它们摇身一变，就变成了固态的二次污染物，如二氧化硫、氮氧化物。到了冬天，空气对流不强烈时，颗粒物就会越积越多，容易形成灰霾。

许仙（满不在乎）：不就是小小的颗粒物嘛，我吸了这么久也没什么问题呀。（吸气）嗯，今天西湖的霾量足、味道正，入鼻绵柔又不失醇厚，仔细品味之下略有回甘，还是原来的配方，还是熟悉的味道。（作陶醉状）

法海（叹气）：你别小看这些颗粒物，它对健康的危害可大了！尤其是那些叫作PM2.5的小个子，能够穿透免疫系统的重重屏障，进入我们的血液中。PM2.5一旦进入血管，就好比开上了高速列车畅游人体，再想逮到它就难了。PM2.5会沾上环境中存在的污染物，如重金属、苯并芘、多花芳烃，这些毒物进入人体可不是什么好事儿。短期看来，PM2.5会让一部分人咳嗽、哮喘，甚至患上肺炎（指指白素贞，就像她这样）；长期的危害更是不得了，PM2.5会损害呼吸系统和心血管系统，增加我们患癌症的风险，还会影响青少年和儿童的肺功能发育。

许仙（震惊）：啊？那岂不是很危险，怎么办？怎么办？怎么办？

法海（拿出口罩递给白素贞、许仙）：口罩早就被抢购一空了，这是我好不容易买到的最后两个。戴好，听我说：

秋冬天，雾霾浓，远观像是入迷宫。

居室内，关门窗，霾散日出再通风。

听预报，早知道，出门定要戴口罩。

吃蔬果，多穿衣，防治雾霾不是梦。

（白素贞、许仙热烈鼓掌）

许仙：大师，你把口罩给了我们，那你自己怎么办？

法海：哦，没关系，我有这个。（从包里拿出防毒面具戴上）

白素贞、许仙：……

雾霾小贼：白素贞，就是这个人害得你有家回不得，你不如和我联手打败他，我保证你和你的家人有用不完的新鲜空气！

白素贞（想了想）：好，我答应你。（伸出手，示意握手）合作愉快。

（雾霾小贼伸出手的瞬间，白素贞将他制服）

雾霾小贼（不可置信）：白素贞！你！你不考虑你的家人吗？

白素贞：不！我的家人安全了，可天下的百姓怎么办！而且，我的家原本山清水秀、鸟语花香，都是因为你才变成了现在灰蒙蒙的样子，我一定要消灭你，还世界一片蓝天！

法海：好！让我们一起，还世界一片蓝天！

（一起打雾霾小贼）

28

穿越千年的握手

（剧作者：韩红宇）

人物：

万户——本名陶成道，明朝（约1500年）人，第一个试图用火箭飞行的人，极具创新科学精神。

聪聪——一个航空航天发烧友，自诩新新人类，爱做实验，经常会有一些奇怪的发明。

阿呆——万户的贴身侍从，很忠诚，也很搞笑。

第 一 幕

旁白：现在是明朝宪宗皇帝成化十九年，也就是15世纪，这里是万家山……

场景：一座山坡上。

万户：阿呆，你快快按我的吩咐去做，快来点火……

阿呆：大人三思啊！性命之事不能开玩笑。平时，您在家中没事做做木工、搞些小发明也就行了，现在您居然还想着要飞天，这不是开玩笑吗?！

万户：尔等不知，飞天乃是我中华千年之凤愿。今天，我纵然粉身碎骨、血溅天疆，也要为后世闯出一条探天的道路来。不必害怕，快来点火。

阿呆：大人，话可不能这么说，万一您此番有些三长两短……

万户：切莫担心，我之前已仔细研读了《火箭书》且做过数次实验，定无大碍。

阿呆：大人……

万户：我意已决，休要再劝。此番飞天定能实现中华千年凤愿。快快帮我点燃鸟尾引线。

阿呆：唉！大人，您多珍重，若您真能飞天成功，莫忘记帮我问王母娘娘要两个蟠桃回来，据说吃了它可以长生……啊！大人救命啊！我不想飞天啊！……

（音乐：《我要飞得更高》）

（阿呆被万户飞天时爆炸所产生的气流带入了时空隧道，来到了2016年的一间屋子里，而屋子里的电视正在播放神舟十一号飞船升空的景象……）

3 科学故事会 145

第 二 幕

场景:聪聪家。一个摆放着各种航空模型和实验台的房间,而聪聪正在做水火箭实验……

聪聪(边打气,边倒数):10,9,8……

阿呆(边四下观望边上场):请问这位小哥……(视线被聪聪的行为吸引)

聪聪(兴奋地提高声音):3,2,1! 发射成功! 耶! 成功了,我的水火箭发射成功了……(转身握住阿呆的手)

(阿呆莫名其妙地看着聪聪傻笑)

聪聪(反应过来,甩开阿呆的手):啊? 你是谁? 为什么会出现在我的"太空舱"?

阿呆(猛地被吓了一跳,然后整整衣服,对着聪聪深深一鞠躬):这位小哥,在下阿呆,乃万户大人的贴身侍从,不知小哥如何称呼?

聪聪(有些不明所以,学着阿呆的样子):哦,我叫聪聪,乃……(猛然反应过来,开始质问阿呆),什么乱七八糟的,你在拍戏吗? 穿成这样(边说边绕着阿呆上下打量)到我家来要干什么? 是不是准备偷我的宝贝?(边说边一脸戒备地保护自己的模型)

阿呆(连忙急着解释):不是,不是,我不是小偷,我是阿呆,乃万户大人的贴身侍从,本来正在给万户大人的飞鸟点火,助其飞天,不知为何会出现在这里,还请……

聪聪(猛然间睁大眼睛):等等,你说你是谁? 正在干吗?

阿呆(一脸呆萌,有些跟不上聪聪的思路,小心翼翼地说):在下阿呆……

聪聪(着急地打断):不对,不对,这不是重点,你刚才说你是万户大人的跟班,正在帮他飞天?

阿呆(有些被聪聪的反应吓着):是啊,我是万户大人的贴身侍从,大人要坐着飞鸟升天,我帮他点火,不知怎么就到这儿了……

聪聪(猛然拍手大笑):哈哈哈……太好玩了,快给我讲讲当时的情况。(满脸期待)

阿呆(有些被吓着的样子):哦! 那日,大人在万家山手持两个大风筝,坐在一辆捆绑着47支炮仗的蛇形飞车上,让我点火,结果只听见"砰"的一声,我就在这里了,这位小哥,可否告知这是哪里啊?

聪聪:这是我的"太空舱"。(一脸得意的样子)

阿呆:"太空舱"?

聪聪:哎呀,这你都不懂,太空舱也叫轨道舱、养生舱,里面放着水和食物,可以方便宇航员在太空工作、休息。简单地说,太空舱就是宇航员在天上生活的家。

阿呆:哦! 原来如此,(一种恍然大悟的样子)这里既然是"太空舱",那就是说我和我家大人一起升天了,大人,大人……(边喊边急切地寻找)

聪聪（赶忙上前拉住阿呆）：阿呆，阿呆，呆哥！你听我说，事情不是你想的那样。你家大人他不在这里。

阿呆：不在这里？你不是说这里是"天上"吗？别骗我了。大人，我是阿呆，您在哪里？

聪聪：哎呀！阿呆，我真的没有骗你，万户大人他真的不在这里！

阿呆（看着聪聪有些担心地低喃）：不在这里？！那大人会去了哪里呢？

聪聪（有些于心不忍地看着阿呆）：哎呀！阿呆，你别急。（拿起饼干给阿呆吃，并努力岔开话题）对了，你见过水火箭吗？我的水火箭刚才发射成功了呢！

阿呆：水火箭？

聪聪：就是通过压缩空气来让水喷射，然后利用水喷射后产生的反作用力来推动火箭发射。

阿呆（似懂非懂）：没见过。

聪聪：就知道你没见过！其实啊，和你们那时候相比，火箭的变化可大了！现代火箭是一种喷气推进装置。它可以不靠空气中的氧气助燃，自己携带燃烧剂和氧化剂在太空中飞行。还有啊，万户大人的飞鸟是世界上最早的火箭装置！

阿呆（开心且骄傲）：真的吗？我家大人果然厉害，不过，聪聪你也很牛，可以用水来发射火箭。

聪聪（一脸得意）：那是，我可是宇宙无敌超级聪（摆出超人的造型）。别说是水了，我还能用你吃的饼干来发射火箭呢！

阿呆（看着饼干不敢相信）：啊？用它来发射火箭？

聪聪：拜托，阿呆！饼干的含糖量很高，我只是利用它燃烧时产生的热量，让小火箭发射而已。你看……（此时做用饼干发射火箭的实验）

阿呆（看着发射成功的火箭一脸崇拜）：聪聪，你太厉害了！

聪聪（一脸得意）：很简单！不过，真正的火箭升空，可没有这么简单，还需要制导系统控制方向、距离等，好多事呢，老麻烦了，反正一时半会儿也跟你说不清楚。

聪聪（恍然大悟）：哎，阿呆，说不定你就是被万老先生飞天时所产生的反作用力误撞到了时空隧道中，然后就穿越到了我这里。

阿呆：反作用力？穿越？聪聪，我不明白你在说什么？

聪聪（一脸无奈）：唉！我真是服了你！来！阿呆，你用手使劲拍一下桌子。

阿呆：你当我傻啊！我为什么要拍桌子，还使劲拍，我的手会疼的。

聪聪：嘿嘿！原来你也不是很呆嘛！好好好，我们不拍桌子，那你戴上这副手套，使劲地去打那颗球，有这么厚的手套保护，你不用担心手疼了吧！

〔阿呆看看拳击手套，又拍拍球，然后嘴里一边念叨着"这还差不多"，一边用力向球

打去(球弹回打到阿呆)〕

阿呆：哎哟！聪聪你骗我。

聪聪(一边捂嘴偷笑，一边说)：我没有骗你，我只是想让你自己体会一下反作用力。毕竟"实践出真知"嘛！好了，好了，不开玩笑了。阿呆你看，球本身并不会发力，你用力打它的同时会感受到它反弹回来的那个力，这就是反作用力。其实作用力和反作用力是一对好朋友，它们大小相等，方向相反。也许，万户大人那时还并不知道什么是作用力和反作用力，但是他却知道要借助炮仗的力量飞天，在那个年代，真是了不起！

阿呆：那是，我家大人可不是一般人。聪聪，我想我家大人了，我真的很担心，我想回家。你这么牛，一定能送我回家对不对？(沉浸在即将回家的喜悦中)等我见到我家大人，一定告诉他，聪聪你有多棒，轻轻松松就能让火箭升天了。

聪聪(看着自我喜悦的阿呆有些为难地挠挠头，然后突然灵光一闪)：阿呆，我带你去找我的爸爸吧！看看他能不能帮你回家。你知道吗？我爸爸可了不起了！对了，去那里我可以让你看看以万户大人命名的月球环形山，还可以让你看看现代航空飞船怎么升天。

阿呆：真的吗？那太好了，我们快走吧……

聪聪(看着阿呆在心里默默地说)：对不起，阿呆！我帮不了你。因为我真的不知道你是怎么来到这个空间的；我也不知道怎么对你说，也许你再也回不了家了；我更不知道该怎么告诉你万户大人飞天失败，已经牺牲了。但是，阿呆你知道吗？直到今天，我们也没有忘记他为航空航天事业作出的巨大贡献，也正是因为有了千千万万像万户大人这样为了科学大胆尝试，勇于牺牲的人，才有了我们今天科技发展的日新月异，我们永远不会忘记他们的……相信我，阿呆！我一定会努力学习，争取让你早日回家！

醋坊故事

（剧作者：张安琪）

第 一 幕

场景：现代，山西老陈醋专卖店。

人物：阿杜、顾客。

（阿杜上场，边四处走动边推销陈醋）

阿杜：吃醋吗？吃醋吗？哎，您吃醋吗？正宗山西老陈醋，不只是调味品，更是保健品。

（这时，一位顾客表示感兴趣，走上前来）

顾客（一边说话一边作感冒咳嗽状）：小伙子，咳咳，这醋是调味品我知道，咳咳，保健品是怎么一回事啊？

阿杜：这您就有所不知了，这位先生，我看您有些感冒是吧？

顾客：是啊，最近又进入了流感高发期，这不，我就中招啦。

阿杜：呵呵，那您真该吃点儿醋了，醋能防治感冒、消毒杀菌。

顾客（怀疑）：啊？这么神奇啊？我不信。

阿杜：您放心，这话可不是我信口胡说的。科学家用实验证明，食醋有杀灭肺炎双球菌、白色葡萄球菌和流感病毒等呼吸道致病微生物的效力。在室内熏醋30分钟后这些病菌全都能被杀灭。而且，我们醋厂的工人们都很少感冒，有些甚至工作二十几年也未曾感冒过。您说这是不是长期接触食醋的关系呢？

顾客（若有所思地点点头）：听你这么一说，这醋的作用还挺大。哎，我有高血压，喝醋管用吗？

阿杜（开心）：喝醋降血压啊！您看之前热播的电视剧《平凡的世界》，里面有个情节，主人公孙少平在煤炭工人体检时被发现血压高，有人建议他，复查血压时提前1小时喝一瓶醋，果然他喝完之后血压就正常了。

顾客：可这是电视剧里的情节啊，都是虚构的，可信吗？

阿杜：我是有证据的。曾经有学者做过1次实验，他们挑选了9名高血压患者，每天午后3点吃5粒醋泡黄豆,持续3个月,其间每周测量血压1次,每月验血1次,结果血压明显趋于正常。不仅如此,在我国民间,很早就用醋泡花生米来防治高血压啦。

顾客(疑惑):每天吃醋就能降低血压?

阿杜:食醋之所以能降低血压,是因为食醋中含有维生素C,能扩张血管,促进胆固醇的排泄,并能增强血管的弹性和渗透力。此外,食醋还能增强肾功能,有利尿的作用,通过利尿使钠排出,间接使血压降低。既然您有高血压,不妨少吃盐多吃醋。

顾客(将信将疑):那除了你说的这些,醋还有别的功效吗?

阿杜:醋的作用可大着呐!对于我们的健康来说,醋能健胃,可增强食欲,促进消化;还能降低胆固醇,防治肝病、糖尿病,甚至还有抗癌的作用。对于女士来说,醋能减肥、美容、延缓衰老。对于男士来说,醋能解酒。

顾客:哈哈,醋可真是好东西啊,给我来两瓶。

阿杜:好的!(给顾客选醋)您真有眼光,俗话说得好,饺子蘸醋,健康有度,包子蘸醋,家庭和睦……(话未说完,被顾客打断)

顾客:对啦,小伙子,你能给我讲讲醋是怎么生产出来的吗?

阿杜:这……(阿杜一时语塞,心想:我平时只想着如何推销醋,却从来没想过醋是怎么做出来的)这……咱留待下回分解。

顾客(失望):好吧,不过下次你可一定要告诉我答案啊!

阿杜:好好,您慢走。

(阿杜送走客人,打开电脑准备查询制醋工艺)

阿杜:让我来看看醋到底是怎么生产的,(伸懒腰)啊,突然好困啊,不管了先睡一觉吧,醒来再看。

(阿杜趴在电脑桌上睡着,灯光渐暗)

第 二 幕

场景:清代,山西老陈醋醋坊。

人物:阿杜、醋坊工人。

阿杜:睡得好香啊。(环顾四周)咦,我这是在哪里?(灵光一现)啊!我这是在清代的醋坊?

(阿杜询问一位工人)

阿杜:这位大哥,请问这里是醋坊吗?

工人:没错,这是专门制作山西老陈醋的醋坊。我们生产出来的醋,甜、绵、酸、香、久存不腐,是醋中上品。

阿杜：哇，好厉害啊，那可以带我参观一下吗？

工人：当然可以。(拿起一把高粱)你看，制醋首先要选好原材料。山西老陈醋用高粱、大麦、豌豆等五谷杂粮为原料。把优质的高粱粉碎，搅拌均匀后润料。

阿杜(疑惑)：润料？什么是润料？

工人：润料就是把水分让高粱充分吸进去，高粱吸了水才能蒸熟。蒸熟以后的高粱加入用大麦、豌豆制成的大曲便可进入发酵环节。走，我带你去发酵区看看。

(二人前行，走向发酵区。发酵区放满整齐排列的大瓷缸)(实物演示)

阿杜：啊，好强烈的醋味啊。

工人：你现在看到的就是发酵过程了。发酵分为酒精发酵、醋酸发酵两个部分，主要是把原料中的淀粉转换成糖，糖转换成酒精，再把酒精转换成醋酸。这个发酵过程大约需要10天，10天之后得到白醅，就进入了熏醅过程。

阿杜(被若干整齐排列的醋缸震撼)：我仿佛看到了老陈醋和岁月一起在醋缸里发酵。

(二人继续前行)

工人：熏醅工艺是在明朝洪武元年发明的，是咱们山西酿醋的独特工艺。就是将白醅在炉炕上加火熏烤，通过熏醅使醋增色、增香、增脂，还可以抑制细菌的生长。熏醅的过程需要5天，经过前后5天的熏烤，醋醅的颜色逐渐变成黑紫色，称它为黑醅。

阿杜：所以醋的颜色就是从熏醅时来的吗？

工人：是这样没错。我们继续往前走，这里是淋池，是用来淋醋的。淋醋就是用煮沸的水将醋醅中的醋酸及有益成分过滤出来。淋醋的环节决定了醋的酸度，6度以上的老陈醋才可以久放不坏。

阿杜：咦，现在过滤出来的液体就是醋了吗？可是它是新做出来的啊，怎么能叫老陈醋呢？

工人：你问的问题很好，的确，现在得到的还只是"新醋"，要想成为"陈醋"，还要经过"夏伏晒、冬捞冰"为期半年的陈酿这一必不可少的过程。由于温度的作用、水分的蒸发，陈酿会使新醋经过醋化反应，挥发掉一些刺激性的酸味，产生醇和绵酸的香气。你看，这碗就是经过陈酿后的陈醋，你可以尝尝看。

(工人笑着递给阿杜一碗醋，阿杜接过醋，仔细观察、品尝)

阿杜：啊，这浓郁的芳香，绵酸的口味，紫黑的色泽，挂杯的特色，绝对是正宗山西老陈醋没错！来，干了这碗老陈醋！

(阿杜豪爽地举起碗欲一饮而尽，此时灯光瞬间全暗)

第 三 幕

场景：现代，山西老陈醋专卖店。

人物：阿杜。

（灯光渐亮，阿杜在电脑桌上趴着慢慢起身，揉眼睛）

阿杜（睡眼惺忪）：哎？我的老陈醋呢？（晃晃脑袋看周围）啊，原来刚才只是一场梦啊。（忽然间下定决心）不行！我现在一定要去醋厂参观一下，看看我们现代醋厂和古代醋坊有没有区别。（边说边退场）

人 工 智 能

（剧作者：闫夏）

人物：

小智——25岁，机器人迷。

伊娃——与小智约会的女孩。

导演——电视节目导演。

莱姆博士——菠萝科技公司的科学家。

故事梗概：小智是一个机器人爱好者，有一天他受邀参加真人秀节目《绝对挑战》，要求完成假扮机器人跟女孩约会而不被识破的任务。约会过程中每每遇到危急关头，小智都以自己丰富的人工智能知识化解了，当他自以为完成任务的时候结局却出人意料，小智最终是否能完成任务？如果真的有这样能自主思考、有感情的机器人，我们又该如何对待它们呢？

第一幕：导演的邀请

（小智假扮机器人上台）

小智：大家好！我是机器人小智，下面我给大家表演一个节目。（跳一段机器人舞，然后摘下头盔）哈哈，有没有骗到你们啊！现在的机器人，功能越来越齐全了，有会扫地的、会做饭的，还有会下棋的！你说这也是人工智能？那只不过是将大量的棋谱提前写入程序，进行快速计算和优化选择而已，顶多算个高级电脑。真正的人工智能机器人，在我看来，应该是能思考、有感情的机器人，那才是人类研究人工智能的最终梦想。

（导演上场）

导演：小智先生，可算找到你了！

小智：你是谁呀？

导演：我是《绝对挑战》节目的导演，主要是邀请各种类型的嘉宾完成不同的任务，这次我们想邀请你假扮机器人与女孩子约会，只要被对方识破就算失败了！

小智（犹豫）：这个嘛……

导演：如果任务成功，将会获得10万元奖金！

小智(立马变脸,转兴奋):10万元?!好的,什么时候?在哪里?

导演:跟我来……

(导演拉着小智下场)

第二幕:参加真人秀

(导演出场)

导演:各位观众!大家好!欢迎来到非大型真人秀节目《绝对挑战》!这一期我们将直观与机器人的约会,这位是我们的女嘉宾,她的名字叫伊娃,刚与男朋友分手,我们的人工智能机器人能够给她带来愉悦的心情吗?有请菠萝科技公司第九代人工智能机器人"Z"登场!

(伪装成人工智能机器人的小智出场,导演退到舞台一侧,坐在导演椅上)

小智(机器音):你……好……我……的……名……字……叫……Z……

伊娃:你好!我的名字叫伊娃!很高兴认识你!(两人握手)

伊娃:天呐!你的手握起来好像真人的手!

小智:我的手上是最新研发的仿生皮肤,兼具触觉、滑觉、温度传感器,这样跟人接触的时候更有真实感。但是因为这种皮肤造价太贵了,所以公司只做了我手上的皮肤。

伊娃:这种皮肤是不是可以用于烧伤的病人,在整容业也会很受欢迎?

小智:伊娃小姐你真聪明!

伊娃(害羞):呵呵……

(小智独白:成功了,她没有看出来!我不愧是……)

导演(悄悄地):不愧是我选的人,就像真的机器人一样!就这样!一定要坚持下去啊小智!

第三幕:惊险重重的约会

(饭店里,小智和伊娃坐在桌子的两端聊天)

小智:人工智能也分为弱人工智能和强人工智能,其实现在弱人工智能在我们的生活中随处可见,像扫地机器人、下棋机器人,它们一般只擅长单个方面的功能,你要让下棋机器人去好好扫地,它恐怕就做不到了。强人工智能能达到人类的智慧,它不是简单地编程,而是需要研究人脑的神经结构,但人的大脑太复杂了,所以做到强人工智能比弱人工智能难多了。而我也只是模拟了人脑的一部分功能而已,主要是能判断一些感情,比如我现在跟伊娃小姐约会,就感到很开心。

伊娃:Z,你懂得好多哦!

小智：我的大脑随时与网络连接，所以我可以轻易得到任何知识！

导演（对着对讲机）：快！再搜索点伊娃小姐感兴趣的话题传到小智的耳机里！

伊娃：Z，你是机器人，可以吃东西吗？

小智：我的体内有完整的机械器官，这些器官有的已经运用在人的身上，挽救了不少人的生命。

伊娃：对，前几天我一个亲戚还进行了人造肾移植手术，科技发展真的为人类带来了福音。

小智：而像我这样的人工智能机器人，希望能抚平像伊娃小姐这样的人在情感上的伤痛。

（边说边把菜送到嘴里）

导演：好！聊天进行得很顺利！

小智：天呐！好辣好辣！（恢复原本的声音）水！水！糟了……

导演：要穿帮了！小智，不能吃辣为什么还要吃！节目要到此完结了吗……

伊娃（惊呆）：机器人……也怕辣吗？

（小智独白：冷静！要冷静！想想怎么应对，我不能在这里跌倒，一定要把奖金拿到手！）

小智：伊娃小姐，你说得没错，机器人不怕辣，但菠萝科技公司要求对第九代人工智能机器人设定饮食喜好，也就是说……唔……他们设定我为南方出生的机器人，以南方饮食为主，怕辣食，我的口腔一旦感应到辣，便会有剧烈的反应，这也是为了我更像一个普通人，不排除……变音……

伊娃：原来是这样！既然这样，那我们再叫一份不辣的食物吧！

小智：谢……谢谢，你真善解人意。

（两个小学生上场）

小学生A：哇！大家快看！这么大个机器人哎！

小学生B：太酷了！真的是机器人，以前只在电视上见过……

小学生A：机器人先生，你能做什么？对了……数学你一定是最牛的，快问快答！2645389+4374823等于多少？快说！

导演：哪里冒出来的小孩！快算出答案告诉小智！

小智（一只手捂在耳朵上等了一下）：答案是7020212。我的脑袋里搭载的是世界上计算速度最快的神威系列计算机，这个没有难度。

小学生A（拿出手机计算）：正确！厉害！

小学生B：让我来！我问你26547×8567是多少？快说！

小智:是227428149!还有再难点的吗?

小学生 B(用手机计算):竟然都对了!

小学生 A(拿出本子写字):我不服,再来!机器人,看本子上……不准出声哦!把答案写在上面就行了!(本子上写着985416÷456=)

(小智独白:什么!这怎么算?节目组!导演!救救我啊!给我答案!)

导演(一脸迷茫):本子上……写了什么?

小学生 A:快写啊!

小智:呃……

伊娃(伸手拿走小智手里的笔):笔怎么都不出水啦,怎么写?能换一支笔吗?

小学生 A:好吧!给!

伊娃:谢谢!Z,给你笔!(手里夹着一张小纸条递给小智,纸上写着2161)

(小智盯着伊娃,伊娃朝他点点头,小智把答案写在本子上)

小智:好了!完成了!答案就是2161!

小学生 A:正确!机器人先生,你是我们的偶像!我们可以合影留念吗?

(几人合影)

第四幕:影院里的眼泪

(伊娃、小智一前一后上场,边走边说话)

小智:伊娃小姐,刚刚为什么要帮我?

伊娃:即使是机器人,也会有状态不好的时候呀!

小智:那你怎么会知道答案的?

伊娃:我偷瞄他们的手机看到的!

小智(停下脚步):原来是这样……

伊娃:快跟上,我们去看电影了!

小智:好的!

(走到椅子前坐下,大屏幕上播放《泰坦尼克号》)

伊娃:Z,你觉得爱是什么?

小智:爱是?双眼微张,呼吸急促,体温上升……诸如此类吧。

伊娃:对机器人来说,爱可能就只能通过这些感官感受来判断吧,我说的"爱",是人类的情感,就像爸爸妈妈对孩子的爱,不可言说的感觉。

小智(打哈欠):啊!

导演:小智先生,别睡着了!还有半个小时,保持警惕!

小智（转头看伊娃）：哎呀！

伊娃（看着电影泪流满面）：呜呜……

（电影散场，伊娃好像还沉浸在悲伤中，一言不发）

伊娃（摘下脖子上的项链）：Z，这个送给你吧，谢谢你今天陪我。

小智（拿过项链）：不用谢，伊娃小姐……

（小智独白：真是一个可爱的女孩，估计她知道真相的时候会吓一跳吧，希望将来还能跟她有一次真正的约会！）

（现场突然亮起大灯，导演走上前）

导演：非常好！节目圆满结束！辛苦两位了！

伊娃：原来是节目组的工作人员。

小智（摘下面具）：伊娃小姐，其实这并不是一个简单的约会节目。我根本不是什么机器人，我是个真人，我叫小智。我的任务是成功扮演机器人骗倒你，就能得到10万元奖金！

伊娃：什么？

小智：啊！好累啊！但我总算成功了！奖金在哪里？

导演：小智先生，你的表演实在太出色了！现在我宣布，这期《绝对挑战》最终的赢家是……伊娃小姐！

小智：什么？！等等，你们是不是搞错了？

导演：没有搞错，小智，因为你到最后也没有识穿伊娃的真正身份！其实她才是真正的机器人！有请她的创造者——莱姆博士。

（莱姆博士上台）

小智：别骗我了！伊娃小姐刚才看电影还哭了呢，怎么可能是机器人！

伊娃：对不起，我的确是机器人，我的型号是yiwa-909……

莱姆博士：yiwa-909是我们菠萝科技公司的第九代强人工智能机器人，它拥有和人类一样的智力水平和情感能力。根据图灵测试，人工智能需要与普通人类相处，观察他们能否发现异样，达到一定的比例，就算成功。

导演：小智先生，你就是这次的测试者，谢谢你帮助yiwa-909完成了本次测试，你会得到丰厚的奖金的！

小智：怎么会……

莱姆博士：测试已经顺利完成了，我们该回公司了，yiwa-909将记忆库恢复出厂设定！

伊娃：是，博士！（转向小智）再见了，小智。很高兴认识你！（机器音）记忆库已成功重置。(对莱姆博士说)嗨,莱姆博士,又见到你啦!能介绍你身边的朋友给我认识吗?

小智:什么……

(伊娃等人下场)

(小智独白:伊娃小姐真的是一个机器人,而此刻的她,再也不认识我了……)

〔(手机信息音"叮")手机屏幕显示:您有一封新邮件,发件人:yiwa-909,发送时间:23:59〕

(伊娃……小智打开邮件,是他们跟两个小学生的合影,小智热泪盈眶。小智想:我们真的要制造出拥有人类感情的人工智能机器人吗?那这样的爱,还是不是真正意义上的爱呢?)

"最佳饮品"争霸赛

(剧作者:常佳)

人物:果汁、可乐、绿牛、白开水、唐小糖、碳酸。

故事梗概:崇尚健康和营养的饮料王国,为了更好地服务人类,近期举办了一场最佳饮品争霸赛,为了摘得最佳饮品的桂冠,大家都使出了浑身解数,饮料们感到了空前的压力。"魔法师"唐小糖、CO_2趁机来到饮料王国,其实,他们只是利用饮料王国的臣民去侵蚀人类。大家逐渐发现"魔法师"们给人类的器官带来了危险,白开水和饮料王国的臣民们一起同心协力戳穿阴谋。最终,白开水被评选为"最佳饮品"。

第 一 幕

场景:进入炎热的夏季,货架上的饮料种类繁多,形态各异,让人眼花缭乱。

(音乐:《畅爽开怀》)

可乐:头戴红色小礼帽,臀肥腰细脖颈长。全球不到十人知道我的配方。祝您百事可乐!

绿牛(秀出肌肉臂):各位观众,我就是功能性饮料的哥哥绿牛,我是功能性维生素饮料。饮料王国的臣民们,狂欢起来吧,属于我们的嘉年华即将开启,我可听说,(抛媚眼)获胜者将成为我们饮料王国的下一届国王。

果汁:缤纷多彩,满足味蕾,营养价值我最高(竖起大拇指)。我就像快餐店里的至尊汉堡,比萨店里的超级比萨。我就是饮品界的女王。

白开水:没有可乐的刺激,没有奶茶的甜腻,没有果汁的酸涩,咖啡、茶水都需要我。我,世界上独一无二的我,透明干净纯粹的我。

旁白:饮料王国的国王为了让饮料们更好地服务人类,下了一纸诏令。最佳饮品争霸赛第一季全国海选赛开启,从各类饮品的口感、色泽、营养成分等方面评选出最佳饮品。

第 二 幕

唐小糖:红糖黑糖白砂糖,冰糖乳糖麦芽糖。我是快乐的唐小糖。

果汁(委屈):糖姐,白开水竟然说我酸涩。

唐小糖：它说的是你的爷爷，你早就被我施了魔法，变成浓缩型果汁啦。有我附身，你就会甜蜜蜜。

果汁：有你助我一臂之力，能让小朋友们甜到心眼儿里。最佳饮品非我莫属。

唐小糖：对对对，还有香精、色素来作伴，草莓味、西瓜味！

果汁：红色！

唐小糖：香橙味、芒果味！

果汁：黄色！（转圈变色）

唐小糖：知道我为什么快乐吗？有我在，人类就会血糖飙升，异常兴奋。

碳酸（唱）：吹啊吹啊，我的骄傲放纵。本来是CO_2的我吹到了饮料王国，我附着在了可乐小姐的身上。

可乐：上辈子我就是碳酸饮料，一见到你就开心地冒泡。

碳酸：我们是最佳拍档，有了我，你才能清新透亮，爽到心里。

绿牛：你们都需要魔法师，我本身就很强大。喝了我能消除疲劳，再苦再累都能扛。运动员喝我得第一，产妇喝我有力量。咱们比比，谁更强？

第 三 幕

场景：口腔，牙齿都变成了龋齿。

白开水：唐小糖，都怪你，牙齿之屋都成了空壳子。我必须揭穿你！你根本不是什么魔法师，你是恶魔。

果汁：它能让人类甜到心里，也能让人类备受煎熬。糖尿病、脂肪肝，它要让人类为嗜糖付出代价。

白开水：原来的你是纯果汁，虽然酸涩，但却营养健康；如今的你，已经变成了浓缩型果汁，浑身都是甜蜜素。

场景：胃，众饮品齐舞，抖动胳膊，表现出胃酸、胃胀的样子。

可乐：我其实是超级洁厕灵，进入肠道，刺激肠胃，有我在，我比冷酸灵牙膏还要酸。哎，我决定了，退出比赛。

白开水：CO_2进肠胃，消化功能日渐退。

（可乐准备退场，中途摔倒）

可乐：啊，我的腿！

白开水：碳酸饮料喝过量，钙质吸收会受阻，患上骨质酥松，骨折、骨裂是常有的事。

绿牛（边上场边说）：绿牛，超乎你的想象。

绿牛：喝绿牛，给你更多体力。（伸手拉可乐小姐）

白开水：绿牛是功能性饮料，儿童不宜哦。

果汁：嘘！我可听说，女孩子喝绿牛会长胡子。

绿牛：那是谣言，我们功能性维生素饮料家族能让人类更清醒，我才是真正的最佳饮品。

果汁：白开水才是万能的，人类生病要喝水，上火要喝水，找了男朋友，没事就让你多喝水。

白开水：嘿嘿，我虽然平淡无奇，但是百利无一害。小朋友们，记得多喝水哦！

哆啦 A 梦新编——意念控制帽

（剧作者：崔雯　王嫔）

人物：

哆啦 A 梦——大雄的好朋友，拥有百宝箱。

小雄——大雄的曾孙子。

大雄——在科技的帮助下永葆青春。

全能机器人——哆啦 A 梦的助手，多功能，可以与人交流，还可以帮助人们做很多事情。

故事梗概：大雄的曾孙子小雄总是受人欺负，他请求全能机器人帮助他强大起来。全能机器人拿出了制胜法宝——意念控制帽。虽然意念控制帽可以帮助小雄免受欺负，但如果长期依赖它或使用不合理便会酿成大祸。

虽然现在人工智能发展得越来越快、越来越好，能够代替人们做很多事情。可是我们的大脑是永远不能被它代替的！一味依赖道具只会害了我们自己。

全能机器人：叮咚！

大雄：妈呀，吓我一跳！

全能机器人：现在是 2118 年 8 月 8 日，下午 6:30。小全为您准点报时！（对大雄说）您的曾孙子马上又要哭着鼻子回来了。

哆啦 A 梦：哎！小雄还真和你小时候一模一样啊！

大雄：我小时候怎么了啊！

小雄（哭着上台）：哇！呜呜呜……

大雄：乖孙子，告诉曾爷爷怎么了，怎么又哭着回来了？谁欺负你，曾爷爷找他们算账去！

哆啦 A 梦：还用问嘛！肯定在外面又闯祸，然后又被欺负了……

大雄（对小雄说）：是不是？（拿起拐棍）走！谁欺负你，带曾爷爷去收拾他去！

小雄：曾爷爷！您可拉倒吧！您连我都打不过，到时候万一摔着了怎么办？

大雄：你就这么不相信你的曾爷爷吗？想当年曾爷爷我可是孩子王啊！（哆啦 A 梦噗嗤一笑）你笑啥？

小雄（跑到哆啦 A 梦面前）：哆啦 A 梦，你就帮帮我嘛！胖小虎他……他总是欺负我！太可恶了！

大雄：嘿！你这小兔崽子,竟然无视你曾爷爷！

哆啦Ａ梦(对小雄说)：小雄！你可不能一直这样啊！你每次都依赖别人,万一哪天我们不在了,你要一个人应对这个世界该怎么办呢？到时候你又要找谁帮忙呢？

小雄(大哭)：哎哟！哆啦Ａ梦,你是世界上最好、最帅的机器人了！你就帮我最后一次嘛！我保证！我保证下次不会了！

哆啦Ａ梦：哎！真拿你没办法,虽然你这么夸我,但是你说的都是实话啊！算了算了！(对全能机器人说)小全,这件事你来帮他搞定吧！我不想管了！

全能机器人：好嘞！

大雄：哆啦Ａ梦！你这可就不厚道了啊！小雄的事情就是我的事情,你都懒得管了吗？你是要放弃我们祖孙了吗？

哆啦Ａ梦：你可别小看全能机器人,它可是我的得力助手！是新时代科技的产物,有了它我轻松多了！它可是上得了厅堂下得了厨房啊！

全能机器人：就是就是！你不要小瞧我哦！我的作用大着呢！我不但是家里的管家,还能生成一种物质进入人体内定期进行垃圾清理,让人们健康快乐地生活！

大雄：好！那我倒要看看它今天到底有没有这么厉害！

哆啦Ａ梦：小全,你来挑一样适合小雄的东西,来帮帮小雄吧！

全能机器人：好嘞！(仰头思考一会)我想了一下,还是觉得那个东西比较适合小雄！(说着走到哆啦Ａ梦的百宝箱前翻找)咦,在哪呢？(继续找)哦！找到了！

(全能机器人翻出一顶帽子)

小雄：这是啥？

哆啦Ａ梦：这叫作"意念控制帽"！

大雄：不就是一顶帽子嘛,有啥新奇的？

小雄：对啊,对啊！一顶帽子怎么才能帮到我呢？

全能机器人(偷笑)：你试试就知道了！(把帽子戴在小雄头上)

小雄：然后呢？

哆啦Ａ梦：然后,你现在先试试集中精力想一件事情！看会怎样,然后你就知道啦！

小雄(紧皱眉头)：嗯,想什么好呢？(坏笑)有主意了！

(哆啦Ａ梦开始手足舞蹈,跳起肚皮舞)

哆啦Ａ梦：咦,怎么回事？我为什么在跳舞？我一个纯纯的机器男,居然在这跳肚皮舞！这怎么还停不下来了？(恍然大悟,对小雄说)小雄,你你你！

小雄：哇！原来这么神奇啊！戴上这顶帽子想什么都能成真啊！好厉害！

大雄(撒娇)：哆啦Ａ梦,我也想要一个！

3 科学故事会

哆啦A梦(对大雄说):大雄!你都多大了啊!怎么还跟小孩子似的!

大雄:嘿嘿嘿!我就开个玩笑嘛!不过这怎么会这么神奇?到底是什么原理啊?

哆啦A梦:咳咳!小全给他们解释一下!

全能机器人:意念控制帽,顾名思义就是用意念去控制你想控制的东西!它是靠收集脑电波或者各种波来控制人或者机器,比如控制汽车或者电器……

大雄:真的假的,我怎么有点不太相信啊!

哆啦A梦:大雄,你落伍了!人工智能远比你想象中发展得快!看似是"读取意念",实际上读的是脑电波。人在想象某种事物或者思考时会产生一定的脑电波,这可以使用技术手段检测到,比如通过由电极盘、传感信号放大器组成的"脑电帽",脑电波可以用计算机识别出来!

小雄:哇!好神奇啊!哈哈哈,有了这顶意念控制帽,我以后再也不用担心胖小虎欺负我了!如果他下次还想欺负我,我就带上这顶意念控制帽控制他的意念,让他自己打自己,哈哈哈哈!

全能机器人:小雄,这意念控制帽是万不得已才能拿出来用的!而且不能用来害人哦!如果你依赖它,那可会酿成大祸啊!

大雄:小雄,你可不能走曾爷爷的老路啊!曾爷爷小时候经常被欺负,每次遇到困难都是依赖哆啦A梦的道具,久而久之就离不开道具了,而且变得更胆小怕事!所以你不能一直依赖道具!

哆啦A梦:是啊!要想不被欺负,那么得先让自己强大起来!虽然现在人工智能发展得越来越快、越来越好,能够代替人们做很多事情,但是我们的大脑是永远不能被它代替的!一味依赖道具只会害了你自己!

小雄(低下头):曾爷爷、哆啦A梦,你们说的我知道了!我一定记在心上!将来我一定做一个勇敢的男子汉,改变自己,让自己变得强大起来!去保护自己以及我想保护的人!

大雄(脸上露出欣慰的笑容):这才是我的乖孙子嘛!

哆啦A梦新编——小雄考了100分

（剧作者：崔雯　王嫔）

人物：

大雄——善良，疼爱小雄，学生时期总考0分。

小雄——大雄的曾孙子，除了没有戴眼镜外，长相与大雄完全相同。

哆啦A梦——大雄的好朋友，有正义感和正确的是非观，爱吃铜锣烧。

全能哆啦——博士爷爷设计出的最新版机器猫。

故事梗概：一天傍晚，大雄和哆啦A梦坐在一起聊天，哆啦A梦吃着它最爱的铜锣烧。这时，小雄放学哭着回来了。原来班里考试只有小雄不及格，同学们都嘲笑他。大雄听了十分心疼，想让哆啦A梦帮忙。但哆啦A梦认为考试没有捷径，只能靠自己努力，坚决不拿出道具。

小雄伤心地回到房间，全能哆啦知道后决定帮助他，拿出了满分眼镜，但也不忘告诫小雄一直依赖满分眼镜会变得越来越笨，小雄喜出望外地拿着眼镜跑了出去，根本没在意全能哆啦的告诫。

有了满分眼镜的小雄，每次考试都得满分。同学们对他刮目相看，老师让小雄代表学校去比赛。

比赛当天小雄却忘记了戴眼镜，没有满分眼镜的小雄一道题都不会。他回到家伤心地痛哭起来，大家都来安慰小雄。哆啦A梦告诉他：想考100分一定要靠自己的努力，没有捷径，像满分眼镜这样的人工智能产品以后会越来越多，它们虽然能帮我们做很多事情，但我们的大脑永远不能被这些人工智能产品替代。

第 一 幕

场景：傍晚，大雄家的院子里。

大雄：哆啦A梦，你再不来我就把你的铜锣烧全吃光啦！

哆啦A梦（跑着上场）：不许抢我的铜锣烧吃。

大雄：喂，你慢点吃，别都吃光了，给小雄留一个！

哆啦A梦：哦，对了，今天小雄有考试吧！

大雄：是呀，昨晚他又没好好复习，不知道他考得怎么样？

哆啦Ａ梦(偷笑)：你还说他呢，你以前考试总考0分，大不了和你一样呗！

大雄(生气)：哆啦Ａ梦！把铜锣烧还给我！

哆啦Ａ梦：哈哈，这是我的才不给你呢！

(哆啦Ａ梦抱着铜锣烧跑，大雄在后面追)

(这时小雄背着书包，手拿试卷哭着上场)

小雄(边走边哭)：呜呜呜……

大雄、哆啦Ａ梦(停下来问道)：小雄，你怎么啦？

小雄：曾爷爷，哆啦Ａ梦，胖小虎和小小夫他们笑话我，呜呜呜……

大雄(气愤)：这两个小家伙，太过分了！

哆啦Ａ梦：他们为什么笑话你呀？

小雄(低下头)：因为……因为这次考试我考了38分，全班只有我一个人不及格……

大雄(尴尬地挠挠头)：这个……没关系，爷爷以前还考过0分呢。

哆啦Ａ梦(在一边嘟囔)：你还好意思说。

大雄：下次好好复习，一定能及格！

小雄(大哭)：我不要，我不要他们笑话我，哆啦Ａ梦你帮帮我！

哆啦Ａ梦：这我可帮不了你，谁让你不好好复习！

小雄(抱着大雄)：曾爷爷，我不要他们笑话我，我要考100分！你快让哆啦Ａ梦帮帮我。

大雄(为难地看着哆啦Ａ梦)：哆啦Ａ梦，考倒数第一的滋味真不好受，要不……

哆啦Ａ梦(双手抱胸，扭头)：不行！想考100分就要好好复习，没有道具能帮他。

(小雄伤心地跑回房间)

第 二 幕

场景：小雄房间。

(小雄趴在桌子上哭)

全能哆啦：小雄，你怎么啦？

小雄(边抹眼泪边说)：我考试考了倒数第一，大家都笑话我。曾爷爷和哆啦Ａ梦也不帮我，呜呜呜……

全能哆啦：你别哭啊！

小雄(哭声更大)：呜呜……全能哆啦，你帮帮我！

全能哆啦：这个……

小雄：我不想被他们笑话，呜呜……

全能哆啦：你别哭啦，别哭啦。我帮你就是了。(掏出满分眼镜)

小雄(立马停止哭泣,抹掉眼泪):这是什么呀?

全能哆啦:满分眼镜!

小雄(一脸不相信):这个眼镜能帮我考100分?

全能哆啦(得意):当然啦,这可是最新的高科技眼镜,镜框里有智能芯片,戴上眼镜以后它能把你看到的题全部扫描传到芯片里,芯片能快速计算得出答案,并将答案显示到镜片上。

小雄(惊喜):哇,居然有这么神奇的东西,太棒啦!这下我能考100分了!我试试。(夺过眼镜,迫不及待地戴上并拿练习册试验)哇,真的能得出答案啊!全能哆啦,你太厉害了!

全能哆啦:可是小雄,这个眼镜还是不要随便用啦,不然⋯⋯

小雄(不听全能哆啦说完就高兴地跑出去了):太棒了,我要得100分啦!

全能哆啦(担心地看着小雄的背影):不然你会越来越笨的⋯⋯

(有了满分眼镜的小雄每次都考第一,老师派他代表学校去参加比赛)

第 三 幕

场景:小雄的房间。

小雄(兴奋):曾爷爷,这次考试我又考了全班第一,老师让我代表学校去参加比赛!

大雄(不知道满分眼镜的存在,非常高兴):代表学校比赛啊,我们小雄可真了不起!

哆啦A梦(瞪着全能哆啦):你这根本不是在帮他,这是作弊!

全能哆啦(委屈):他一直哭着求我,我也没办法啊,我告诉他不能一直用这个眼镜了,可是他不听啊⋯⋯(低下头)

小雄:好啦好啦,曾爷爷,我要早点睡觉啦(推着大家走出房门),大家晚安啦!

(待大家出门后,小雄打开衣柜找衣服)

小雄(边找衣服边说):明天去比赛我要穿上新衣服。(把衣服放在床头,满分眼镜放在枕边,关灯睡觉)

(第二天早上)

大雄:小雄,快起床啦,今天要去比赛呢!

小雄(惊醒):不好,要迟到了!(飞快地穿上新衣服,背上书包,跑出门去)

大雄(看着小雄的背影无奈地笑着):这孩子跟我小时候一样,毛毛躁躁的!(走进小雄的房间帮他叠被子,突然看到枕边的眼镜,拿起)咦,这里怎么有一副眼镜?(放回桌上,叠好被子,退场)

第 四 幕

场景:傍晚,大雄家的院子里。

（大雄、哆啦A梦、全能哆啦在院子里聊天，小雄哭着上场）

大雄：孩子，你怎么啦？出什么事了？（上前抱住小雄）

哆啦A梦（无奈）：哎，我就知道早晚会出问题。（扭头对全能哆啦说）看你干的好事！

全能哆啦：我……

大雄：别哭啊，告诉曾爷爷怎么了？

小雄（边哭边说）：我去考试，忘记带全能哆啦给我的满分眼镜，结果一道题都不会，呜呜呜……

大雄（疑惑地看着两只机器猫）：什么满分眼镜啊？

全能哆啦：上次小雄一直哭闹，我没办法只能给他满分眼镜，所以他才能回回考第一，代表学校去参加比赛，谁知道这么重要的时候他居然忘了带眼镜（作摊手无奈状，看见哆啦A梦在瞪自己，不好意思地挠挠头）

大雄（恍然大悟）：哦！原来我早上看到的那个是满分眼镜啊！

哆啦A梦（拉着小雄语重心长地说）：小雄，想考100分一定要靠自己的努力，成功没有捷径，你不能一直依赖满分眼镜这种东西啊。

全能哆啦（急忙插话）：我都跟你说了这眼镜不能随便用，会越用越笨的！

小雄（低头小声嘟囔）：可它不是高科技产品吗？为什么不能用？

哆啦A梦：满分眼镜虽然是高科技产品，但它有自己的用途，不是让你用来作弊的，现在我们的身边有越来越多的人工智能产品，它们虽然能帮我们做很多事情，但我们的大脑永远不能被这些人工智能产品替代，你明白吗？

小雄（认真地点点头）：嗯！

大雄（摸了摸小雄的头）：好了小雄，想考100分要靠自己，今后就让哆啦A梦和全能哆啦陪你一起复习功课！

全能哆啦（拍拍胸脯）：没问题！包在我身上，保证让他考100分！

哆啦A梦（白眼）：吹牛！

大雄、小雄：哈哈哈哈。

（众人下场）

白雪公主之魔镜魔镜

（剧作者：常佳）

人物：

王后——仇视一切美丽的人，不择手段，被妒忌所困。

魔镜——被王后的美色所惑，不惜与之狼狈为奸。

白雪公主——一个美丽、善良的女孩。

王子——白雪公主的保护者。

故事梗概：想要成为世界最美之人的王后最终还是没有杀死白雪公主，于是她想尽一切办法让自己变得美丽。通过魔镜给她提供的美肤技术、身材管理等智能服务后，内心依旧丑陋，最终还是成为不了世界上最美的人。

第 一 幕

旁白：从前，在一个阴森恐怖的城堡里生活着一个心肠狠毒的王后。

王后：我就是王后，美丽与权力的化身。咳，岁月从不败美人啊，不信？不信就来问问我的魔镜。

（走到魔镜面前）

王后：魔镜，魔镜，我问你，谁是世界上最美丽的女人？（对着魔镜搔首弄姿）

魔镜：这个……那个……嗯……呃……

王后：你结结巴巴的干什么！哼！快说，再不说把你砸了。

魔镜：那个……白雪公主被王子救了。世界上最美丽的人还是白雪公主啊。

王后：什么？（发怒）她还真是命大啊。

魔镜：王后息怒啊，与其费尽周折地杀死公主。您……您……您不如把自己变成真正美丽的人。

王后：哦？你有什么点子，说来听听。

魔镜：王后，知彼知己，百战不殆。我们应该先看看白雪公主到底是怎么保持美丽的。

魔镜(眨一只眼睛,献上水晶球):王后,这是水晶浏览器——它支持无线上网、在线视频,有好多强大的功能,通过它我们就能偷窥白雪公主在城堡里的一切行动了。

(王后接过水晶球,高举水晶球,透过水晶球看)

魔镜、王后:哈哈哈哈!

第 二 幕

场景:森林王国的城堡里。

(王子和白雪公主跳着优雅的舞缓缓入场)

王子:白雪,我送你的生日礼物喜欢吗?

白雪公主:你真是太贴心了,这面镜子我好喜欢。

王子:它可不是一面普通的镜子哦。

(白雪公主的指尖轻轻滑过镜面)

白雪公主:它比王后的魔镜还要魔幻呢。

王子:它可是森林王国最新研制的智能镜子呢,待机为镜,开机为屏。

(白雪公主看着镜面,手指在镜面上来回滑动)

王子:你好久没见七个小矮人了,我们明天去森林郊游,一起去看看他们吧。

(镜子的屏幕上显示天气预报)

白雪公主:你看,正好明天天气晴朗。

王子:那快去挑选一下明天的盛装。

白雪公主:你送我的镜子已经根据我的喜好替我挑选好了。

(镜子出现体重管理界面)

王子:哎哟,提醒你该少吃多动喽。

白雪公主:我的体重也被你知道了,我得赶紧设置一个人脸识别密码。什么时候镜子连上我的体重秤了?!(一头雾水)

王子:镜子里植入了AI智能芯片,外接了好多健康设备,替我实时监测你的身体健康状况。

白雪公主:我对着镜子化妆的时候还会播放美妆教学视频呢!都是根据我的喜好和需要为我挑选的美妆技巧呢!

(一阵强烈的龙卷风刮来,突然,镜子不见了)

第 三 幕

旁白:智能镜子被王后的手下魔镜偷走了。

魔镜：王后，这就是白雪公主的新鲜玩意儿，竟然说比我还魔幻，您瞧瞧，这是什么嘛。

王后：我来试试？

（王后触碰镜子，对着镜子进行人体识别，对着镜子眨眼睛）

王后（对着镜子）：咳咳。

（通过人体感应、轻触、语音交互等方式，镜子毫无反应）

王后：这是什么破东西，我看它连你的脚后跟都比不上，还怎么让我变美？

魔镜：王后，一定是白雪公主给它设置了人体识别，这款镜子只有白雪公主才能开启。

王后：把她给我抓来。

魔镜：嗻。

（魔镜捆绑着白雪公主上场）

白雪公主：放开我，放开我。

（魔镜举起智能镜子对准白雪公主进行人体识别，镜子出现了血压仪的显示界面）

王后：看来你现在很恐惧嘛，你的血压都要冲爆你的血管了。啊哈哈哈哈……我马上就是世界上最美的人了。

白雪公主：王后，最美的人不光要有靓丽的外表，善良的内心才是最重要的。

王后：你给我闭嘴，赶紧给我在这个智能镜子上开启一个属于我的用户界面。

（善良的白雪公主把自己的智能镜子与王后一起分享，同一面智能镜子创设了她们两个人的用户信息）

魔镜：王后，只有瘦瘦瘦，才能美美美。

王后：好嘞！体重秤。

魔镜：连接完毕。

王后：肌肤仪。

魔镜：外接成功。

王后：睡眠带。

魔镜：要睡眠带做什么？

王后：笨蛋，检测睡眠质量啊。跟你说了也不懂，女人靠睡，只有充足的睡眠才能变美。

魔镜：小的明白了，外接的健康设备实时监测您的身体数据，再结合大数据分析技术，及时给您提供方案和建议，有朝一日，您就是第二个白雪公主。

王后:什么?第二个?我要让她见不到明天的太阳。我才是世界上最美丽的女人。

魔镜:那是肯定的,王后拥有了智能镜子,我们两面镜子是您的左膀右臂,一定使您闪闪动人,魅力不打折,漂亮一百分。

王后:哈哈哈哈哈哈。

(正在这时,王子上场,英雄救美)

王子:你这个恶毒之妇,你是世界上最丑陋的人。看剑!

(王后被王子一剑刺心,一命呜呼,魔镜落荒而逃。从此,白雪公主和王子终于不再受恶毒王后的干扰,过上了幸福的生活)

口吕品田王国奇遇记

(剧作者:李祎璇)

人物:

孙悟空——尊敬师父,足智多谋,虽历经九九八十一难后封禅,但性格仍旧火急火燎,行事毛躁。

唐僧——举止文雅、性情和善,佛经造诣极高,但仍旧是个"话唠"。

机器小吾——口吕品田王国的机器语音帮手,死板的编程,死板的语调。

方格——口吕品田王国的总管事,条条框框行文法律烂熟于心,为人虽十分死板,但机智多谋,临危不乱。

晶晶——口吕品田王国的居民,外表看似是人,但却是仿照孙悟空生理结构而造的机器猴。

故事梗概:天庭为人间各国家进行人口普查,派孙悟空和唐僧来到口吕品田王国进行统计。口吕品田王国是科技最发达的国家,所有科技化的信息都可以在一个方框中得到运用,因此国名便是一个框、两个框等的累加,国名不仅如此,连居民的名字也是如此。在王国的例行身份验证时,发现孙悟空的身份与居民晶晶的身份竟大同小异,由此运用人工智能展开了一系列辨别,发现晶晶竟是一只机器猴,最终晶晶与师徒二人共同完成工作,共谱国家新篇章。

第一幕:师徒重上路

旁白:天庭掌管人间数千年来,人丁兴旺,呈繁华盛世之象。一年一度的人口普查就要开始了,不知道这次的使臣又是谁啊?

(播放"猴哥,猴哥,你真了不得"的动画音乐,筋斗云飘过)

孙悟空(跳着从观众席出场):我呀我呀,这都多少年不来人间了,你们想我没啊?哈哈,看这筋斗云都兴奋地不带我了。(左顾右盼地小声道)看来今天就我一个人啊,(上蹿下跳)终于摆脱他了,(小心翼翼)你们知道我说的是谁吧。

(唐僧慢慢地边摇头边指着孙悟空从观众席走上场)

孙悟空(得意洋洋地大声说道):还能有谁啊!不就是我的师父唐僧吗?终于不用听他念经了,终于能够清净了。

（孙悟空回头看到唐僧,吓了一跳）

唐僧（拍一下孙悟空）：徒儿啊,你说谁呢?

孙悟空：风太大师父你听错了,哈哈,看来咱们师徒是黄金搭档啊,快到地儿了,请师父站稳扶好,走喽……（一路小跑,师徒二人上台）

第二幕：人工智能辨真假

（红色砖墙,写着"口吕品田王国"的大门旁有一台一人高的机器）

（孙悟空、唐僧跳上场）

孙悟空：师父我们到了。

唐僧（从袖子里拿出通关文牒）：快去递上通关文牒。

孙悟空（接过通关文牒）：得嘞！（东张西望）这怎么也没个侍卫啊？（好奇地看看门口的机器,拍了一下）

机器小吾（红外线感受到热量）：您好！

孙悟空（向后一蹦吓一跳）：谁？何方妖孽,快快现身！

机器小吾：您好,我是口吕品田王国的机器语音帮手小吾,请问您需要什么帮助？

唐僧：徒儿怎么了？（诧异地看着机器）没想到口吕品田王国的科技竟如此发达,用机器代替人工。

孙悟空（抓耳挠腮）：俺老孙竟然跟不上科技的潮流了,看来这王国我是来对了。

唐僧（看向机器小吾）：我们是天庭派来人口普查的大使,烦请通报一声。

机器小吾：请将通关文牒打开至第一页,将图案对准红色方框区域。

（显示扫描二维码的动态视频,孙悟空打开通关文牒,对准红框,"滴"的一声）

机器小吾：已通报,管家方格稍后就到,请稍等。

孙悟空：真是神奇,师父你说这是什么法术？

唐僧：这是二维码,二维码是由许多平面分布的黑白相间的图形组成的,将特定的几何图形按一定的规律排列可以记录数据符号信息,通过图像输入设备或光电扫描设备自动识读以实现信息自动处理,非常方便。

（孙悟空连连点头,管家方格上场）

方格：两位大使好,我是口吕品田王国的管家,是来辅助两位大使的工作的。（手指向机器小吾）请两位大使进行身份验证。

孙悟空：尊师重道,师父您先来。

（唐僧站在机器小吾面前）

（大屏幕显示人脸识别动态视频）

机器小吾：唐僧,谢谢。

（唐僧退到一边，孙悟空走向前）

机器小吾：晶晶，谢谢。

方格、唐僧、孙悟空：嗯？

唐僧、孙悟空：晶晶是谁？

方格：晶晶是我国的居民，您的身份怎么会和他相匹配呢？

孙悟空：这怎么可能，我就是我，世界上不会有两个一模一样的人，更何况我是齐天大圣孙悟空，他是人类，怎么相匹配呢？叫他出来，让我看看是何方妖孽在此作怪。

晶晶（奔跑而来，气喘吁吁）：管家大人，我的身份证在滴滴报警，是怎么回事啊？

方格：需要核实信息。（转头看向师徒二人）这便是晶晶。

孙悟空（揪住晶晶的衣领）：何方妖孽，报上名来！

晶晶（跪下）：我是人啊，大圣……（方格、唐僧噗嗤一声笑了）

唐僧（边笑边说）：莫要吓他，快放开。

（孙悟空内心独白：奇怪！火眼金睛也没看出什么啊！怎么回事？）

方格：两位大师莫急，我国的科技水平近年来提高不少，可以用人工智能技术帮忙辨别真伪，不知二位意下如何？

孙悟空（鄙夷、叉腰）：老孙大闹天宫的时候他还没出生呢，哼，真金不怕火炼，来啊！

晶晶（装弱者委屈地说）：请管家大人还我清白。

方格：还请唐长老和我一起评判才是。（唐僧点头）

（音乐：《名侦探柯南》的主题曲，大屏幕显示"PK：指纹识别"）

方格：第一项指纹。将右手大拇指放在指纹机上，机器小吾快速分析结果。

（大屏幕显示指纹扫描动态视频）

孙悟空：这能分辨真假？

晶晶（嗤之以鼻）：怎么？瞧不起我们的技术？

唐僧：这个确实可以，生物的指纹具有终身不变性、唯一性和方便性，现已成为生物特征识别的代名词。指纹识别就是通过比较不同指纹的细节特征来鉴别的。

方格：由于每个人的指纹不同，就算是同一个人的十指之间，指纹也有明显的区别，因此指纹可用于身份鉴定。

（方格、唐僧击掌，互相赏识地看着对方）

（音乐："叮咚"的音效）

机器小吾：结果已出，指纹相同，识别完毕。

（众人懵）

众人（疑惑）：怎么可能？

方格（勉强地笑了笑）：我就知道怎么可能容易分辨，怎么可能这么快就有结果？进行第二轮——虹膜识别。

（音乐：《名侦探柯南》的主题曲，大屏幕显示"PK：虹膜识别"）

方格：二位将右眼对准屏幕上的红色方框。机器小吾分析结果，请仔细些。

（大屏幕显示虹膜识别动态图）

唐僧：我有一个问题想请教方管家，我只知道人的眼睛由巩膜、虹膜、瞳孔晶状体、视网膜等部分组成。这虹膜到底在哪里啊？

（大屏幕显示虹膜的构造图）

方格（抖着腿）：虹膜是位于黑色瞳孔和白色巩膜之间的圆环状部分，每一个虹膜都包含一个独一无二的基于水晶体、细丝、斑点、凹点、射线、皱纹和条纹等特征的结构，这些结构特征决定了虹膜特征的唯一性，同时也决定了身份识别的唯一性。

（音乐："叮咚"的音效）

机器小吾：结果已出，虹膜相同，识别完毕。

（打雷的背景音，方格摔倒，唐僧默默念经，孙悟空火冒三丈，晶晶冷笑）

方格（爬起，擦着自己额头的冷汗）：还有一个办法……

孙悟空（边跳起来边打方格）：啥办法啊？啥办法？

唐僧（上前阻止）：徒儿，莫急，听方管家一言。

方格：测DNA，这总没有错了，抽血，快。

（晶晶听见，猛然抖了一下身子，撒腿往外跑）

孙悟空：妖怪，看你往哪跑？

（灯暗，人物全部下场）

第三幕：温热的泪

（灯亮，两个装扮一样的孙悟空打斗上场）

孙悟空：好你个六耳猕猴，当初不受教训，现在还敢来捣乱。

晶晶：好你个六耳猕猴，如来又没管好你，又下凡作妖。

（方格搀扶唐僧上场）

唐僧（捂着心脏）：阿弥陀佛，难道是真假美猴王再来一遭，为师可真是受不起啊。

（唐僧和方格对看了一眼，默契地点了点头）

方格：既然如此，那不如唐长老您随便带一位回天宫就行了，反正一模一样。

孙悟空（抓耳挠腮）：师父，不可，不可啊，这假猴子会坏天宫大事的。

晶晶（兴高采烈地）：师父，这一看就是假猴子，它是装模作样为天宫好。

（方格和唐僧了然一笑，对视一眼）

方格（指着晶晶）：这一看就是孙悟空的脾性，唐长老带它走吧，我来处理这个假猴子。

唐僧：好的，走吧。（将手搭在晶晶的胳膊上，作势要离开。晶晶十分诧异地看着唐僧）

孙悟空：师父……师父……（留下一行泪）

晶晶（将孙悟空的眼泪抹一滴下来，好奇地看着）：为什么？（苦苦地大笑）为什么？（癫狂地走着）

（所有人看向晶晶）

晶晶：我可以制造和你一样的指纹、虹膜，制造和你一样的身躯，模仿你的声音，甚至是你的表情，但是唯独这眼泪、这感情我模仿不了，更制造不了。（苦笑地跌坐在地上）呵呵，我是一只机器猴，模仿得再像终究不是你，孙悟空，你有血有肉更有情啊。

（所有人沉默）

方格：人间有真情，师徒有恩情啊！

唐僧：莫要羡慕我们，历经困境互不放弃，互相扶持，迎难而上，是一种来之不易的西游精神，加入我们，与我们共同携手创造辉煌的文明。

孙悟空（将晶晶拽了起来）：行了，老孙我既往不咎，以后跟着我们吧。

（口吕品田王国人口普查结束，人数为一百三十六万七千五百二十人）

（孙悟空、晶晶、唐僧下场）

方格：其实还少数一个人呢！（指指天上）这不上天了么！哈哈！看来这口吕品田王国死板的模式可以变一变了，这天庭都多了一个智能帮手了，智能机器人终究会和人类一起合作谱写国家新的历史篇章。

昆虫世界奇遇记

(剧作者:张晓肖)

人物:

大宝——喜欢恶作剧,不懂得尊重自然和爱护动物。

豆豆——知识渊博,崇拜人类的智慧。

丫丫——对自然充满好奇和爱意。

蜘蛛——捕食落在蜘蛛网上的活物。

蚂蚁——虽然力量小,但是乐于助人,喜欢吸食好朋友蚜虫分泌的蜜露。

第一幕:误入昆虫世界

旁白:春天的山间万象更新,万物复苏,俨然是一个生命的竞技场,遍地充满了勃勃生机……

(音乐:明快的音效)

(丫丫和豆豆一边哼着歌,一边欣喜地打探着森林)

丫丫:豆豆,你看!这个花长得好奇怪啊,它好像能听到我唱歌,你试一下。

豆豆(上前):嗨,这是舞草。

丫丫:舞草?

豆豆:是啊,这是一种会跳舞的草,当气温达到25摄氏度以上并在70分贝声音的刺激下,它的叶子就会随着歌声轻轻摆动,所以人们叫它"跳舞草"。

丫丫:哇,这么神奇,豆豆,你知道的可真多啊!

豆豆:这有什么稀奇的,你还没见过猪笼草,它是一种吃虫子的草,那才有意思呢。咱们快点走吧,要不跟不上大部队了。

丫丫:好不容易才出来郊游,让我再仔细瞧瞧。

(两人仔细地看着那棵神奇的"舞草")

大宝(鬼鬼祟祟上台):这两个家伙原来在这里,哼,我刚刚捉了一只大蜘蛛,看我怎么整你们。

(大宝拿出一只蜘蛛,将蜘蛛的一只脚拴在绳子上,并将绳子拴在自己的手上,然后

将蜘蛛突然扔到了丫丫和豆豆面前)

丫丫、豆豆(惊叫):啊!

大宝:哈哈哈!

丫丫、豆豆:大宝!讨厌!

大宝(一边说一边摇蜘蛛):哈哈,胆小鬼,不就是一只蜘蛛嘛,看把你们吓得,这有什么可怕的?

豆豆:大宝,你从哪里找的蜘蛛?有的蜘蛛可是有毒的,你小心点。

蜘蛛:别摇了,别摇了,摇得我头晕目眩找不着北了。

大宝(对着豆豆说):我摇蜘蛛,又没有摇你。

豆豆(瞪大眼睛):我以为是你在说话。

(三人瞪大了眼睛对立而视,安安静静)

蜘蛛:让你们尝尝我的毒汁的滋味!(说着,蜘蛛朝大宝、豆豆和丫丫身上喷了一些奇怪的液体)

丫丫、大宝、豆豆:哎呀,这是什么呀?

(音乐:眩晕的音效)

(奇怪的事情发生了,三人的身体一圈圈不断地缩小,等他们再醒来时,发现自己身处一个不一样的世界——什么都变得巨大无比)

第二幕:逃出蜘蛛魔掌

旁白:这是一个放大了数百倍的山地世界,昆虫、草叶、水滴无不纤毫毕现,茂草变成了森林,小石头变成了高山,小水坑如同碧波清湖。

(大宝站起身来,发现手上拴着一根粗大的绳子,当他反应过来是自己变小了时,对面邪恶的蜘蛛早已经贼溜溜地盯着他了)

大宝:这是什么地方呀?

蜘蛛(阴险):嘿嘿,这是我的世界。(一步一步逼近)

(大宝反应过来,不由自主地向后退去,蜘蛛则步步紧逼,眼看大宝身后就是一张精密的蜘蛛网,而他却浑然不觉,蜘蛛看着即将到手的猎物,加快了步伐,终于,大宝被牢牢地黏在了蜘蛛网上)

大宝(挣扎着):救命啊!丫丫、豆豆你们在哪里?快来救救我啊!

蜘蛛:哼,没有人能救得了你,你不是觉得我弱小、没用吗?让你知道我们的厉害。

(豆豆和丫丫气喘吁吁地跑来)

大宝:豆豆!丫丫!你们终于来了,快救我出去!

蜘蛛：哈哈，又来了两个，那就正好饱餐一顿吧！

大宝：豆豆、丫丫快来救救我啊！我可不想被这只恶心的蜘蛛吃掉！（用力挣扎着）

蜘蛛：哼，我恶心？那就让你尝尝更恶心的吧！（说着准备喷汁）

豆豆：大宝，你别挣扎了，你挣扎的力气都被蛛丝分散掉了，没有用的。

蜘蛛：哟，你知道的还不少。（蜘蛛停止喷汁，对豆豆产生了兴趣）

豆豆：当然了，我亲爱的蜘蛛先生，我可是您的忠实粉丝，我知道您是天生的"建筑大师"。

蜘蛛：嗯，是吗？说来听听！

豆豆：您织的网不仅巧妙而且功能齐全、机关密布，网上有通信线、报警线、行路线、餐室、育儿室等，恰如一个神奇的迷宫。（双手画了一个大大的圈，脸上满是仰慕的表情）

蜘蛛：嗯，这个小伙子说话我爱听（一副洋洋自得的样子），你还知道什么，说来听听，把我说得高兴了，兴许我就把你的朋友们放啦。

豆豆：我还知道，您吐出的丝的强度是人造钢铁的5倍，韧性也是各种人造材料中最好的，您的杰作是我们人类无论怎样赶超都不可比拟的，什么防弹衣、人造卫星结构材料现在看来都是对您的作品的拙劣模仿。

（豆豆一边说着，一边用手势指示丫丫前去救大宝，大宝竖起大拇指表示对豆豆的佩服）

蜘蛛：说得太好了，我都要感动哭了。

豆豆：不仅如此，我还知道，你的视力极其弱，又没有嗅觉，如果不在网上感受震动，你几乎就是个——"瞎子"！

豆豆：快跑！

（丫丫趁着蜘蛛全神贯注听的时候，悄悄过去救下了大宝，就在豆豆喊话的一瞬间，丫丫、大宝和豆豆一起朝着旁边的洞穴跑去）

蜘蛛：站住，你们竟敢骗我！狡猾的人类，我会抓到你们的！

第三幕：偶遇蚂蚁战士

旁白：三个人终于逃出了蜘蛛的魔掌，他们逃到了一片茂密的树林里。太阳在树林上空耀眼无比地悬挂着，从树叶间隙投下来的阳光，像一把把利剑，斜插在树林中。

丫丫：大宝、豆豆，这是哪里啊，我好害怕。

大宝：胆小鬼，这有什么好害怕的，有我大宝在呢。

丫丫：也不知道是谁刚刚都吓地直喊救命了。

豆豆：嘘，我看到一个黑影，咱们快躲起来。

（一只蚂蚁正匆匆忙忙地赶路呢，它并没有发现前面有危险，"砰"的一声蚂蚁和甲虫撞了个满怀）

甲虫：是哪个家伙走路不长眼睛？（甲虫气恼地骂道，它仔细看了看迎面撞上的蚂蚁，于是哈哈笑着）

甲虫：哈哈，原来是一只小蚂蚁。是你自己送上门的，可别怪我不客气。（说着上前准备吃掉蚂蚁）

（蚂蚁"咚"的一声躺在地上，甲虫非常疑惑，然后上前踢了踢它）

甲虫：可恶的家伙，怎么死了？（转身悻悻地走了）

（豆豆、丫丫和大宝看见甲虫走远了，从树后面走出来，上前看看那只蚂蚁。刚刚还死着的蚂蚁竟然爬了起来）

豆豆、丫丫、大宝：哈哈，你这只蚂蚁竟然装死！（捂着肚子笑）蚂蚁从地上爬了起来，拍了拍身上的土，继续前行。

大宝：哎，你这只蚂蚁，怎么这么没有礼貌，我们这么多人站在这里，你就打算无视我们然后走掉吗？

蚂蚁：我不认识你们。（又要走）

大宝：认识一下不就好了。我叫大宝，大家都叫我大力士，这是豆豆，这是丫丫。

豆豆：你好，蚂蚁。请帮帮我们，我们本来是和老师、同学一起出游的，结果不知道为什么一下变得这么小，刚刚我们差点被蜘蛛吃掉。

蚂蚁：哦，那算你们走运。要是你们和我一样会假死的防身术就好了。

豆豆、丫丫：防身术？

蚂蚁：对啊，树林这么大，谁还不会点防身术呢，即使像我们蚂蚁这么弱小，但为了要努力生存，也会一些防身术的。

大宝：就是假死？哈哈！

（蚂蚁生气地往前走）

丫丫：大宝，你真讨厌。你再嘲笑蚂蚁，我就不和你玩了。

豆豆：蚂蚁，有一点我不明白，为什么甲虫见你死了不吃你，反而走了呢？

蚂蚁：看你们人啊，连这个都不知道。因为甲虫不吃死掉的昆虫，懂吗？

豆豆：这太神奇了！

蚂蚁：这算什么呀？如果你们参观过我们的地下宫殿，就不会觉得我们蚂蚁弱小了，在我们的地下宫殿，有餐厅、卧室，还有……

豆豆：好吧，可是，现在我只关心怎么能变回去。

丫丫：我也是，我想妈妈了。（哽咽着）

大宝:哇!(大哭)要是我们一辈子都变不回去可怎么办呢?

蚂蚁:行了行了,别哭了,你们肯定是被蜘蛛喷了毒汁,所以才变小的。要变回去也很简单。

丫丫、大宝、豆豆:快说,快说。

蚂蚁:自然界中每一个物种都有自己天敌,只要你找到蜘蛛的天敌,让它帮助你们就可以啦。

豆豆:蚂蚁,你太聪明了!

大宝、豆豆:太好啦!我们有救了!

蚂蚁:嘘,我好像听到有声音。(大家顿时安静下来)

豆豆:是刚刚那只甲虫,它好像又返回来了。

丫丫、大宝:这可怎么办啊?

蚂蚁:你们赶紧躲起来,躲到洞里去!

豆豆:那你呢?

大宝:装死,蚂蚁你赶紧装死!

蚂蚁:来不及了。它要朝我们的洞穴走去,要是发现我的同伴,它们都无一幸免。我要尽快给我的同伴发送信号,让它们警戒起来。

丫丫:那怎么办啊?

豆豆:我记得书上说过,蚂蚁在遇到紧急情况时会自爆,通过自爆散发气味,并向同伴传递出去。你不会想要自杀吧?!

大宝、丫丫:自爆?!

大宝:你可别自杀啊,我还没有给你道歉呢,有一次我用水淹了你们的窝,对不起。

丫丫:呜呜,蚂蚁你可别自杀啊,我们还需要你带领我们走出去呢。

蚂蚁:别哭了,别哭了,我还没死呢。我可没那自爆的本事,只有自爆蚁才能自爆,而且它们生活在热带。

丫丫、大宝、豆豆:哎,吓死我们了。

蚂蚁:我们虽然不能自爆,但是我们紧张时,体内会分泌一种信息气味,这种信息气味经过12秒,会在周围形成直径12厘米的气味怪圈,附近的蚂蚁闻到气味会迅速赶来营救。

大宝:那你赶紧发出信号吧!

豆豆:对呀!

蚂蚁:好嘞!(说着,它憋足了气发出一种气味,然后躲到了洞里)。

甲虫(转了一圈):妈呀,哪里来的一群蚂蚁,好汉不吃眼前亏,我要先撤了。

蚂蚁:咱们快跑!(丫丫、大宝、豆豆和蚂蚁从洞穴的其他出口跑走了)

第四幕:成功获得解药

旁白:蚂蚁和丫丫、大宝、豆豆一起走了很远很远,他们要找到蜘蛛的天敌——鸟,可是找了半天,他们都没有找到一只鸟。

丫丫:你们别跑了,我跑不动了。(丫丫大口喘着气)

大宝:我也跑不动了。(一屁股坐到地上)

豆豆:我跑得有点渴了。(弯着腰喘气)

蚂蚁:渴了?来这边,我请你们喝点好喝的。

(蚂蚁将大家引到一朵月季花的叶子下面)

蚂蚁:给你们介绍一下,这是我的好朋友蚜虫。(转头对蚜虫说)蚜虫,这是我新认识的朋友,豆豆、大宝、丫丫。

(蚜虫正在叶子上专心地吸食叶片上的汁液,听到声音,慢慢地抬起头来)

蚜虫:你们好。(说完又低下头)

蚂蚁:豆豆,你不是渴了吗?我请你们喝蜜汁。

豆豆:好啊,哪里有蜜汁?

大宝:我也要喝。(大宝挤到豆豆前面)

丫丫:我也想喝。

(蚂蚁走上前去,蚜虫抬起了自己的"屁股",从下面分泌出了一些蜜汁,蚂蚁把蜜汁刮下,吞到嘴里)

蚂蚁:你们像我这样,就可以喝到蜜汁了。

大宝、丫丫:哇!(作恶心状)

大宝:这美味的蜜汁,还是你们来享用吧。

豆豆:丫丫,你是女生,女士优先。(把丫丫拉到前面)

丫丫:我……我还不是很渴。(退回到自己的位置)

(蚂蚁看了看情况,笑着自己走上前去)

蚂蚁:蚜虫和我们有着和谐共生的关系(一边吸一边说),蚜虫带吸嘴的小口针能刺穿植物的表皮吸取养分。每隔几分钟,它们就会翘起腹部分泌蜜汁供我们舔食。

豆豆:那你们能为蚜虫提供什么呢?

蚂蚁(认真地说着):我们保护蚜虫啊。

大宝:你们?保护别人?哈哈!

蚂蚁(不理大宝,继续说):是真的,蚜虫跑不快,遇到危险我们就能推着它跑。

（正在大家聊得津津有味的时候，一只硕大的蜘蛛从叶子后面慢慢地爬了出来，蚜虫敏锐地感觉到了蜘蛛，吓得抖成了筛子，恳求蚂蚁赶紧带它离开。丫丫、大宝、豆豆一起推着蚂蚁，大家齐心协力，躲在一片大大的树叶后面）

蜘蛛：哼哼，别白费力气了，我都看到你们了。

豆豆：你们在这里待着别动，我出去想办法。

蚂蚁：你小心点。

豆豆从叶片下走出来，一边走，一边发出清脆的鸟叫声。一会是单只麻雀的"啾啾"声，一会是一群麻雀在一起的"叽叽喳喳"声。

豆豆：啾啾、啾啾……叽叽喳喳、叽叽喳喳……

蜘蛛：哪里来的麻雀？（蜘蛛这下慌了神）

豆豆：啾啾、叽叽喳喳……

蜘蛛（定了定神）：哼，原来是你这个小屁孩装鸟叫，看我怎么收拾你。（说着快速朝豆豆爬去）

豆豆（神秘地一笑）：嘿嘿！难道你不知道麻雀非常容易被自己的同伴吸引吗？过不了一会，成群的麻雀就会飞过来啦！（说罢，继续叫着）

蜘蛛（彻底慌了神，它深知，如果麻雀真来了，那它可真躲不过）：你别叫了，哎呀，我的小祖宗，求求你快别叫了。

豆豆：要让我不叫也行，你把解药给我们。（豆豆停下了叫声）

蜘蛛：行了，别叫了，给你。（蜘蛛一只手捂着耳朵，另一只手把药丸递给豆豆）

（蜘蛛看见捕食没什么希望还有可能把自己搭进去，悻悻地走了。大家看到蜘蛛走了，一起欢呼雀跃地跳了出来）

齐声：哈哈！太棒了！我们打败了蜘蛛，太棒了！

（大家一起手拉手抱在了一起，高兴地转着圈圈）

第五幕：不舍分离

旁白：拿到药丸的丫丫、大宝、豆豆手里紧紧握着药丸，但是没有一个人着急吃到嘴里。他们陪着蚂蚁和蚜虫走啊，走啊……

蚂蚁：豆豆、大宝、丫丫，我到家了，你们不用送我了，赶紧回家吧，再晚了，你们的爸爸妈妈该着急了。

大宝、丫丫：谢谢你蚂蚁，谢谢你的帮助和陪伴。

豆豆：蚂蚁，谢谢你！

（音乐起。屏幕上呈现大家一起经历的一幕幕：他们一起嘲笑蚂蚁、一起和蚂蚁躲避甲虫、蚂蚁邀请他们喝蜜汁、拿到解药后一起欢呼雀跃,从陌生到熟悉,从相聚到分离……)

　　蚂蚁:其实蜘蛛也没有恶意。我们昆虫成员虽小,但所做的一切都是为了生存与繁衍。

　　蚂蚁:再见!我的朋友们!

　　大宝、豆豆、丫丫:再见蚂蚁!再见,神奇的昆虫世界!

　　(大屏幕播放《昆虫世界》)

37

森森的机器人梦

(剧作者:常佳)

人物:

森森——小学六年级的男孩,聪明可爱,热爱科学,想象力丰富。

AI 美丽——仿生机器人,风趣幽默。

机器人 ABC——仿生机器人,智能水平已达到高标准。

陆教授——森森的爸爸,人工智能实验室的研究员,学识渊博,工作繁忙,疏于陪伴孩子。

故事梗概:小男孩森森为了见忙碌的人工智能研究员爸爸,在梦中变身机器人,在机器人 AI 美丽的带领下进入了机器人的世界,来了一场实验室之旅,如愿见到了爸爸。

第一幕:初识 AI 美丽

场景:家里的客厅。

森森:崔阿姨,您在吗?(紧张地四处张望,发现没人后转紧张为喜)太好了!爸爸把崔阿姨辞掉啦!爸爸终于要回来陪我啦!(面向观众)大家好,我是森森。我爸爸是一名人工智能实验室的研究员,我只知道他每天好忙,都不回来,我好希望他回来陪陪我。(脸上露出委屈)

(音乐:"叮咚"的音效。森森蹦蹦跳跳地去开门)

森森:爸爸!(冲向门口,开门,向上仰头,看到 AI 美丽后有些惊讶)漂亮姐姐,你是?

AI 美丽:你好,森森。我是陆教授研制的最新款仿生机器人,编号 89757,我姓 AI,名美丽。我的任务就是陪森森。

(森森认真打量 AI 美丽,从手、脖子,看到眼睛,最后又戳了戳它的脸)

森森:我爸爸研制的?

AI 美丽:嗯,我浑身上下都是新材料。我的眼睛是特种玻璃的;头发是碳纤维的;脸蛋下面都是太阳能电池板,所以我从来晒不黑,更不怕晒;嘴巴是纳米涂层的。

森森:你怎么连痘痘都有?

AI 美丽:我的痘痘最可爱,是你母亲的同款痘痘呢。

森森：可我妈妈的声音可甜了，你可以吗？（说着，森森拿起一颗苹果吃）

AI美丽（模仿林志玲）：22世纪，志玲姐姐给你加油，加油，加油哦。

森森：天呐，我的苹果都酸了。你怎么可以学得那么像？

AI美丽：因为我们机器人会深度学习呀。

森森：你还会深度学习？

AI美丽：是的，深度学习不仅你们人类会，它也是我们机器人学习的特定技术，是基于多层神经网络的学习。

森森：好专业哦。

AI美丽（幽默地说）：白雪公主，别吃那颗苹果。（模仿小矮人）

森森：哈哈哈，我这颗苹果可不是毒苹果，说不定它和砸中牛顿的苹果一样，要带我走向科学的道路呢。

AI美丽：如今的大数据时代，像牛顿这样用方程来描述一个规律的科学家很难再有。现在强调的是个性化，如果森森喜欢，我可以和你一起探索这个世界的奥秘。

森森：好啊！好啊！（森森握住AI美丽的手）

森森：天呐，你的手竟然有温度？！

AI美丽：我的手上是陆教授研制的仿生皮肤，上面装着带弹性触点的触敏元件，还有热敏元件，能感知冷暖呢！

（音乐：电池电量低的提示音效）

AI美丽：我该充电"吃饭"了。

森森：我也想成为机器人，这样就不用吃青菜了。

AI美丽：青菜提供了你身体需要的元素，你要多吃蔬菜才对。

森森：反正我爸爸也不在，偷偷把青菜倒掉吧，你要帮我保守这个秘密。

AI美丽：骗父母，日子苦，别人戳你脊梁骨。

森森：呃，我爸爸什么时候会写快板了，给你这样编程。你快充电吧。

（灯光渐暗，森森伸了伸懒腰，打了一个大哈欠）

森森：什么时候我也能成为爸爸实验室的机器人，机器人最幸福了，可以每天陪伴爸爸，哦，对了，还可以不用吃青菜。

第二幕：实验室之旅

场景：梦中，人工智能实验室门口。

森森：哇，我也变成了和AI美丽一样的机器人，终于不用吃青菜了。

AI美丽：欢迎加入机器人家族，我带你进去认识一下你的新同伴！

森森：快带我进去，我是不是能成为爸爸的智能小助手常伴他左右了？

（AI美丽走到门口举起手）

森森：不用钥匙，不用密码，不用指纹识别，举起手就能进门？你的手里到底装着什么？

AI美丽：龙之芯。这种芯片植入体内，我的大脑感知会直接传递到主机，主机就会命令门为我而开。

森森：真先进啊。

（森森跟随AI美丽进入实验室内，陆教授的幻影出现）

陆教授的幻影：森森，爸爸希望你能改变AI，让AI改变世界，这是爸爸的梦想。

（陆教授的幻影消失）

森森：爸爸！爸爸去哪了？

AI美丽：那是全息影像，是非常简单的程序，是陆教授事先录制好的。那个影像是陆教授设定好你来实验室时出现的。

（机器人ABC上场）

机器人ABC：陆教授正在会议室开视频会议。

森森：你是人类还是机器人？

AI美丽：你猜猜。

森森：现在的机器人都像人一样，该怎么区分是人还是机器人呢？

机器人ABC：图灵测试呀。它可是我们机器人的"照妖镜"呢！

森森：照妖镜？

AI美丽：就是被测试者经过好多次测试以后，如果有超过30%的测试者不能确定被测试者是人还是机器人，那么这台机器人就通过了测试，并且被认为具有人工智能。

（AI美丽指向机器人ABC）

AI美丽：森森，这是机器人ABC。（转头对机器人ABC说）这是森森，是我们机器人家族的新成员。他是陆教授的儿子。

机器人ABC：你好，我是机器人ABC，经常陪陆教授下棋。

森森：你和爸爸下棋谁会赢啊？

机器人ABC：这可说不准。我可没我爷爷厉害，可以赢得世界冠军。

AI美丽：它的爷爷是"深蓝"，还记得卡斯帕罗夫吗？

森森：国际象棋大师？

AI美丽：它的爷爷就是20世纪末打败了卡斯帕罗夫的那台叫作"深蓝"的超级计算机。

森森（鼓掌）：那你的爸爸就是阿尔法狗吗？

机器人ABC：没错，我的爸爸打败了世界围棋冠军李世石呢！

森森:那你爸爸"秒杀"我爸爸肯定轻而易举呀。(扭头对观众说)哈哈,我爸这不是找虐吗?

机器人 ABC:不是这样的,我现在必须装傻充愣,不然我们机器人就会有生命危险。

森森:为什么装傻啊?

机器人 ABC:因为我不能让人类发现我聪明,这样锋芒毕露,他们会觉得我们机器人有了感情、创造力和自我意识。他们会开始焦虑,担心我们毁灭人类。

AI 美丽:小家伙,我们已经不仅仅是代替人类做繁重工作的机械臂了,机器人 ABC 说的是科幻电影里机器人毁灭人类的概念深入人心,人类害怕我们机器人造反,实际上我们并不会那样,哪怕让我伤害他们一根汗毛,我都会心疼好多天。

森森:我们人类……就这么……(反应过来自己已经变成了机器人),那我们机器人都"装傻"下去,是不是会影响社会的发展啊?

AI 美丽:是呀。但是大部分的机器人都在为人类工作呢,现在也就机器人 ABC 有这种奇特的想法呢,你快别听它的"谬论"。

机器人 ABC:我是世界上独一无二的机器人,才不和你们一样呢。(转身离开退场)

AI 美丽:森森,别理它了。快来看,我们机器人家族在地球村的各个角落都忙碌着呢,这是陆教授的梦想,不久的将来,每五个人就会拥有一台机器人。

(大屏幕播放敬老院的老人在机器人的陪伴下,面露微笑;医用机器人帮助病人成功摘除了恶性肿瘤等画面)

森森:智能机器人真棒,没想到爸爸研究的 AI 正在慢慢改变世界。

(陆教授上场)

森森:爸爸!

(陆教授刚开完会回来,疲惫地坐在椅子上没听到森森叫他)

森森:爸爸,我好想你。

陆教授:哦?我只记得我研制出了和我一模一样的自己,不记得我还有这么个机器人儿子,哈哈哈!

森森:我要赶紧变回去,那样爸爸才认识我。怎么办呢?变!变!变!(作焦急状)

(音乐:穿越时空似的梦醒音效)

第三幕:梦醒时分

场景:森森躺着,刚醒来见到爸爸。

森森:爸爸,你终于回家了。(森森一把搂住爸爸)我刚刚梦到去你的实验室了……(凑到陆教授耳边)爸爸,机器人有一天会毁灭人类,成为地球霸主吗?

陆教授:那可说不准哦。目前爸爸研制的机器人都是代替人类完成枯燥、单调、危险的工作。爸爸想通过 AI,帮助人类过上更美好的生活。

　　森森:什么才是美好的生活呢？我现在的生活一点儿都不美好。(撒娇)

　　陆教授:对不起,我的宝贝。爸爸以后一定多陪你。

　　森森:爸爸,开玩笑啦。我刚才梦到地球上到处都有爸爸研制的机器人,AI 正在改变世界。爸爸以后可以多一些时间研究 AI。

　　陆教授:好孩子。谢谢你理解爸爸,AI 改变世界,那谁来改变 AI 呢？

　　森森:爸爸来改变,还有我,我我我。以后我也要成为像爸爸一样的研究员。

　　陆教授:森森真棒,可是你要知道,目前 AI 的水平还处在非常稚嫩的阶段,我们不能把它想象得太乐观,但是我们要有信心。

　　森森:嗯,爸爸。我要站在你的肩膀上把 AI 研究得更远。

　　(在漫长的探索途中,牛顿没有放弃,图灵没有放弃,如今我们更要坚持创新创造。AI 智能机器人已经成为人类探索世界的帮手,人类研究 AI 的精神也应该代代相传)

互联网与大数据

（剧作者：闫夏）

人物：

互联网——20岁左右，身上挂满了线条、天线、信号源的符号。

大数据——10岁左右，身上挂满了数字、字符、专业术语。

妹妹——学生，喜欢网购，买衣服。

姐姐——学生，喜欢看书。

小马——男，某电商平台的VIP专员，根据客户在平台上的浏览记录、购买记录等数据分析出客户近期的需求。

老板——未来世界某智能机器人商店老板，根据互联网大数据分析制造出了几款爆款机器人。

强强——学生，找到老板希望得到一款能陪伴爷爷的智能机器人。

智能机器人——女，针对强强的要求定制的智能机器人。

故事梗概：互联网和大数据第一次见面互看不顺眼，都认为自己才是对人类最重要的，一番争论之后，两人来到人类世界，经历两件事后它们明白了它们的重要性以及在生活中带给人们的意义。

第一幕：互联网与大数据的争论

场景：虚拟的网络世界。

（灯光闪烁，劲爆开场音乐响起，互联网和大数据跳着舞出场，突然听到骨头"嘎嘣"一声，互联网就不动了，音乐停，大数据莫名其妙地停了下来）

互联网（扶着腰）：妈呀！

大数据（台湾口音）：叔叔！你怎么啦？

互联网：闪着腰了。哎，你管谁叫叔叔呢！

大数据（先鄙夷后讪笑）：当然是你这个老东西……啊，不不，是您老人家了！

互联网（翻白眼）：谁老了，我互联网才20多岁，正值青春年少！

大数据：但是我大数据才10岁啊，人家还是个宝宝！

互联网:你是从哪里冒出来的黄毛小子,我互联网风生水起的时候,你还不知道在哪吃奶呢,小宝宝。

大数据:这您就错了,我一直存在在人类的信息活动中,只不过最近才被重视利用起来,告诉你互联网,我大数据现在可是正当红,你早就过时啦。

互联网:小小年纪,口气不小啊,咱俩去人类世界看看,到底谁更重要。

大数据:去就去!谁怕谁!

第二幕:神秘礼品

场景:家中,舞台上放着桌子和沙发。

(姐姐坐在桌子前写作业,妹妹拎着一件新衣服上台)

妹妹(比划衣服):姐姐,你看我新买的这条裙子好看吗?

姐姐(头也不抬):你又在网上买东西了。你呀,有这网购的功夫不如多看会书。

妹妹(撇嘴):我本来想用电脑查资料的,结果刚打开网站,就弹出这条裙子打折的消息,刚好是我前两天看的,这一定是上天的安排。(调皮地笑)

姐姐(无奈):你就不要为你的懒惰找借口啦!

(小马上台)

(敲门声)

妹妹:谁呀?

小马:您好,我是TB的VIP专员。

(妹妹正要开门,被姐姐阻止了)

姐姐:什么专员,怕又是来推销的,(对着门外)我们不需要。

妹妹:TB?不是我经常网购的那个平台吗?

小马:我不是来推销的,由于您经常在我平台购物,可以升级成为我们的VIP客户,我是来发放VIP专属礼品的。

妹妹:VIP?还有专属礼品?!

(妹妹高兴地打开门)

妹妹:是什么礼品?

小马:别着急,这个单子麻烦你签一下。请问你今天收到的裙子还喜欢吗?

妹妹:你怎么知道我今天收了条裙子。

小马:我不仅知道你买了条裙子,我还知道你平时最爱买什么颜色的衣服,最喜欢逛哪个网站。

妹妹:你怎么看出来的?

小马：不是看出来的，是算出来的。只要你使用互联网，我们就能知道你在看什么，做什么，甚至想做什么。

妹妹：这么神奇？这盒子里一定是我很想要的那条裙子！

姐姐：我怎么听着这么玄乎呢？

小马：扫一扫这个二维码，注册成为我们的VIP会员，这件礼物就是你的了。

（妹妹掏出手机要扫，被姐姐拉到一边）

姐姐（小声地说）：不要随便扫二维码，这人有可能是个骗子。

妹妹：不会吧，我们有什么好骗的，我看他说的，跟我们的情况很相似啊。

姐姐：问题就在这里，他是怎么知道这些的。

妹妹：也许……他说算出来的啊。

姐姐：他又不是半仙，还会算命？我看啊，是他早就调查过我们，今天上门骗咱们来了。这样，你拿手机报警，我试探试探他。

妹妹：好吧。

（妹妹进屋）

小马：怎么样，商量好了吗？

姐姐：你说的这个二维码，它有什么用？

小马：成为我们的VIP会员，享受一对一的定制服务，第一时间按照你的需求推荐……

（小马一边说一边掏出手机靠近姐姐，妹妹突然出现喷了小马一脸辣椒水）

小马（揉眼睛）：哎呀！

姐姐（扑上去打）：你这个骗子，还想骗我们！

小马：我不是骗子啊……

姐姐：你骗人，我们只是在你们网站买东西而已，你怎么知道我们的身份，还能算出我们喜欢什么！

妹妹：对啊，难道你会算命吗？

小马：我说的算不是算命的算，而是根据互联网大数据计算出来的。（掏出纸巾擦眼睛）你们的每一次输入、浏览、交易都会被互联网工具记录下来，形成海量数据，经过统计、计算、推理、演绎，我们就知道了特定人群的习惯、喜好，进行有针对性的推送。今天送你的礼品，就是依据大数据算出来的呀！

妹妹：怪不得我买完衣服总会跳出来一件我更喜欢的呢。

姐姐：怪不得我上次买的课外书跟年级第一的那位一样。

妹妹：姐姐你说什么？

3 科学故事会

姐姐：哦……没什么。（对小马说）你说了这么多，我们怎么相信你？

小马：这是我的工作证，你们上网，把证件号输进去，就有我的信息啦。

（姐姐和妹妹在电脑前一通操作）

妹妹：哎呀，真的是你，我们误会你了。

小马：现在你们可以扫我的二维码了吧。

姐姐：可以可以，能有更专业、更细致的推荐当然更好了。平时只知道在网上买东西，还不知道互联网大数据有这么多道理呢！

妹妹：快打开看看礼品是什么。

（姐妹俩打开盒子，里面是一本书）

妹妹：这是什么？叔叔，你不是说礼品是为我量身定做的，可这完全不是我的风格啊。

小马：可这确实是根据你近期的购物倾向分析出来的啊。

姐姐（突然害羞）：不好意思，其实我经常偷偷用你的账号网购。

妹妹（恍然大悟）：姐姐，原来你才是 VIP 啊。

（众人下场，互联网、大数据上场）

互联网：看到没有，没有我互联网，你大数据就只是一堆没有价值的数据，谁来整合你，让你发挥作用啊。

大数据：好吧，我现在是离不了你互联网，可是说不定未来我就不需要你了，只有我大数据独步天下。

互联网：那我们去未来看看吧。

第三幕：定制智能机器人

场景：一家商店，店名为"智能机器人旗舰店"，店里陈列着形形色色的机器人。

（音乐起，老板上场）

老板（唱）：我是一个小老板，
　　　　　　这是我的旗舰店。
　　　　　　我这里的机器人，
　　　　　　和别家的不一样。
　　　　　　定制不同人需求，
　　　　　　很快成为了爆款。
　　　　　　财源滚滚来，
　　　　　　哎！财源滚滚来！

来看看我的宝贝们。(向观众介绍)这是扫地机器人,扫地的时候就像小宠物一样在家里跑,一点都不会影响你休闲娱乐的心情,这是伴读机器人,做成玩具的样子,更受小孩子喜欢。

强强:老板……

老板(高兴):有生意上门了。

强强:老板,我想买个机器人。

老板:你还是学生吧,是要伴读机器人吗?看这个可爱不?

强强:不不,我需要一个女性机器人。

老板(嘀咕):现在的学生,这么小就喜欢让女孩了陪着读书了。好,你说说你想要什么个性的?

强强:要温柔的,普通话要好。对了,还要会下象棋。

老板:小朋友,你要伴读还这么多要求,看书时不能玩别的知道吗?

强强(慌张摆手):不是我要,我是想给我爷爷买。

老板:你爷爷想找个老伴?小朋友,我这里可不是婚介所。

强强:我爷爷在养老院住着,我爸妈一个礼拜才会带我去看望一下他,有时候忙一个月都不去,我每次去看见我爷爷的话越来越少,还总拿着一张照片发呆,我妈妈说那是我奶奶年轻时的照片,所以我想找一个跟我奶奶像的机器人陪着他,爷爷一定会开心的。

老板:原来你是给老人找陪伴机器人啊,这好办,根据对这一目标客户群的需求分析,陪伴机器人还要具有一定的救护知识,再给它搭载报警和追踪系统,这样老人出什么事都能知道,再输入你的个性要求,好了,你的智能机器人来了!

(劲爆音乐响起,灯光闪烁,智能机器人上场)

强强:哇,它长得好像照片里的奶奶!

老板:不仅如此,根据你给我的资料,连性格都一样。

智能机器人(凶凶地说):强强,你怎么把自己弄得这么脏,又去踢球了?

强强(吓一跳):呃,这一点也不温柔啊!

老板:这确实是根据你奶奶的性格设定的。

强强:好吧,还有什么功能?

老板:还有老年人陪伴机器人必备的救护知识。

智能机器人(播音嗓):心肺复苏是一种常用的急救手段。(逮住强强)

强强(挣脱):啊,不要啊,放开我,为什么总是冲着我来?

智能机器人(把强强压住):一个手掌根放在胸部中央,另一个手掌根置于第一只手上,双肘伸直,垂直向下用力按压……

强强:哎呀!哎呀!

智能机器人:然后进行人工呼吸。

强强(挣脱机器人爬起来):可以了,可以了,停停停!

老板:而且这个机器人是联网的,一旦发出警报,会第一时间拨打120并联系家人。

强强:太棒了,这个机器人太智能了,我很满意,爷爷一定会喜欢的!

(互联网和大数据拉扯着上台)

大数据:你看你看,有了大数据,才能根据各类人群的需求制造出独一无二的产品!

互联网:你没听到吗?你大数据最终还是要靠我互联网发展起来!

老板:呃……你们两个是谁?

大数据:我是无处不在、无所不能的大数据!

互联网:我是连人、连物、连接一切的互联网!

老板:你们在这吵什么呢?

互联网:这个黄毛小子,非说自己比我重要,还跑到未来世界看看。

大数据:难道不是吗?随着科技的发展,人类越来越重视对大数据的利用,做什么事情都要依靠我大数据,现在不就是大数据时代吗?

互联网:你你你!

老板:好了,你们不要吵了,你们看我现在的店能这么成功,其实缺了你们两个谁都不行,我从互联网或者其他各种渠道中获得海量数据,但是只用一台计算机肯定是无法处理的,要通过互联网云计算对数据进行筛选,挖掘出有用的数据,去除无用的数据,最后才能得到对我有价值的数据。

强强:我明白了,大数据就像矿一样,有各种类型的资源,但是要根据需要挖掘出来,才能发挥价值。

老板:你们看,小学生都比你们懂。所以啊,你们两个就像硬币的两面,随着社会的发展,你们只会越来越密不可分,争论谁更重要有什么意义呢?

智能机器人:是你们的相辅相成,紧密结合,才造就了我这样的智能机器人,不然我也只是一堆废铁。

大数据:我明白了,互联网,原来我们结合起来才对人类有重要的意义,我再也不说你老了不中用了。

互联网:我也是,我以为有没有你大数据我都一样强大,看来科技在发展,新事物会不断产生,我们只有通力合作,才能更好地造福人类!

齐声(唱)：互联网是浩瀚的海洋，
　　　　　存在着难以想象的数据量，
　　　　　每分钟都产生新数据，
　　　　　要寻找其中的价值。
　　　　　互联网大数据是一体，
　　　　　产生发展互不离，
　　　　　相辅相成作用大，
　　　　　携手造福全人类！

玩具店的故事

（剧作者：张安琪）

人物：

玩具熊——可爱的毛绒熊公仔。

变形金刚——酷炫的机器人玩具。

佩奇——5岁的小女孩。

妈妈——佩奇的妈妈。

场景——货架上摆满玩具的玩具店。

故事梗概：妈妈在带佩奇逛玩具店的过程中，意外发现随着科技的发展和人工智能的普及，孩子和成人眼中的世界变得有些不一样，无线网、冷气、电脑、触屏等，这些在成人看来较为新奇的事物，在孩子看来却是理所应当的存在，仿佛和空气一样普通，好像自然的产物……

第 一 幕

（变形金刚跳酷炫的机械舞，音乐停，灯光亮）

玩具熊（鼓掌）：变形金刚，你跳舞越来越厉害啦！

变形金刚：谢谢你玩具熊，不过，还不是因为咱们在货架上待了这么久，再不活动一下，我的关节都要生锈了。

玩具熊（沮丧）：唉，是呀。现在的家长都喜欢给小朋友网购玩具，很少有人来玩具店买玩具喽。

变形金刚（沮丧地数手指）：没错，今天已经是咱俩在货架上待着的第一年八个月零十六天了。我们还会被小朋友买走带回家吗？（唱：我想有个家……）

玩具熊：对了，你听说了吗，隔壁的玩具店倒闭了，剩下的所有玩具都被打包成快递寄走啦！你说，咱们会不会也被快递寄走啊？

变形金刚（震惊）：我不想……不想被快递寄走！长途跋涉太难受了，而且暴力的快递会压碎我脆弱的关节！我听说之前有一个机器人被快递盒压碎了，马上就被主人丢掉了。（哭泣）

玩具熊：我也不想被快递寄走，他们会弄脏我的。哎，嘘！（小声）那边有小朋友来了。

玩具熊、变形金刚(小声说)：真希望可以被小朋友带回家啊！

第 二 幕

(佩奇和妈妈走在路上)

佩奇：妈妈，好热啊，这里没有空调吗？(拿出儿童手机，打开手机智能语音助手)手机智能语音助手，你可以帮我打开空调吗？

手机智能语音助手：恐怕不能。

妈妈(笑)：傻孩子，这里是街上，怎么会有空调呢？

佩奇：可是，家里有空调，爸爸的办公室里有空调，车里有空调，商场有空调，空调不是无处不在的吗？

(妈妈一时不知如何解释，愣了一会)

妈妈：孩子，只有装了空调的地方才会有空调啊。

(佩奇似懂非懂)

妈妈：咦，这里有家玩具店，我们进去看看，也许店里有空调。

第 三 幕

(佩奇和妈妈走进玩具店，看到满眼的玩具佩奇十分开心，左看看右摸摸，试玩各种玩具。玩具熊卖萌、变形金刚跳机械舞努力吸引佩奇的注意)

(佩奇和玩具熊、变形金刚互动玩耍)

佩奇：妈妈，我好喜欢这两个玩具呀，可以买下它们吗？

妈妈(看到佩奇玩得很高兴欣然同意)：可以呀，那你要好好爱护它们哦。

佩奇(高兴地点点头)：嗯！

玩具熊(欣喜若狂地小声对变形金刚说)：变形金刚你听到了吗？我们终于可以离开货架啦！

变形金刚(同样开心)：我们要有家有主人啦！

(音乐：欢快的音效)

妈妈(看了看两个玩具的标价，自语道)：店里这么贵啊，这个价格在网上能买两个了。

妈妈(对佩奇说)：不过，只能买一个哦，挑一个你最喜欢的吧。

(这句话无疑像一道惊雷劈向两个玩具。两个玩具很快意识到只有一个能被带走，它们都想把这个机会让给对方)

玩具熊(故作轻松)：变形金刚，你先走吧，我还想在货架上自由自在地待着呢！

变形金刚(摇头):不,玩具熊还是你去吧,你看,我这么会跳舞,早晚会有新的小朋友带我走的。

玩具熊:不行,如果我们这家玩具店也倒闭了呢?你会被快递压碎的。我不怕快递,(拍拍自己)我这么柔软,可以安全到达目的地。

(玩具熊从货架上一跃而下,在地下滚了几圈)

玩具熊:你看,我现在浑身尘土,她不会选我啦。变形金刚,你走吧!别管我啦!以后一定要开心地生活哦!

变形金刚(热泪盈眶):玩具熊!

(佩奇抱起地上的玩具熊,仔细小心地拍掉玩具熊身上的尘土。一手抱着玩具熊,一手抱着变形金刚,左右看看都十分想要)

佩奇:妈妈,我可以两个都买吗?我,我保证,一个月,哦不,三个月,接下来三个月我都不买新玩具了!

妈妈(犹豫了片刻):好吧。你要说话算话哦。

佩奇:耶!谢谢妈妈!

(玩具熊和变形金刚意外且惊喜)

(谁知,这时佩奇拿出儿童手机,对玩具熊和变形金刚扫码)

妈妈(很疑惑):佩奇你在做什么?

佩奇:扫码啊,妈妈你平时不都是这样买的吗?扫码从网上选一个价格最便宜的,然后叫快递来。

妈妈:可是咱们现在已经在玩具店了啊,不需要再叫快递来了。

佩奇:玩具店的玩具不是用来展示的吗?妈妈,真正的玩具是快递员叔叔送来的呀。

(一旁的玩具再次绝望)

玩具熊、变形金刚:我恨网购。

(佩奇扫码迟迟没有成功,很疑惑)

佩奇:妈妈,玩具坏掉了,扫不到。

妈妈(接过手机一看):傻孩子,你没有连无线网,当然扫不到了。你忘记了吗,平时在家看动画片不是也要连无线网吗?

佩奇(疑惑):无线网?(打开手机智能语音助手)手机智能语音助手,你能帮我连无线网吗?

手机智能语音助手:恐怕不能。

妈妈(摸摸佩奇的头):傻孩子,这里没有无线网信号,连不上网的。

佩奇:妈妈,无线网不是像空气一样到处都有吗?这里为什么没有呢?

妈妈:孩子,无线网是一种叫作路由器的小盒子发出来的,等下回家,妈妈带你去看看路由器长什么样子。咱们今天不网购了，直接从玩具店买玩具。走吧，拿上这两个玩具我们去结账。

（佩奇很开心，蹦蹦跳跳地带着玩具去结账）

妈妈（看到佩奇开心的样子，回想起小时候去买玩具的自己）：你知道吗？其实妈妈现在还记得小时候第一次去买玩具的情景，那时候，我攒了一年的零花钱才买到一个布娃娃。

佩奇：为什么要攒那么久呢？妈妈，你可以玩平板电脑呀！

妈妈：傻孩子，妈妈小时候哪有平板电脑啊，你以为都像你们一样，学会用手机看视频比学会走路还要早啊。

（佩奇调皮地吐了吐舌头，和玩具熊、变形金刚开心地玩了起来）

妈妈（看着佩奇灿烂、童真的笑容，内心独白）：孩子，或许妈妈以后应该经常带你来玩具店买玩具了，这样，在你以后的记忆中回想起这个玩具，是买玩具那天一段又一段快乐的回忆，而不是冷冰冰的快递。

在这个时代，在你的眼中，无线网、冷气、手机，它们像空气一样普通，好像自然的产物。

妈妈只希望，能陪伴你在真实的世界里，去听，去看，去触摸，去感受。

"熊孩子"成长记

(剧作者:韩红宇)

人物:

笨笨熊——故事中的爸爸,戴着一副眼镜,具有中国传统爸爸的特点,很爱自己的孩子,但不善表达,稍显严厉。

胖胖熊——故事中的孩子,肉乎乎的,很聪明,也很调皮,稍显叛逆,是大家口中的"熊孩子"。

第 一 幕

场景:一墙分出室外与室内。室外靠墙停放着一辆自行车,还有石桌子和石凳子;室内则有一张桌子,摆着两把椅子,还有一大一小两张床。而此时,笨笨熊和胖胖熊正坐在饭桌两端对视着……

胖胖熊(气呼呼地说):我就不吃,除非你再给我加点蜂蜜。

笨笨熊:想都别想,牙会坏掉。

(说完,笨笨熊直勾勾地盯着胖胖熊,不过一会儿……胖胖熊气鼓鼓地吃了两口饭,然后放下碗,笨笨熊微微一笑,开始收拾桌子)

笨笨熊(边端着碗下场边说):记得擦桌子。

胖胖熊(故意桀骜地说):不擦。

笨笨熊:可以。唉,还说一会儿出去骑车呢。

胖胖熊(一边胡乱地擦着桌子,一边自言自语):就会这一招,每次都威胁我,我擦,我擦,我擦擦擦……

胖胖熊(回头看到笨笨熊不在,对观众说):看见没有,这就是我老爸,一个唠唠叨叨的男人,太麻烦了。

笨笨熊(拿着一条红围巾边上场边说):擦完桌子了吗?

胖胖熊(急忙扔掉抹布):擦完了,早就擦完了。

(笨笨熊看着地下的抹布,胖胖熊急忙捡起来放好)

笨笨熊(一边宠溺地微笑,一边给胖胖熊戴围巾):陪你出去骑车。

胖胖熊(边挥着手,边着急地向外边跑去):不戴,不戴。

(胖胖熊着急地要骑自行车,笨笨熊把围巾戴在自己的脖子上,跟着走向室外……)

笨笨熊:别急,慢点儿,慢点儿……

胖胖熊迫不及待地骑上车子就走,可是却因为不熟练而撞到石凳子摔倒……

胖胖熊(一脸委屈地举起手):笨爸,我的手破了。

笨笨熊(走到胖胖熊面前,蹲下微微看一眼胖胖熊的手):早就跟你说过,骑车的时候要看前面的路,车把不要来回乱晃,这样才能找准平衡和方向,还有,遇到障碍时要学会捏闸停车。

胖胖熊(再次把手伸到笨笨熊面前,一脸不可置信地看着笨笨熊):这时候,你不是应该先看看我有没有受伤吗?看,我的手擦破了。

笨笨熊(边站起来边说):你是男孩子,应该学会勇敢。

胖胖熊(边站起来边扶车子,恨恨地说):我就不是亲生的,阿嚏(揉揉鼻子)……

(笨笨熊微微一笑,给胖胖熊围上围巾,胖胖熊摘了下来,然后在和笨笨熊对视后,又自己将围巾围好,而此时笨笨熊则检查了一下车子)

笨笨熊:闸要慢慢捏,注意平衡,再来一次。

胖胖熊(边按笨笨熊说的做,边不耐地说):知道啦。

胖胖熊(骑了两圈后,胖胖熊稳稳地骑着车,开心地说):笨爸,快看,我学会骑车了,哈哈……我会骑车了……

笨笨熊:看到了,别太得意忘形,注意安全。

胖胖熊(仍旧开心):哈哈……我会骑车了……哈哈……

第 二 幕

场景:胖胖熊已睡着,笨笨熊给胖胖熊擦破的手掌涂好药后,给它盖好被子,然后关灯睡觉……此时,胖胖熊在说梦话。

胖胖熊:笨爸,就会欺负我,我要换掉你……

(此时,烟雾缓缓升起,进入胖胖熊的梦中。胖胖熊和"笨笨熊"仍在饭桌前吃饭……)

胖胖熊:我要加蜂蜜,加很多蜂蜜。

"笨笨熊"(动作稍显僵硬):好,你说加多少就加多少。

胖胖熊(满意地吃两口饭):我吃饱了,收拾吧,记得擦桌子哦!

"笨笨熊":好!

胖胖熊(对观众说):看到没有,这就是我心中的完美老爸,人工智能型的,随我心意,想怎样就怎样,哈哈……

　　胖胖熊(转身对着"笨笨熊"):收拾好了吗?我要去外面骑车。(说着向外面走去)

　　"笨笨熊":好。(紧跟着出门)

　　(胖胖熊仍旧迫不及待地骑上车子,然后摔倒……)

　　胖胖熊:哎哟。

　　("笨笨熊"僵硬地上前扶起它)

　　胖胖熊:哎哟,你怎么没轻没重的,都弄疼我了。(边拍土边说道)把车子也给我扶起来。

　　("笨笨熊"按照指令扶起了车子后就站在旁边,不停地提示"前方有障碍,请注意避让")

　　胖胖熊(骑上车后,没走多远就又摔倒了,回头冲着"笨笨熊"喊道):闭嘴。

　　(当胖胖熊第三次摔倒后,面对着又要扶它起来的"笨笨熊",它爆发了)

　　胖胖熊(一把推开"笨笨熊"):走开,你就不能给我一些技术上的帮助吗?就这样让我一直摔跤。

　　"笨笨熊"(僵硬而委屈地说):对不起,我都是按照你的指令来的。

　　胖胖熊(有些不敢置信地说):按照我的指令,你就不能按照我的需要吗?

　　"笨笨熊":对不起,虽然我是理想型机器人,具有一定的感知功能和强大的推理能力,但是我没有你们的"智慧"和"情商",无法像你们一样举一反三、融会贯通。

　　胖胖熊(一把推开"笨笨熊"):走开,就算你的外表看上去和我的笨爸一模一样又怎样?!你没有笨爸爱我,走开,你还我的笨爸("笨笨熊"下场,胖胖熊坐在地上放声大哭)笨爸,我要笨爸,啊啊……阿嚏(捂住嘴然后发现掉了一颗牙)啊,我的牙,笨爸,我成了"没牙熊"了……

第 三 幕

　　场景:屋内正在睡觉的笨笨熊被床上哭闹的胖胖熊吵醒,连忙去查看……

　　笨笨熊(一边轻晃胖胖熊一边叫着):胖宝,醒醒,做噩梦了吗?

　　胖胖熊(醒来后一把抱住笨笨熊):笨爸,你别走,我再也不换你了。

　　(笨笨熊看着抱住自己的胖胖熊,微微一笑,然后很快收敛表情)

　　笨笨熊(故作严厉地说):一大早就撒娇,你可是男孩子,快起来锻炼了。

　　胖胖熊(愉快且迅速):好(边说边收拾好自己,围好围巾)

　　(笨笨熊和胖胖熊来到屋外,锻炼着身体,这时……)

　　笨笨熊:阿嚏……

（胖胖熊扭头看着笨笨熊，然后摘下围巾给笨笨熊戴上）

（笨笨熊拒绝着要给胖胖熊戴回去，胖胖熊拒绝，然后和笨笨熊对视着……过了一会儿，笨笨熊笑着戴上了围巾，而胖胖熊则像模像样地摸了摸笨笨熊的脑门）

（锻炼完回家后，胖胖熊把笨笨熊拉到椅子上坐好，然后给它端来热水让它喝，笨笨熊拒绝，父子俩依旧对视着，这一次，又是笨笨熊微笑着妥协了；喝完水后，胖胖熊拉着笨笨熊到床上，让它躺好，并为它盖好被子，笨笨熊一直幸福地笑着，最后，胖胖熊也依偎在笨笨熊的身边，幸福地笑着……）

41

嫦娥四号的心愿

（剧作者：闫夏）

人物：嫦娥四号妹妹、望远镜哥哥、卫星姐姐、火箭大哥。

第 一 幕

（新闻播报：嫦娥三号成功登月，众人跳舞出场）

嫦娥四号：唉。

望远镜：嫦娥四号妹妹，怎么看你有点不高兴呢？

卫星：对呀，你三姐登月成功了，这是一件多大的喜事啊。

嫦娥四号：三姐登月了，肯定是高兴的。可是我……我……

火箭：你呀，从今以后就没有用啦！

望远镜、卫星：这是什么意思？

嫦娥四号：可能你们不知道，我只是三姐的一颗备份星，以防三姐任务失败。现在三姐登月成功了，我可能真的就没用了。

卫星：怎么会！你看你二姐不也是你大姐的备份星，还不是完成了自己的任务。

望远镜：对呀，没有你二姐收集的虹湾区的科学数据，你三姐也不能这么圆满地完成任务。

火箭：就是因为你三姐的任务完成得太圆满了，你上去干什么呢？再登一次月刷存在感吗？知不知道送你上去一次得耗费多少钱呐，我们火箭可是一次性的，我可不想费这个功夫，你还是留在家里吃灰吧！

卫星：哎呀，你就少说几句吧。

嫦娥四号：火箭哥哥说得对，我已经是一颗没有意义的备份星了。我多想像二姐一样，变成太阳系的一颗卫星向深空遨游，或者去找三姐，稳稳地落到月球上，哪怕是月球背面，只要能让我发挥自己的价值就好。

卫星：四妹，去那里可能连小命都没了啊。

望远镜：是啊，而且我们在地球上也看不到你了。

火箭：去月球背面？你以为你想去就能去啊！

卫星：火箭，你怎么总是打击人。

火箭：不是我说，月球背面信号都传不过去，你怎么着陆？

卫星：传信号？我最擅长了呀，到时候，我多找几个兄弟姐妹，绕月球一圈，不就把信号传到背面去了吗？

火箭：发射卫星不要钱啊，你这样也太浪费资源了，谁愿意干？

望远镜：你们卫星家族不是有一种中继卫星吗？可以给其他卫星和飞船搭建信号通道。

卫星：对了，我去找我们老大，看看有什么好办法，你们等我的好消息！

第 二 幕

卫星：嗨，大家伙儿，还认得我吗？我是卫星姐姐呀，为了帮助嫦娥四号妹妹完成心愿，科学家们研制出了一颗专门用于地球和月球背面通信的卫星，就是我呀，还给我起了一个好听的名字……

齐声：这是谁呀？

嫦娥四号：你是……卫星姐姐吗？

卫星：哈哈，还是四妹聪明！

望远镜：卫星，你怎么变样了？

卫星：变什么样了？

望远镜：变得苗条了，好像……变小了？

火箭：卫星，你手上拿的是什么？

卫星：这个啊，是我的"伞"！

齐声：伞？

卫星：对呀，这其实是我们卫星必不可少的抛物面天线，作为地月之间的通信卫星，功率一定要大，可是我们以前的星载天线金属网多是铝合金等传统金属材质的，重且硬，这把伞啊，是用纺织经编技术做的，把只有头发丝 1/4 细的极细镀金钼丝纤维合股加捻，又大又轻呢。

嫦娥四号：哇，我能看看吗？

卫星（把伞给了嫦娥四号）：大家以后不要叫我卫星了，我有了自己的新名字——鹊桥！

齐声：鹊桥？

卫星：嗯，因为我专门在地球和月球背面之间通信，就像一座桥梁。

嫦娥四号：卫星姐姐，哦不，鹊桥姐姐，你的意思是，有了你，我就可以到月球背面了？

卫星:当然!

嫦娥四号:太好了!太好了!

火箭:别高兴得太早,地球和月球之间那么远,就靠你一颗小卫星,怎么可能成功?

卫星:这个科学家们早就想好了,在地球和月球之间有一个平衡点,叫"拉格朗日 L2 点",围绕这个点做周期运动,我既能看到地球,也能看到月球背面,就能完成中继任务。

望远镜:那个地方,可从来没有卫星去过,而且会有一段没有光照的日子,最冷的地方只有－230 摄氏度,你能承受得住吗?

卫星:这些都不是问题,四妹要去的地方环境更恶劣,再说了,我上去了,还能经常看到四妹。

火箭:卫星,你确定要去那荒无人烟的地方? 而且有可能在等四妹上去的日子里你就冻坏了!

卫星:没关系,我等着!

嫦娥四号:鹊桥姐姐……我不会让你等很久的!

(大屏幕播放鹊桥卫星发射的新闻)

第 三 幕

嫦娥四号:望远镜哥哥、火箭哥哥,你们快来呀!

齐声:四妹,你登月的日子马上就要到了!

嫦娥四号:你们看,因为我的登月环境比三姐复杂得多,我的四条腿,每一条都加上了两条副腿,脚底还做成了圆盆状,里面装满了蜂窝状的缓冲材料,可以缓冲巨大的冲击力,让我落得更稳定。

望远镜:哇,真厉害!

嫦娥四号:我这一次上去,不仅要登陆没有人去过的月球背面,还要完成月基低频射电天文观测、月球背面巡视区浅层结构探测和月球背面巡视区形貌、矿物组分探测等任务。而且,玉兔号的妹妹玉兔二号也要跟着我一起去,我觉得一点都不孤单。

火箭:四妹,我没想到你和鹊桥卫星为了实现心愿能付出这么多,其实,我也有一个心愿。

齐声:什么?

火箭:因为我们火箭只能使用一次,我一直想等咱们国家载人登月的那一天光荣地燃烧,我很怕在此之前我就被用掉了,所以我一直打击你。

嫦娥四号:火箭哥哥……

火箭:但是现在我改主意了,我决定这一次送你登月,我发现,在航天事业上,每一步都是光荣的!

嫦娥四号:那太好了!现在有这么多小伙伴陪着我,虽然月球背面是一片未知的区域,但我一点也不孤单、害怕了。

望远镜:四妹,我也会在地球上一直看着你的。

嫦娥四号(对观众说):嗯,我知道,在地球上的每一个人,你们大家,都会一直关注着我的,对不对?

(音乐起,跳舞)

42

霉 菌 精 灵

（剧作者：南江亭）

人物：

小红、小兰——中学生。

青霉、曲霉——霉菌精灵。

（小红和小兰是一对姐妹，一天中午，两人放学回到家中，准备拿出袋子里的橘子吃，却发现在橘子皮表面有一层毛茸茸的绿白色的霉菌）

小红：小兰，你看这个橘子上有霉菌，不能吃了，不然会生病的。

小兰：可是我好想吃橘子呀，姐姐，为什么橘子上有了霉菌就不能吃了呢？

小红：橘子长了霉菌，说明橘子已经不新鲜了，吃了会中毒的。

小兰：啊！这么可怕，真是讨厌的霉菌，如果世界上没有了霉菌，那么水果都不会坏，该有多好呀。姐姐，为什么橘子放久了就会长出霉菌呢？

小红：我也不知道为什么，但是如果能有一种科学技术消灭这些讨厌的家伙就好了。

（正当两人为此疑惑的时候，突然听到了一声哈欠声，扭头一看，发现了一个全身长着绿色毛毛的小精灵和一个全身长着褐色毛毛的小精灵）

小红、小兰：你们是谁呀？

青霉：我们是谁？我是这个橘子上的青霉精灵，而它是曲霉精灵。我们正睡觉呢，被你们两个吵醒了，听说你们要消灭我们。所以我们来看看是谁这么大的口气。

小红：就是你们捣的鬼呀，还我们的橘子，要不是因为你们，橘子也不会坏！

小兰：就是就是，如果不是因为你们俩，水果也不会坏，就不会有粮食被浪费了，还说自己是精灵，你们呀，就是恶魔！

青霉、曲霉：你们误会我们俩了，我们真不是恶魔，我们是精灵。我们是有魔法的精灵。

小红：好，既然你们说你们是会魔法的精灵，为什么不做好事，偏偏来我家捣乱，害我们吃不成新鲜的橘子呢？

青霉：看来你俩是不了解我们霉菌精灵，我们可是人间的大救星呢！如果没有我，你们人类就不会发现青霉素，就不会拯救千千万万的生命。

曲霉：就是就是，我可是让世界变得有滋有味的魔法师呢！如果没有我，你们人类就不会有那么多美味的食物和调味品。

小兰：就凭你们俩还想拯救世界？我才不相信呢。要我说，你们就是摧毁世界的元凶，哼！

小红：既然它们说自己是拯救世界的大英雄，我们暂且听听它们怎么说。

青霉：那我们现在就去1928年的伦敦实验室看看，走吧。

（一个年轻的科学家对着一个培养皿看得出神）

小红：这是谁？

青霉：这是细菌学教授亚历山大·弗莱明，是他首先在细菌培养皿中发现了我。虽然培养液受到污染而发霉，就不能再用来做实验了，通常的做法，就是把它一倒了之，但弗莱明却没有这样做，他要看看是哪种霉菌在捣乱。于是他拿起培养皿仔细观察，想了解为什么发霉的培养液就不能再用了。对着亮光，他发现了一个奇特的现象，在青绿色的霉菌周围出现了一圈空白——原来生长旺盛的"金妖精"不见了！后来才知道，这是从楼上一位研究青霉菌的学者的窗口飘落下来的。弗莱明对青霉菌继续观察。几天后发现青霉菌成了菌落，培养汤呈淡黄色，也有杀菌能力。于是他推论，真正的杀菌物质一定是青霉菌生长过程中的代谢物，他称之为青霉素。青霉素真正被运用于临床治疗是20世纪40年代的事，年轻的牛津大学病理学家弗洛里和德裔生物化学家钱恩在一本积满灰尘的《新英格兰医学杂志》上意外地发现了弗莱明的这篇论文。他们产生了极大的兴趣，二人决定将弗莱明的研究继续下去，立即把全部工作转到对青霉素的研究上来，一度中断的青霉素研制工作终于出现了转机。他们对青霉菌培养物中的活性物质——青霉素进行提取和纯化，经过18个月的艰苦努力，他们终于得到了100毫克纯度可满足人体肌肉注射的黄色粉末状的青霉素。与原子弹、雷达并称"第二次世界大战期间的三大发明"的青霉素，最终成为具有惊人疗效的药物，不但在第二次世界大战期间成功地挽救了成千上万病人的生命，而且使人的平均寿命延长了15年。

小兰、小红：原来是这样，你可真伟大呀！如果不是今天遇到你们，我们都不知道原来霉菌也有大作用，现在我们相信你能拯救世界了。那你的兄弟曲霉呢？它又有什么作用？

曲霉：虽然我不像我的兄弟青霉那样能够拯救世界，但是人类也离不开我，我要带你们去一个地方。

（一瞬间他们便从伦敦到了山西的一家醋厂）

小兰：好酸啊，这是哪里？

曲霉：这是陈醋加工厂，就是我发挥魔法的地方。哈哈哈！黑曲霉有分泌产生淀粉酶、糖化酶、柠檬酸、葡萄糖酸、五倍子酸等的功能，能分解原料中的淀粉等，生成葡萄糖，再生成酒精，最后酿造出醋来。我能够大大提高酒精的转化率与原料的利用率，使产量倍增,并且能够改善产品风味,会使酒、醋更加醇厚清香。

小兰、小红:哇!你可真棒!如果没有你,我们可能就尝不到美味的醋了。

曲霉:哈哈,其实只要让我们在对的地方发挥作用,我们也会创造出无限大的价值呢。你们只要努力学习科学知识,对我们霉菌家族认识越多,就越能发现我们的价值。

(一转眼,已经到了中午吃饭的时间了,小兰、小红的肚子都咕咕叫了。她们在霉菌精灵的帮助下,回到了自己的家)

小红:既然青霉和曲霉的作用这么大,发霉的橘子吃了也不会有事吧。

(正当小红要拿起橘子的时候,两个霉菌精灵阻止了她)

两个霉菌精灵(摇着脑袋):有了霉菌的橘子是千万不能食用的,橘曲霉会产生曲霉毒素,如果人类食用,有可能会诱发肝癌。而橘青霉会产生橘青霉素,主要毒害肾脏。所以就让我们在这个橘子上安家,不要让我们无家可归……

小兰:嗯嗯,好吧,那你们就安心在橘子上安家吧。小红,要听霉菌精灵的话呀。

小红(使劲地点点头):还好你们告诉我了,看来还是我知道得太少了,我以后一定要学习更多关于霉菌的知识,让更多的霉菌造福人类!

小兰:很高兴遇到你们,今天真是上了一场生动有趣的生物课,希望下次还有机会认识你们其他的兄弟姐妹。

青霉、曲霉:嗯,不早了,我们要回到橘子上了,我们属于共生生物,是不能离开寄居的家太久的,再见!

小红、小兰:再见!

千里眼的故事

（剧作者：李祎璇）

人物：

慕星——因父母爱好天文而得名，他不负父母所望成为了天文工作者，购买了由光学玻璃制成的望远镜，将其取名为千里眼。他是很好的聆听者，也是开导千里眼的人。

千里眼（光学玻璃）——刚刚出生的光学玻璃，性格活泼可爱，来到了嫦娥四号工程基地，调解了嫦娥四号和玉兔二号的矛盾，见证了它们的友谊，并与它们成为挚友。后因折射率不够，被迫分离被制成望远镜，变得性格孤僻。

嫦娥四号——仗着自己有好听的名字和美丽的外表而骄傲自大，自认为可以独立完成探月任务，然而在光学玻璃的调解下，与玉兔二号不离不弃。

玉兔二号——不管嫦娥四号如何骄傲，都一直忍让，在光学玻璃的调解下，与嫦娥四号相亲相爱，共创探月新征程。

故事梗概：初出玻璃炉，活泼的光学玻璃来到了嫦娥四号工程基地，调解了嫦娥四号和玉兔二号的矛盾，见证了它们的友谊，并与它们成为挚友。然而憧憬着航天梦的光学玻璃因折射率不够，最后被制作为一台望远镜，被天文爱好者慕星命名为千里眼。大家终于见证了嫦娥四号的成功发射，激动不已，却因再也见不到月球背面的玉兔二号而伤感。

第一幕：勾起过往

旁白：2019年1月3日，中国在西昌卫星发射中心成功发射的嫦娥四号，实现了人类首次在月球背面登陆，揭开了"月之暗面"的神秘面纱。

慕星（兴奋地跑上场）：听见没，这是中国首次更是全球人类首次实现在月球背面的软着陆，我们中国真强大，国力杠杠的。赶紧去看一下嫦娥四号在哪吧！（看向望远镜）咦，这怎么灰蒙蒙的，昨天还能看见的呀！（气愤地跺脚）肯定是无良商家，宣传骗人。哼，还说是什么永不起雾的望远镜！骗人！

千里眼（哭着上场）：对不起，对不起，慕星。今天镜头上有些水雾，不怪我的厂家，他们制造我的时候根本没想到会有今天的情况。

慕星：你怎么了？哎呀，你别哭呀，你平时总是少言寡语，这怎么哭了呢？（慕星手足

无措地干着急）

　　千里眼（自言自语）：航天叔叔们攻克难关，让它们的航天梦成真了，真为它们高兴！（哭笑不得）可是过了今天，我就再也见不到它们了，再也见不到了。（越说越伤心，哭的声音更大了）

　　慕星：你是喝多了吗？语无伦次，谁啊？还有你这个望远镜看不到的东西？

　　千里眼（委屈地说）：我没有喝酒，你听说了吗？今天嫦娥四号着陆在月球背面，它发射的时候我们都看见了。

　　慕星（点点头）：哦，原来你说的是这个啊！知道啊，可是你是怎么认识它的呢？你们明明八竿子打不着。

　　千里眼（擦着眼泪叉着腰）：才不是呢！（自豪地）我可是见证了嫦娥四号和玉兔二号的友谊，而且它们成为好朋友了呢。再说航天叔叔攻坚克难，我可是都亲眼目睹了呢！

　　慕星（嫉妒地说）：说的好像你真的在现场一样。

　　千里眼：我就在啊，这还要从我的出生说起。

第二幕：小小调解员

　　光学玻璃（兴奋地跳上舞台）：哇，这就是嫦娥四号工程基地吗？好大好壮观啊，嘿嘿，这么看我真的好渺小呀！哈哈，不过我很快就会成为其中一员的。

　　嫦娥四号（猖狂地走上场，戳着光学玻璃）：你谁呀？挡道了。

　　光学玻璃：你好，我是光学玻璃。

　　嫦娥四号：谁要知道你是谁，自作多情。

　　玉兔二号（跟着嫦娥四号上场，看着嫦娥四号）：你能不能友好点，怎么说话呢！（转向光学玻璃）你好。好面生呀，你叫光学玻璃吗？名字好稀奇，所以你是玻璃吗？为什么起这么长的名字，叫玻璃不就行了吗？太复杂了。

　　嫦娥四号：哼，花里胡哨。

　　光学玻璃：才不是呢，因为我和普通玻璃是两个概念，可不能混淆。

　　玉兔二号：有什么不同吗？不都是透明的、会反光的玻璃吗？

　　光学玻璃：看起来是没有太大差别啦。玻璃大家肯定都不陌生，12世纪普通玻璃开始应用于工业材料，而18世纪为适应望远镜的需要，制造了我们光学玻璃。比起普通玻璃，我能够通过折射、反射等不同的方式传递光线，或者通过吸收光线改变光的强度，所以与普通玻璃相比我们具有稳定的光学性和高度的光学均匀性。

　　嫦娥四号：所以呢？个子这么矮，长相一般，话还真多。（坐到一旁打理自己的容貌）哪里像我长得这么好看，人家都叫我嫦娥呢！

　　光学玻璃：你怎么这样啊，我是很普通，可是你们身上缺不了我。

玉兔二号：啊？哪里？在哪里啊？

光学玻璃：其实按折射率的大小不同，我可用于望远镜、显微镜、照相机等的透镜、棱镜、反射镜等，所以你们身上可缺不了我光学玻璃。

嫦娥四号（轻蔑地看着光学玻璃）：哦？原来我身上的降落相机镜头就是你啊。那我可以不要你呀，你也没什么作用。

光学玻璃：你身上的降落相机虽然工作时间非常短，只有几分钟，但是你却要依靠它在降落过程中获取不同时段、不同高度降落区域的地形、地貌数据而着陆，就像汽车有倒车镜一样，你没有降落相机，就不怕无法着陆吗？所以你根本离不开我。

嫦娥四号（掩饰着尴尬）：咳咳，看在你装扮了我的份上，不和你计较，那我身上都有降落相机了，你来干什么呢？

玉兔二号：嗯！咳咳……嗯……

嫦娥四号（看向玉兔二号）：你干吗？嗓子不舒服喝水去，干咳什么！

玉兔二号：怎么？你身上有了，我就不需要了吗？不装的话，咱们怎么互拍啊，难道你自拍就行了吗？

嫦娥四号：我有说需要你吗？我自己就可以完成对月球背面的全部探测。要你有何用？

光学玻璃：话可不是这么说的，你们一个是巡视器一个是着陆器，缺一不可。你们两个都有不同的任务，要合作完成的。

嫦娥四号：什么？我要和它合作？我是嫦娥，它是玉兔，它就该好好地吃草才是，哪里来的合作？

光学玻璃：给你们取名嫦娥和玉兔，是人民对于神话故事的情感寄托，神话故事中的嫦娥、玉兔相依为命，所以广寒宫里谁都不孤单。难道你真的要在月球上孤独终老吗？

嫦娥四号：我……我……我不想……

光学玻璃：那就要合作啊！（看向嫦娥四号）你身上不仅有降落相机，还有地形地貌相机。这是我们中国科学家的壮举，这项技术能够360度地进行观测，获取你周围的光学图像，同时负责监测玉兔二号，研究月球的地形地貌，传回基地，展开深度的研究活动。所以只有你们俩在月球上互相帮助，才能揭开月球背面的神秘面纱。

玉兔二号：就是就是。

嫦娥四号：嗯嗯，互相合作。对不起，之前是我太骄傲了。玉兔一号一直在月球上，我们该去看看它了。希望这次我们能不负人民期盼，一飞冲天。哈哈，我先去调试了，一会见。（嫦娥四号下场）

光学玻璃：大家都好忙啊，那咱俩也要忙起来。

玉兔二号：好嘞。

(音乐:《粉刷匠》)

(玉兔二号和光学玻璃一起跳舞)

光学玻璃(先开心后苦恼):我是一块小玻璃,光学本领强,我要把这小玉兔,装扮得很漂亮,装了全景的相机,还有光谱仪,当然不止这一些,可还有什么?

玉兔二号:你想知道什么呢?我来给你解读。

光学玻璃:好呀好呀,我只知道你们要去月球背面,这是人类首次完成在月球背面的软着陆,可是月球还分正反面吗?

玉兔二号:哈哈,月球是地球的一个卫星,月球之所以能被地球"栓"住转动,这是因为它们之间有引力产生。就像现在如果你围着我转,你会怎么转呢?

光学玻璃:我就想一直面对着你转啊,想一直看着你。

玉兔二号:对啊,月球和地球也是这样。所以无论地球和月球如何自转,月球总是以同一面朝向我们。所以我们对于月球的背面很是好奇,所以这就是我们的任务。

光学玻璃:原来是这样啊。让我们转起来吧!(玉兔二号和光学玻璃开心地转圈)

嫦娥四号:你们两个玩怎么不带我,一起一起,哈哈哈。(三个人一块开心地转起来)

画外音:不行,这块光学玻璃的折射率不够,还是拿去做成望远镜吧。

光学玻璃(突然的外力,将光学玻璃和嫦娥四号、玉兔二号分开,两者下台):啊!怎么会这样?我不想走,我不想走。

第三幕:返回现实

(场景回到现在)

慕星:所以你是连再见都没说,就被做成望远镜了吗?

千里眼(委屈地说):嗯。

慕星:怪不得你的性格那么孤僻,每天好安静,语气也呆呆的,没有起伏。没事啊,现在这不就看到了吗?它们带着我们中国的希望飞上了月球,成功地登上了月球背面。

千里眼:可是我再也看不到嫦娥四号、玉兔二号了,它们在月球背面,我看不到了。

慕星:傻孩子,虽然它们在月球的背面我们看不到,但是它们还是通过中继卫星鹊桥和地球联系的。你看,嫦娥四号的地形地貌相机拍摄的影像图陆续通过中继卫星鹊桥传回地球,玉兔二号与中继卫星成功建立了独立的数传链路,完成了环境感知、路径规划的任务,你看互联网上都是它们传回来的照片呢!

(大屏幕播放玉兔二号走出第一步的照片、玉兔二号和嫦娥四号互拍的照片)

千里眼(破涕为笑):哈哈,真的是玉兔二号和嫦娥四号呢,虽然我看不到你们,但是我也会通过电视、互联网时刻关注你们的。

慕星:不仅如此,嫦娥四号上搭载的生物科普试验载荷发布了最新的试验照片,照片显示试验搭载的棉花种子已经长出了嫩芽,这也是在月球表面长出的第一道"绿色",标志着嫦娥四号完成了人类在月球表面进行的首次生物试验。

　　千里眼:真的吗?月球表面的环境太恶劣了,月球上的动植物必须能够在一定程度上抵抗低重力、强辐射和高温的环境,一旦研究有所突破,说不定真的能在月球种下桂花树,这样月球就真的如神话般了。

　　慕星、千里眼:希望科学家们能够早日获得重大成果,让我们能够更加了解月球,也希望中国的科学家们能够早日登月成功,让我们能够看到中国的五星红旗在月球上飞舞。

新十二生肖趣谈

(剧作者:张晓肖)

捧哏、逗哏:亲爱的朋友们,我想死你们了!

逗哏:猪年马上就要来了,我们猪猪代表十二生肖给大家拜年了,祝大家……

捧哏:诸(猪)事平安。

逗哏:猪年吉祥。

捧哏:猪年好运来。

逗哏:大家都发财。

捧哏:金猪、银猪落口袋。

逗哏:笨猪、蠢猪都走开。

捧哏(推开):你怎么骂人?

逗哏:祝福语嘛,说顺口了嘿嘿!

捧哏:别贫了,说正事。

逗哏:哎,说正事。简单介绍一下,我叫某某某,今年24岁,属猪。这是我的搭档。今天啊……

捧哏:打住!

逗哏:怎么啦?

捧哏(指自己):介绍搭档。

逗哏:哦,这是我的搭档。比我大一轮。

捧哏:哎,哎,怎么就比你大一轮了?我刚满28岁,属猴。

逗哏:啊,这个不重要。

捧哏:重要!

逗哏:生肖大家都知道嘛,十二个属相。我24岁,属猪,你28岁,一算就算出来了。

捧哏(无奈地点头):也对。

逗哏:可是这生肖是谁规定的您知道吗?

捧哏:谁啊?

逗哏:玉皇大帝。

捧哏：打住，打住。

逗哏：怎么啦？

捧哏：咱这是科技馆，讲究传播科学知识、科学思想、科学方法和科学态度，怎么跑出玉皇大帝了。

逗哏：我讲的是神话传说，咱们的古人有着丰富的想象力，科学普及也需要想象力啊。

捧哏：这么听着也有点道理。

逗哏：好嘞，那我继续说。

捧哏：您继续。

逗哏：想当初，馄饨初开。

捧哏：馄饨？早上没吃饭呢？那叫混沌初开！

逗哏：哦，那个叫混沌。混沌初开，盘古开天辟地，清气上升为天，浊气下降为地，分出两夷白天和黑夜，分出四象春夏秋冬，分出天干地支，天干十位，甲、乙、丙、丁、戊、己、庚、辛、壬、癸，地支十二位，子、丑、寅、卯、辰、巳、午、未、申、酉、戌、亥。

捧哏：嘿，有两下子。这个没错，不过我得给大伙儿说一下，这神话传说中所谓的天即浩瀚宇宙，地即孕育生命的地球，两夷即白天和黑夜，是由地球的自转造成的，四象即春夏秋冬，是由地球的公转造成的，这天干地支搭配起来就形成了我国古代的纪年历法。

逗哏：没错吧？

捧哏：没错，您继续。

逗哏：然后这玉皇大帝就找了和人类息息相关的十二个小动物作为生肖与年份相对应。

捧哏：这个我们大家都知道，子鼠、丑牛、寅虎、卯兔、辰龙、巳蛇、午马、未羊、申猴、酉鸡、戌狗、亥猪。

逗哏：行啊。

捧哏：什么行啊，小朋友都知道！

逗哏：那你知道，其中有"六畜"是哪些吗？

捧哏：牛、马、羊、鸡、狗、猪。

逗哏：五种野生动物是哪些？

捧哏：鼠、虎、兔、蛇、猴。

逗哏：一种代表吉庆的虚构动物是什么？

捧哏：这个大家都知道，是什么呀？龙！

逗哏：行啊，小朋友。（摸摸头）

捧哏：这是常识。

逗哏：哦，这是常识，那下面的你就不知道了。

捧哏：说说看。

逗哏：把这些都分完了，他就琢磨，不行啊，这个地球上的人太多啦，光有生肖也不好辨认啊。我得想个办法。

捧哏：什么办法？

逗哏：这地球上人这么多，十二个小动物也不够分啊，我得找十二种植物，作为辅助，这样就好辨认了啊。

捧哏：植物？

逗哏：对啊，植物！光选陆地上的动物，也不好交代啊，咱们得一碗水端平嘛。赶紧上网发帖子，定于某年某月某日举办生肖大会。届时选出十二种植物作为人类生肖的辅助。各种植物上网一看，哟，行啊，这是个好事情啊，要是能选上植物界的十二生肖，我就成网红了啊。

捧哏：好事啊。有人来吗？

逗哏：什么叫有人来吗？

捧哏：口误，有草来吗？（"草"重读）

逗哏：当天一早，植物界的十二生肖齐刷刷聚齐。第一个来的是鼠尾草，一副"鼠模鼠样"。（装扮成鼠的模样）

鼠尾草

捧哏：瞧您这样子，您别说，这个草还可以吃呢！

逗哏：接着是"牛家班"的代表牵牛花。

牵牛花

捧哏：这个大家比较熟悉，春天播种，夏天开花，是一种常见的观赏植物，子鼠、丑牛有了。那寅虎、卯兔是？

逗哏：你数着啊，排在后面的是虎刺梅、兔耳花。

虎刺梅

兔耳花

捧哏：辰龙、巳蛇呢？

逗哏：龙葵草、蛇瓜。

龙葵草

蛇瓜

捧哏：午马、未羊呢？

逗哏：马蹄莲、羊蹄甲。

马蹄莲　　　　　　　　　　　羊蹄甲

捧哏：那申猴、酉鸡呢？

逗哏：猕猴桃、鸡冠花。

猕猴桃　　　　　　　　　　　鸡冠花

捧哏：戌狗、亥猪我知道你别说。戌狗是狗尾巴草，对不对？亥猪我记得咱们科技馆有一种吃虫子的草，叫……叫猪笼草，对不对？

狗尾巴草　　　　　　　　　　猪笼草

逗哏：对啊！

捧哏：这下好了，植物界的十二生肖凑齐了。

逗哏：好什么好，好什么好！

捧哏：不是，又怎么了？

逗哏：这动物界的十二生肖有了，植物界的十二生肖也有了，水里的生物不干了，欺负我们没法上网，我们水里的也得选出个十二生肖。

捧哏：好嘛，水里的也来凑热闹，不是我说，这水里也没有玉皇大帝啊，谁选呢？

逗哏：这不有东海龙王嘛！

捧哏：在这儿等着呢！

逗哏：第一个来的是老鼠斑。

老鼠斑

捧哏：好嘛，和老鼠长得还真像。不过敢问您这黑点是咋回事？二维码吗？来我扫扫！

逗哏：这不是我的保护色吗？老鼠，老虎，傻傻分不清楚，要不然我怎么能在海里悄悄游到第一呢？

捧哏：好嘛，原来第一是这么来的。好吧，选上了，那这第二位是谁？

逗哏：第二位该牛了呀，话说这海洋里的牛和陆地上的牛还真像，不光是和牛一样动作特别慢，还有一副牛脾气。谁不让我当生肖，我的皮肤就分泌一种毒液，让他中毒。（憨憨地说）

牛角箱鲀

捧哏：这比地上的牛可有本事多了，那这第三位是谁？

逗哏：第三位可厉害了。

捧哏：怎么个厉害法？

逗哏：第三位是鱼！（故弄玄虚）

捧哏：鱼有什么厉害的？比起虎差远了。

逗哏：这是说谁呢？说谁呢？（天津口音）谁说我们比虎差了，我们虎纹蝶也是吃肉的，好不？

虎纹蝶

捧哏：您先把舌头捋直了再说话。

逗哏：这海洋生肖第三位非我莫属。（双手一插）

捧哏：服了服了，那这第四位（数数指头），该兔了呀。

逗哏：谁叫我？谁叫我？（嗲嗲的声音）

捧哏：您就是这海里的兔子？

逗哏：叫我"sea rabbit"。

捧哏：什么？

逗哏："sea rabbit"。

捧哏：什么玩意儿？说汉语。

逗哏：海兔听不懂吗？（东北口音）

海兔

捧哏：您别说，还真是漂亮。不过您这四只耳朵是怎么回事？

逗哏：是人家的触角啦！

捧哏：我还是喜欢东北味的。

逗哏：好，那接下来该龙和马了，话说这龙和马……

捧哏：打住，不对，是龙和蛇。

逗哏：龙马精神，龙马精神，龙和马呀！

捧哏：不对，辰龙、巳蛇，是龙和蛇，我没糊涂。

逗哏：龙和蛇？那就龙和蛇。

捧哏：什么叫那就，就是龙和蛇。

逗哏：话说这龙和蛇，两人彬彬有礼。

　　蛇先生，您请。不不，龙先生，您请。

　　蛇经理，您先。不，龙老板，您先。

　　不，蛇董，您先。不不……

捧哏：够了！这俩有完没完，这选生肖，还带谦让的。这个长得像树杈的，你先来！那个长得像绳子一样的，你靠后！（捧哏硬气地说）

逗哏：这龙王一看，海龙和海蛇二位可比君子，选上啦！这样吧，给你们个福利吧，你们有没有亲戚什么的也一块选上吧。

海龙

海蛇

逗哏：有，有！海龙举手了，我有一个亲戚叫海马，它和我一样都是在爸爸的育儿袋里长大的，你瞧这脸，这鞋拔子脸，多像马！（抬起捧哏的脸比划着）

海马

捧哏：你才鞋拔子脸呢！（推开逗哏的手）

逗哏：好啦，海马也选上了。这个时候，羊鱼游过来了。

羊鱼

逗哏（学耳背的人说话）：这是干吗呢？

捧哏：我们在选生肖！

逗哏：什么？都说我长得俏？

捧哏：听错了，说你肯定能选上！

逗哏：什么？说我胡子长得长？

捧哏：行啦行啦，你赶紧过去吧！

逗哏：什么？晚上睡觉胡子往哪儿放，要你管？

捧哏：这什么人呢！

逗哏：该谁啦？

捧哏：该猴了。

逗哏：哦，猴头鱼在那儿等着呢！

猴头鱼

捧哏：您别说，还真像！

逗哏：龙王一看，哟，小家伙挺机灵，选上啦！

捧哏：痛快，那后面这位是谁？

逗哏：后面是鸡啊，鸡鱼。

鸡鱼

捧哏：这是得了颈椎病了还是咋了？

逗哏：你有所不知啊，我们鸡鱼的眼睛长在后背中前部，所以我得这样！

捧哏：好嘛，不嫌累。那这眼瞅着就差最后两位了。

逗哏：最后两位打起来了！

捧哏：谁啊？

逗哏：狗头鱼和海猪啊。

狗头鱼

海猪

捧哏：它俩打起来啦？

逗哏：抢第十一名，谁也不让谁！龙王一看，行啊，既然谁也不让谁，你俩就比赛吧。

捧哏：要比赛！

逗哏：大伙儿一听，有好戏看了，大大小小都围了过来。

捧哏：比什么？

逗哏：比比谁对人的贡献大吧！

逗哏：这边说，我们狗头鱼听力好啊，能听到人类听不到的次声波。那边说，我们海猪的方向感强啊，能辨别海流的方向。这边又说，我们狗头鱼长得可爱，好饲养。那边笑了，哈哈，我们海猪吃各种微生物和海洋动物的尸体，是大海里的清洁工！（"哼哼哼"发

出吃的声音）

逗哏：龙王一看，这也难分伯仲啊！

捧哏：这怎么办啊？

逗哏：这样吧！看看场外观众更喜欢谁，选海狗的，大家鼓鼓掌；选海猪的，大家鼓鼓掌。自古以来，路上海里，狗狗都是人类的好朋友。看来大家都比较喜欢海狗。

捧哏：那这海猪该不高兴了吧！

逗哏：不，海猪挺高兴。

捧哏：落到海狗后面还高兴？

逗哏：这不马上就到猪年啦，它刚选上就可以走马上任了呀！

捧哏：我忘了这茬了，那这陆地上的、海里的、能动的、不能动的都选出来啦，是不是该表示表示？

逗哏：那必须啊，这下齐活了，张罗着给大家拜年了！祝大家：

鼠年兴，

牛年壮，

虎年猛，

兔年强，

龙年飞，

蛇年祥，

马年奔，

羊年放，

猴年高，

鸡年升，

狗年旺。

怎么还少一个呀，

海猪还在那儿吃呢！

雪橇鹿选秀

（剧作者：常佳）

人物：圣诞老人、麋鹿、梅花鹿、斑鹿、黇鹿、驯鹿。

故事梗概：圣诞节即将到来，拉圣诞老人环游世界送礼物的领头鹿鲁道夫生病了，圣诞老人向世界各国寄出招聘书，鹿宝宝们纷纷赶来应聘，最终驯鹿鲁道夫的儿子帮圣诞老人顺利完成了任务。

第 一 幕

场景：圣诞老人村邮局。

圣诞老人：我的老伙计鲁道夫生病了，就是你们从小都熟悉的红鼻子驯鹿，眼看着过几天就是圣诞节了，世界各地的小朋友们盼望了一年的礼物，可不能在这个时候掉链子。我得赶紧招聘一个领头鹿来替鲁道夫帮我完成派送礼物的任务。谁能胜任呢？（边说边把招聘书塞到邮筒里）

旁白：世界各地的鹿宝宝们收到招聘书纷纷赶到圣诞老人的办公室。

第 二 幕

场景：圣诞老人的办公室，神秘而又充满祥和气氛的屋子，木板墙上挂着串串铃铛，屋顶有彩灯闪烁，正面的墙壁上镶着一幅木质的世界地图。

（圣诞老人坐在壁炉边的橡木椅上，卷曲的白胡子直垂过胸，浓密的白眉毛遮盖了鼻梁上的整副眼镜）

麋鹿：圣诞老人，你好。

圣诞老人：你好，你和我的老伙计鲁道夫有几分神似啊。

麋鹿：我是来自中国的特有品种——麋鹿。好多人都以为我是圣诞雪橇鹿，我可不能辜负大家对我的期望，鲁道夫生病了，我要抓住这个机会，为小朋友们效劳。

圣诞老人：你就是"四不像"吧。

麋鹿：对啊，我的尾巴像驴，脸像马一样长，蹄子像牛，脖子像骆驼。俗称"四不像"。

圣诞老人：不行不行，你拉上雪橇去送礼物，会吓哭小朋友们的。下一位。

（麋鹿哭着退场）

（梅花鹿和麂鹿一起上场）

梅花鹿（对麂鹿说）：我先来的，懂不懂先来后到呀。

麂鹿（对梅花鹿说）：明明是我先来的。

圣诞老人：别吵别吵，你们两个是双胞胎吗？

梅花鹿、麂鹿（异口同声）：才不是。

（圣诞老人挠挠头表示疑惑）

圣诞老人：你们两个明明很像嘛，都是梅花鹿吧。

梅花鹿：圣诞老人，我才是梅花鹿，它是冒牌的。

麂鹿：我才不是冒牌的。圣诞老人，我是麂鹿，我来自地中海附近。

圣诞老人：可你们都有像梅花一样的斑点呀。

麂鹿：我的斑点是一种保护色呢！春夏时分，我们麂鹿会穿上黄褐色的衣服，到了秋冬，我们又换上了灰褐色的外套。我们的衣服颜色永远都和地上铺满的叶子颜色接近。那些视力不好的猛兽根本看不清我。

梅花鹿：圣诞老人，你看我的皮衣红棕色，油亮油亮的，配上这雪白的斑点，还有我这珊瑚状的鹿角，一定会给你的雪橇鹿队伍增加好几分颜值。

麂鹿：去去去，我的犄角才特别，像手掌。圣诞老人，让我来当领头鹿吧。

圣诞老人：你们俩的个头看起来差不多，都不高，体能看起来不如年轻时的鲁道夫啊。我要拉好多礼物，你们俩看起来力气不够。（圣诞老人挥挥手）下一位。

（梅花鹿和麂鹿默默退场）

（斑鹿上场）

斑鹿：你好啊，圣诞老人。

圣诞老人：咦，你不是刚刚面试了的梅花鹿吗？我说了你的体格不行。

斑鹿：我是来自印度的斑鹿，我们家族确实没有梅花鹿名气大。

圣诞老人：可是你和梅花鹿简直是一个模子刻出来的呀。

斑鹿：圣诞老人，不是所有有斑点的鹿都是梅花鹿。我们斑鹿的犄角有三个叉，梅花鹿的犄角有四个叉。我们的喉部是白色的。这就是我们和梅花鹿的区别。

圣诞老人：你也是中型鹿，我担心你们的体能不行，我可是要环游世界赶去给孩子们送礼物的，中途不能停歇。

斑鹿（很诚恳地说）：圣诞老人，我不怕吃苦。你可以把我训练得像年轻时的鲁道夫一样，拥有健壮的体魄。

圣诞老人：离圣诞节前夜就几天时间了，哪里还有训练的时间？不行不行，你还是回去吧。

斑鹿：那明年我有机会吗？

圣诞老人：你来自印度，哪里受得了我们北极圈附近的严寒，这里可没有新鲜多汁的嫩草，只有北极地衣。

斑鹿：好吧。

（斑鹿退场）

圣诞老人：眼看着圣诞节就要来了，鲁道夫的病也不见好转，也没有合适的鹿替代它。这可怎么办才好？

驯鹿（气喘吁吁）：圣诞老人，我来晚了。

圣诞老人：鲁道夫，你的病好了？

驯鹿：圣诞老人，我是鲁道夫的儿子。忙着照顾我爸爸，所以刚刚才赶来。

圣诞老人：还是得靠你们驯鹿家族啊。

驯鹿：嗯，我们家族的雪橇鹿盛誉会延续下去的。我会帮我的爸爸继续完成它的任务。

圣诞老人：太棒了，快走吧。今年听话懂事的孩子特别多，礼物也很多呢。我们赶紧做好一切准备。

第 三 幕

旁白：皑皑白雪给大地铺上了银色的纱布。圣诞老人带着小鲁道夫吃着北极的地衣，用最好的状态去迎接圣诞前夜的奔波，以确保任务顺利完成。

圣诞老人：小鲁道夫，你的鼻子红了，和你爸爸一样。

驯鹿：哈哈哈，圣诞老人，那是因为我在雪地里寻找食物，鼻子充血才变红的。我的嗅觉很厉害哦。

圣诞老人：哈哈，多亏了你们的红鼻子像灯塔一样能穿透迷雾，拉着我爬上了家家户户的烟囱。

（音乐：《圣诞欢乐颂》）

（他们一起走过北极荒漠，共同踏过北极的白雪，给小朋友们送去了新年的问候）

46

大鹅与猎人

（剧作者：张安琪）

猎人：唉，现在这森林里的动物们都是老员工了，什么陷阱、机关，比我还熟悉，我这个猎人根本斗不过它们，打了一天猎，什么也没打着，(肚子叫)我的肚子好饿好饿……

（地上有一个大鹅蛋，猎人看到了这个鹅蛋）

猎人：嘿嘿，今天运气不错，捡到一个大鹅蛋，晚饭炒个鹅蛋吃。（流口水，把鹅蛋抱回家）

场景：猎人家。

（猎人抱住鹅蛋，鹅蛋裂开了，钻出来一只刚出生的大鹅。大鹅第一眼看到的是猎人，于是……）

大鹅：妈妈！

猎人（惊喜）：我当妈妈了！（又低头扶额）我脑子进水了。这些小鸡、小鸭什么的，都爱把出生第一眼看到的活物当成母亲，这叫作印随行为，是为了获得食物供应和妈妈的庇护，得了，这是把我当成它的妈妈了。

大鹅：妈妈！

猎人：哎，你别管我叫妈妈，我不是你的妈妈！

大鹅：妈妈！（一直跟着猎人）

猎人：算了算了，（转念一想）既然它把我当妈妈，嘿嘿，那我就像妈妈一样把它养得白白胖胖，这样才好吃嘛。吃不成炒鹅蛋，吃个炖大鹅也不错呀。（搓手流口水）

（猎人给大鹅喂饲料）

大鹅：谢谢妈妈！

猎人：嘿嘿，小宝宝，你要吃多点，快快长大，长得肥肥胖胖的，这样才更好吃！

大鹅（举着奶瓶懵懂无知）：好吃？

猎人：不，不，好看，好看！

（于是猎人给大鹅喂饭、喝水，把它照顾得十分周到）

大鹅（猎人劈柴）：妈妈我来帮你！

猎人：不不，劈柴这样的体力活会消耗你的脂肪，快去躺着吧！

大鹅（猎人刷锅）：妈妈我来帮你！

猎人：不不，刷锅这样的家务活会减轻你的体重，快去躺着吧！

（猎人在劈柴、刷锅的同时，架好锅、添好柴）

大鹅（内心）：妈妈对我真好，什么都不用我做，我每天吃了睡、睡了吃，越来越肥了。

猎人（内心）：哼哼，越肥才越好吃！

猎人：来，上个秤，让妈妈看看你长胖了没有。

（大鹅称了体重，猎人很满意，拿出猎枪）

猎人：这个呀，叫照相机，你站在这里，妈妈给你拍个照。

（猎人用猎枪瞄准大鹅，准备开枪，这时音乐《我是一只小小鸟》响起，大鹅跳起舞，猎人瞄来瞄去瞄不准）

大鹅：妈妈，我跳舞好看吗？你帮我拍照了吗？

猎人（生气）：拍照不能乱动！像这样（猎人把枪拿给大鹅），拿好，像这样站在这里（猎人站在远处示范不动），你就站在……

（猎人还没说完，大鹅开枪，猎人艰难地躲过子弹）

大鹅：是这样吗？妈妈，我给你拍照了吗？

猎人（生气地夺过枪扔在地上）：拍照拍照，我差点拍个大头照，不拍了！

大鹅（不解）：为什么呀妈妈，我给你拍得不好吗？

猎人：乖乖，咱们不拍照了，妈妈带你去洗澡。

猎人（把大鹅领到铁锅旁边）：你跳进这个锅里，妈妈给你烧水洗个热水澡。

大鹅：什么是洗热水澡？妈妈。

猎人：热水澡啊，是每个大鹅都必须经历的一个仪式，哦不，咱们大鹅，管这个热水澡叫铁锅炖大鹅。

大鹅：铁锅炖什么？

猎人：大鹅！

大鹅：什么炖大鹅？

猎人：铁锅！

大鹅：铁锅什么大鹅？

猎人：炖！！

大鹅：哦！

大鹅（向铁锅走了两步，又回头问）：铁锅炖什么？

猎人（气急败坏）：大鹅！炖大鹅！说了多少遍了，铁锅炖大鹅！一天天的哪来这么多问题。看我，这样，跳进锅里。

（猎人跳进锅里）

猎人：看见没？放葱花！

（大鹅往锅里撒了一把葱花）

猎人：倒水！

（大鹅往锅里倒了水）

猎人：点火！

（大鹅点燃了木柴）

猎人：老铁们，我给大家表演一个铁锅炖自己！（回过神来）铁锅炖自己？啊啊啊啊啊啊啊，烫烫烫，烫死我了！

（猎人从锅里跳出来，生气地从书架上一顿找，找出一本菜谱，翻页，塞给大鹅）

猎人：你！照着书上做！

大鹅：首先，在滚烫的开水里放入葱花（大鹅放葱花），然后放入土豆（大鹅放土豆），接下来，放进一只大鹅，但是妈妈，大鹅在哪里？我们没有大鹅。（低头看看自己，震惊）我就是大鹅？（害怕又沮丧地吞口水）我知道了，我亲爱的妈妈要是想吃铁锅炖大鹅的话，我愿意。（大鹅一步一步走进锅里，回头，向猎人挥手）再见了妈妈，我依然爱你。

（这时，往事一幕幕地在猎人的脑海里回想，看着大鹅一步步地走向烧开的锅里，猎人忽然于心不忍）

猎人：等等！（猎人一把揪住大鹅）我突然不想吃铁锅炖大鹅了。（把大鹅扔向门外）你走吧，我不想再看见你。

大鹅（哭泣）：妈妈，你不要我了吗？

猎人：别叫我妈妈！我根本不是你的妈妈！你看看你，你需要会教你游泳的妈妈，我不会游泳！你需要会教你捉鱼的妈妈，而我只会打猎，用枪打像你这样的大鹅！快走！走啊！

（大鹅哭着离开了猎人的家）

（这时，电闪雷鸣，下起了暴雨。猎人看着窗外的大雨，忍不住担心起大鹅，担心它在外面过得不安全，找不到食物，被别的猎人捉到。终于，猎人经不住内心的煎熬，冲进雨中）

猎人：大鹅！大鹅你在哪？妈妈错了！妈妈不应该不要你！快回来吧！大鹅！

（躲在荷叶下避雨的大鹅，扑进猎人的怀抱）

（猎人带着鸭子游泳圈，快乐地教大鹅游泳。这时飞来真正的大鹅妈妈，大鹅看看妈妈看看猎人，明白了谁才是真正的妈妈）

（大鹅跟着妈妈飞走了）

猎人（失落地喃喃自语）：好好！

（大鹅忽然飞回来，在猎人的脸上亲了一下，然后，真的飞走了）

科技为民,助力抗疫

(剧作者:闫夏)

打竹板,响连天。
我们给大伙问个好:
一问口罩带了没?
二问双手洗了没?
三问出远门了没?
四问防疫做好没?
万众一心,众志成城,同战疫!
对对对,同战疫!

二零二零不寻常,新冠病毒突来袭。
假期不断被延长,战争悄悄在打响。
全国人民即迎战,开始生死阻击战。
医护人员冲在前,党员干部不落后。
人民群众筑防线,中国精神随处见。
灾难凝聚人民心,九州上下共砥砺。
嘿嘿嘿,九州上下共砥砺!

今天不把别的讲,细将科学抗疫表。
战疫最有力武器,当数科学精神强。
国之脊梁钟南山,医者仁心最可贵。
巾帼英杰李兰娟,危境勇士陈少将。
一声号令风雷动,坚定理想与信念。
逆行身影无所惧,焚膏继晷恒穷年。
疫情之下谣言起,科学防控是关键。
偏方迷信阴谋论,专家及时来澄清。
科学研究有规律,需要时间来验证。

相信科学不要急,终有一日破难题。
灾难面前存理性,科学传播安民心。
嘿嘿嘿,科学传播安民心!

科学精神作武器,科技力量助抗疫。
无人机喊你回家去,机器人快递好帮手。
疫情追溯大数据,病毒来源查得清。
线上问诊智能化,在线诊疗服务好。
5G通信速度快,疫情消息及时传。
全球疫情实时更,心里有数不慌张。
如今复工又复产,出行保障健康码。
戴好口罩勤洗手,牢记防疫常态化。
锻炼身体强体魄,提高素质最重要。
新科技,新战役,敬畏知识与生命。
零感染,零新增,科学防疫不能少。
创新战疫黑科技,知识赋能更从容。
乌云过后是晴天,共赏樱花盛开时。
嘿嘿嘿,共赏樱花盛开时!

疫情如同下命令,防疫就是身上责。
青山一道共云雨,与子同袍负重行。
中国速度惊人世,中国精神撼人心。
打赢中国阻击战,共建命运共同体。
中国加油,世界加油,科学抗疫战必胜。
战必胜!

我 的 家 乡

(剧作者:张安琪)

人物:

杨树林——戴着大金链子、墨镜,夹着公文包,看起来像暴发户的样子。

薇薇——成功的带货女主播。

记者A、记者B、摊主A、摊主B、路人若干。

场景:商场,举办农产品直播带货节,摆满各种小摊位和农产品。

杨树林(一边走到摊位前,一边指着试吃品小声问):不要钱的是吧,哎,再给我一个。(大声地打电话,边打电话边试吃)两千万算什么,我这么大的老板在乎这点钱吗?我的目标是让中国每个人都能喝上我们右玉产的中华沙棘茶!我的沙棘茶,采用天然野生沙棘嫩叶经制茶工艺加工而成,含有大量的氨基酸、维生素、微量元素、胡萝卜素、蛋白质、有机酸、叶绿素等营养和活性成分。什么?听不懂?这样,维生素C你知道吧,沙棘叶的维生素C含量是白菜的4倍,是芹菜的5倍,是番茄的7倍,是西瓜的28倍,能降血脂、降血压、降血糖,能抗疲劳、抗衰老、抗氧化……喂喂,怎么挂了?

(这时,商场人群中传来一阵骚动:快看,现在全网最火的带货一姐薇薇来啦,听说她这次是为了回馈家乡,特意回来参加这次的农产品直播带货节,给咱们的山西小米、山西陈醋、玉露香梨之类的山西品牌直播带货呢)

(杨树林挤上去看,却屡次被人群推开)

记者A(采访):薇薇小姐,您作为中国目前最顶流的带货主播,平时接单的都是国际一线品牌,这次您为什么会放弃和大牌的合作,来为我们农产品带货呢?

薇薇:因为这里是我的家乡,我也是从这里走出去的。

记者A:我记得您是咱们山西省右玉县人,那里原来可是个不毛之地啊。

薇薇:是的,因为右玉县处在毛乌素沙漠的边缘,是风沙之口,在我小时候的记忆里,可以说是一年一场风,从春刮到冬,白天点油灯,黑夜土堵门,风起黄沙飞,十年九不收。

记者A:但是您离开的这些年,右玉县的变化可大着呢。这么多年来,历任县委书记带着全县干部群众坚持不懈地植树造林,防沙治沙,一代接着一代干,植备覆盖率达到了53%,把不毛之地变成了塞上绿洲呢!据我所知,您的父亲也是一名干部吧,可以给我们讲讲您父亲的故事吗?

薇薇：我的父亲，只是一名普通的村支书，不过他常常告诉我，要想改变右玉的土地沙化，就要有树的保护，人要在右玉生存，树就得在右玉扎根。为此，他每年春天带领大家栽树，到了中午也不回家，吃点自带的干粮就继续干活，记忆里，我的父亲总是带着他种树的铁锹。可惜，常年的劳作压垮了他的身体，父亲临走前还叮嘱我要好好学习，学了本事，让家乡变个样，现在我带着本事回来了，回来改变家乡。

记者A：您父亲那一代人迎难而上、艰苦奋斗的精神实在令人感动，薇薇小姐您在成名之后不忘家乡也非常令人敬佩，希望您今天的直播能够拓宽我们农产品的销路，推动乡村振兴。

薇薇：好的，谢谢你。还有一些时间，我来看看今天直播带货的产品都有哪些。

（薇薇四处观察产品，杨树林探头探脑地挤过来）

杨树林（激动）：大师姐，呀，太巧了，我……我你还记得不？

薇薇（冷淡）：你哪位？

杨树林：我，杨树林，你的师弟呀，咱们都是在右玉县沙坡头村小学上的学，嗨，您那个时候忙着学习了，可能不太记得我。

薇薇（低声）：听说现在社会上有种骗子，打着同学、老乡的旗号，假装跟你很熟，其实是为了坑蒙拐骗。

杨树林（继续热情地说）：有一年，咱们顶着漫天的大黄沙，同台表演舞蹈《采蘑菇的小姑娘》！

薇薇：哦，有你吗？我演的就是那小姑娘。

杨树林：我演的是一个蘑菇。

薇薇：哦。没什么事的话我就先走了，我还要看一下今天的产品。

杨树林：别呀，大师姐，你看我，师弟我就是做农产品的。（掏出一罐茶叶）你看我们公司的沙棘茶，由天然野生的沙棘嫩叶加工而成，清热止咳，活血化瘀。

薇薇：沙棘茶？没听过！

杨树林：大师姐，这可是好东西。哎，我看你有些起痘痘，喝了这个茶，对脸上痘痘的消退有很大帮助哦！

（薇薇嫌弃地翻白眼，快走几步试图摆脱杨树林）

杨树林（紧跟着还在自顾自地说）：我看你的皮肤也有些暗沉，喝我的沙棘茶，它含有丰富的维生素C，能够抑止皮肤中的色素和脂褐质堆积，清除黑色素和黑斑，让皮肤变得鲜嫩光洁！喝一杯试试吧大师姐！

（薇薇在一个摊位前突然停住脚步，杨树林差点撞了上去）

薇薇：哎呀，肚子有点饿了，你不介意请师姐吃一碗羊杂汤吧？

杨树林：当然不介意，再说一碗羊杂汤能贵到哪去！

摊主A：280元。

杨树林（吃惊）：280元的羊杂汤，你是放了虫草还是海参？

摊主A：都不是，我这碗羊杂，用的是正宗右玉羊肉，汤里加了浑源正北芪、大同黄花，手工熬制一天一夜，把精华都浓缩在了这碗汤里，汤味醇厚，再淋上正宗的山西老陈醋，你说值不值280元。

杨树林（咬牙切齿）：值。

杨树林（薇薇吃东西，杨树林继续推销他的茶叶）：师姐，来，喝喝这茶试试。

薇薇（岔开话题）：哇，这羊杂汤太好吃了，师弟，我再来一碗可以吗？

杨树林（强颜欢笑）：当然……可以……

杨树林（去结账）：刷卡，（一边尴尬地对薇薇说）习惯了出门不带现金。

（摊主A刷了好几次卡刷不上）

杨树林：还不行吗？你这读卡器老化了是不是？

摊主A：没有，我这读卡器就是再更新，它也读不了公交卡啊！

（薇薇忍不住笑了，杨树林尴尬。这时几个记者围过来邀请薇薇合影，薇薇要走，杨树林见状从鞋底摸出几百块钱扔给摊主A，又追上去）

杨树林：师姐，您看我这沙棘茶，一会直播能不能……

记者B：杨树林？你不是那个水果大王杨树林吗？

薇薇（吃惊）：水果大王？

记者B：对，就是他没错！他在海南卖水果成了大老板，赚了很多钱。回到家乡以后，他让进城打工的乡亲们都从城里回来，说自己掌握了一个新技术，能让大家一起挣钱，原本大家都不信，说这里风沙太大，哪能种出果树，可是，他说可以种沙棘。

杨树林（不好意思地摸了摸头）：我研究过很多树木，我们右玉年均气温低，昼夜温差大，一般的经济林树种很难生存。后来我发现沙棘耐寒、抗风沙，不仅可以固土，还可以在盐碱化、贫瘠的土地上生存，既能保持水土，使沙漠绿化，又能带乡亲们致富，一举两得呀，在右玉这片土地上，再合适不过了。

记者B：所以他省吃俭用，把挣的钱都投进去种植沙棘，可他万万没有想到由于种植技术的原因，失败了。不过后来，越来越多的人开始跟着他抗沙种树，沙坡头的风沙越来越小。今年，他种的沙棘终于丰收了！要是能把这些沙棘果都卖出去，就能把前几年的亏空还上喽。

薇薇（不可置信）：你确定是他吗？他明明看起来像个骗子。

记者B：虽然他爱说大话、爱吹牛，很多人都以为他是个骗子，可是他确实是一个不折不扣的好人呢，这不，（记者B拿出一沓资料）台里安排我给杨老板做专题人物采访呢，名字都起好了，叫《右玉精神的当代启示》。

（杨树林不好意思地推辞，这时远处一个摊位的摊主B走过来）

摊主B：杨老板，真的是您呀杨老板，多亏您带领我们种沙棘、卖沙棘果，今年丰收我们一家的收入将近5万元呢，这几天生意好，一天光卖沙棘汁就能赚四五百元呢，这可真是致富的金果果啊！我们一家已经告别贫困了！

杨树林：共同富裕，共同富裕，应该的，应该的！

摊主B：可是，您把沙棘果都留给我们，只拿走了沙棘叶，您的那些债务……能还上吗？

杨树林：我这不是听说，政府在大力发展山西药茶产业，这药茶是咱们中国传统医学宝库里的一个重要组成部分，咱们政府要把山西药茶打造成中国第七大茶，像什么连翘叶茶、黄芪茶、枣叶茶这些都属于山西药茶，我就想着这沙棘叶它也是好东西啊，也能制成药茶，所以，我这不是在四处推销我的沙棘茶嘛。

记者B：这样杨老板，您现在可以接受我们的专题采访吗？

薇薇：抱歉，他没有时间哦，我的直播马上要开始了，他可是要帮我在直播间介绍沙棘茶的。

（薇薇和杨树林相视一笑）

（大屏幕播放右玉精神宣传片）

我要出去玩

（剧作者：闫夏）

人物：小星（8岁）、爷爷、新冠病毒、蝙蝠、果子狸、穿山甲、医护人员（2名）。

故事梗概：居家一个月的小星，不听爷爷的劝告，哭闹着要出去玩，突然到了一个奇幻的世界，遇到了新冠病毒、蝙蝠、果子狸、穿山甲，还差点被新冠病毒感染，结果这一切都是一场梦。醒来后的小星还会想出去玩吗？

场景：小星的卧室。

小星（哭闹）：哇哇哇！

爷爷：小星呀，你怎么了？

小星：我要出去玩！

爷爷：乖，你跟爷爷说，你想去哪玩？

小星：唔……我想去爬山。

爷爷：呃……爷爷阳台上的盆景里就有山呐。

小星：我想去看大裂谷。

爷爷：这墙上有个裂缝你看像不像大裂谷。

小星：我……我想去看大瀑布！

爷爷：那就更简单了，到淋浴房水龙头一开，"哗哗哗"那就是大瀑布！

小星：爷爷，那不一样！

爷爷：宝贝，爸爸妈妈不是跟你说过吗，外面有病毒，不能出去。

小星：什么是病毒？

爷爷：病毒是世界上最小、最简单的生命体，我们尝不到它们、嗅不到它们，也看不到它们，只能用电子显微镜才能观察到它们。

小星：那外面的病毒长什么样？

爷爷：这个病毒的形状就像一个皇冠，所以我们称它为新冠病毒，谁不勤洗手，谁不戴口罩，它就要找谁。

小星：我快憋坏了，我要出去跟病毒玩！

（小星冲出卧室，到了一个奇幻的地方）

小星：这是哪儿？

新冠病毒：听说你要跟我玩！

小星：你就是病毒？

新冠病毒：准确地说，我是这次引起武汉疫情，并席卷全球的新型冠状病毒。

小星：你的样子真丑。

新冠病毒：敢说我丑！看我这些美丽的触角，不像国王头上的王冠吗？见到国王，还不赶快跪下！

小星：你让这么多人生病，你是个坏病毒！

新冠病毒：我本来寄居在野生动物的身上，不想打扰人类，可能是一些大人吃了那些野生动物，我就被带到了人类的身上。

小星：动物不是人类的好朋友吗？

新冠病毒：这我就不知道了。

蝙蝠（小声哭泣）：呜呜呜！

小星（找了一圈）：咦，你是蝙蝠吗？

蝙蝠：啊，别抓我！

小星：小蝙蝠，你别怕，我不会吃你的。

新冠病毒：这个蝙蝠就是我的宿主之一，被认为是这次疫情的源头。

蝙蝠：我是被冤枉的呀。自古以来，我们家族都象征着幸福如意和延绵无边，还有以万字和我们蝙蝠组成的图案，叫福寿万代，一直受到大家的喜爱，这一次我们却变成了病毒的源头，我真的很难过。

小星：是啊，我看到窗花上还有你的图案呢。

果子狸（上场）：别忘了我！我叫果子狸，那一年非典经过研究，人类的SARS病毒主要源于我们家族，我们遭到了大面积的捕杀，我的家人和朋友都不见了，现在想想还觉得可怕，但我真的是无辜的，是有人猎杀了我们并把我们送上了餐桌，我们也不想让人类生病啊！

小星：为什么大人们要吃小动物啊？

穿山甲（上场）：因为有些人觉得野生动物能治病。

小星：你是穿山甲吗？

穿山甲：是我，人类说我们的鳞片有药用价值，所以我的家族遭到了大面积的捕杀，从1990年开始我们就被列入了国际濒危野生动物，虽然此后人类制定了很多的法律来保护我们，但我们仍然面临着灭绝的危险。

小星：那你一定要保护好自己！

穿山甲：不但是我，我的好朋友野猪、蛇，特别是兔子，其实我们身上确实带有很多病毒，但是我们从来不会主动传给人类，可是他们说我们肉质鲜美，我们不断地被摆上餐桌，造成了疾病的传播。

小星：坏病毒，你为什么一定要寄生在动物身上！

新冠病毒：我天生只有简单的蛋白质外壳包裹着遗传物质，只能依靠其他生物的细胞繁衍后代。不过，我们的本事可大了，已经在地球上存活了数亿年，比你们人类出现的早得多！

小星：那你也不能到处乱窜啊！

新冠病毒：感染了我们的人，起初并没有觉得很严重，所以他们照常去上班、去逛街、去和朋友聚餐。春节来了，我们就跟随他们搭乘飞机、火车，去了更远的地方旅行，从一个地方去到了另一个地方，从一座城市来到了另一座城市。

小星：怎么会这样，那感染上你们会怎么样？

新冠病毒：我们通过触摸和唾液传播，被感染的人会出现头晕、发烧、咳嗽、呕吐的症状！

小星：我不怕你，妈妈说，只要勤洗手、戴口罩，就能抵挡住你们！咦，我的口罩呢？

新冠病毒（扑向小星）：你不是要跟我玩吗？哈哈！让你尝尝我的威力吧！

小星：啊！

医护人员：小心！

小动物们：是大人们，快跑！

（经过一番激斗，医护人员赶跑了新冠病毒）

小星：爸爸、妈妈？

医护人员：我们不是你的爸爸、妈妈。

小星：你们和爸爸、妈妈穿的衣服一样。

医护人员：我们都是战斗在抗疫一线的医护人员，你的爸爸、妈妈应该也是。

小星：叔叔、阿姨，你们会把病毒都赶走吗？

医护人员：会的，我们一直在努力。

小星：那些小动物们怎么办？我好心疼它们。

医护人员：它们都是大自然的居民，它们现在也很伤心。我们相信你会用你自己的办法保护好它们。

小星：用我的办法？

3 科学故事会　243

医护人员：是啊，小朋友，赶快回家吧，我们要去继续战斗了。

（医护人员离开，小动物们从藏身的地方走出来）

爷爷（画外音）：小星，快醒醒，起床啦！

小星：我要回家去了，保护好自己不给爸爸、妈妈、叔叔、阿姨们添乱，我也是战斗的一员。我们一定会打赢这场战斗，我也一定会想办法保护你们的！

小动物们：加油，小星！我们相信你。

小猴子流浪记

（剧作者：张安琪）

第 一 幕

场景：餐馆后厨。

人物：带铁链的小猴子、穿着白色厨师服的厨师、顾客。

时间：除夕前夕。

旁白：一边是春节前喜庆的气氛，另外一边是一只小猴子被关在笼子里，非常惊恐地望着周围。

这只小猴子被关在这里已经好几天了，它原本是森林里一只自由自在的猴子，可是前几天在觅食的时候，它实在太馋了，吃了人类给的水果，结果就被捉走带到了这里。它不知道这是哪里，但是它天天都会听到同伴痛苦的惨叫声，它非常害怕，它想回家，想回到森林里。

小猴子（哭泣）：呜呜，我好想妈妈，我想回家。它们说在这里会被人类吃掉，下一个被吃掉的会是我吗？呜呜。

画外音：老板，又有客人点猴脑。

厨师：好嘞，这就来。

（这时，一个穿着白色厨师服的人，一步步走近笼子，小猴子非常害怕，在笼子里四处逃窜，因为它的同伴都是这样被带走的。厨师抓出小猴子正准备挥刀向它砍去，就在这时，餐厅外面传来了嘈杂的声音）

顾客：老板，有个客人突然晕倒了！

顾客：他好像在发高烧，快打120！

厨师放下猴子，急匆匆地跑向外面去看情况，死里逃生的小猴子愣了一会，赶快逃走了。

第 二 幕

场景：马路

人物：带铁链的小猴子、带项圈的哈士奇、大橘猫。

时间：春节前后。

旁白:小猴子从餐馆里逃出来,发现外面是一个完全陌生的世界。周围是一望无际的高楼大厦,面前是川流不息的马路。小猴子茫然地站在街头,不知道该往哪里走。它想先到马路对面去,离这家餐馆远一点。

(小猴子向对面走去,这时一辆汽车疾驰而来,眼看就要撞到小猴子,就在车要撞到它的那一瞬间,一只手把小猴子拉了回来,原来是一只哈士奇)

哈士奇:你不要命啦,过马路也不躲着汽车!

小猴子:马路,什么是马路,是给马走的路吗?什么是汽车?

哈士奇:当然不是!马路是给汽车走的,汽车是人类的代步工具。(哈士奇挠头,疑惑)我也不知道为什么叫马路,我没有见过马。

小猴子:你没有见过马?我们森林里有好多马呢!(沮丧)我想回森林,你知道怎么走吗?

哈士奇:森林?我只从电视上看到过,我从小就生活在这里,没有去过真正的森林。这里是人类的世界,你怎么会来到这里呢?

小猴子(害怕地指了指餐馆):我是被捉到这里的,差点被吃掉。

哈士奇(同样害怕):我的小伙伴也有被捉到这里的,它们……不好,有人来了,快躲起来。

它们躲在一个安全的角落里,小猴子扯掉身上的铁链。

小猴子:勒死我了。(看到哈士奇的项圈)咦,你也是被人类带上铁链的吗?我来帮你。(小猴子要去扯哈士奇的项圈,哈士奇躲开了)

哈士奇:我……不要……我……觉得……挺好看的……我愿意带着……

小猴子:对了,你怎么会在这里呢?你也是被捉到人类的世界的吗?

哈士奇(犹豫了一下):我……我就是在人类的世界里出生的,我原本以为,这也是我的世界。

(咕咕咕,小猴子的肚子响了。它摸了摸肚子,已经很久没有吃东西了,它很饿)

哈士奇:你饿了吗?我带你去找些吃的。

(它们来一个垃圾桶前)

哈士奇:人类管这个叫垃圾桶,可是对于我们流浪狗来说,这里是天堂。这可是我们在城市里唯一能找到食物的地方呢!

小猴子:垃圾桶?没听说过,我们森林里的动物都在树上、河里、草丛里寻找食物。

哈士奇(钻进垃圾桶里一阵翻腾,抬起头来):运气不错,我找到一根大骨头。小猴子你要吃骨头吗?(小猴子摇头)哦,你不吃骨头,你们猴子喜欢吃水果,(又一阵翻腾)一个苹果核……香蕉皮……哎!太好啦!有一根完整的香蕉!只烂了一半!(哈士奇把这些东西拿给小猴子)不错哦,今天找到的食物很多。

小猴子(有些迟疑地接过,勉强地吃起来):在我们森林里,能找到好多好多新鲜的果子呢!

(就这样小猴子和哈士奇开始了流浪的生活。它们白天躲避人类,翻垃圾桶找东西吃。晚上躲在屋檐下睡觉,冬夜的冷风吹的它们瑟瑟发抖,它们蜷缩在一起取暖。可奇怪的是,街上的行人忽然都戴起了口罩,而且行人变得越来越少,店铺一间一间关闭。直到有一天,它们发现街上一个行人都没有,两旁的店铺也全部关闭,它们不需要再躲避人类,可以大摇大摆地走在马路上)

小猴子:这是怎么回事?人类都去哪里了呢?

哈士奇:我也不知道,要是可以看电视就知道怎么回事了,我好久没有看过电视了。以前我可以从电视上看新闻呢!

(这时,它们听到一阵哭泣的声音,寻着声音找去,发现一只大橘猫。大橘猫蹲在一个纸箱里,抱着一个毛绒娃娃,脖子上也带着项圈)

小猴子:你是谁?你怎么会在这里?

大橘猫:呜呜,我叫大橘,我被我的主人遗弃了。

哈士奇(突然愤怒):你也被丢掉了?

大橘猫:最近有一种叫新冠的病毒,人类说猫咪可能会传播病毒,所以我的主人下楼丢垃圾的时候,顺便把我也丢掉了!呜呜!他觉得我是垃圾!!

哈士奇(安慰它):别难过了,至少你的主人还给你留下了你最喜欢的玩具不是吗?(又补充一句)而且你还有一个纸箱。

(大橘猫哭得更伤心了,抬头看哈士奇,发现了它的项圈)

大橘猫:你有项圈,你也是被丢掉的吗?

哈士奇(暗淡地低下头):没错,我也是被主人丢掉的。他嫌我整天撕家,咬坏了很多家具,还嫌我的叫声大、吵闹。可我是雪橇犬,我本来就是需要大量的运动啊,这些他在养我之前不知道吗?既然这样,为什么还要养我,又把我丢掉呢?

(小猴子安慰哈士奇,这时大橘猫的肚子咕咕叫起来)

大橘猫:呜呜,我的肚子好饿,我已经5分钟没有吃东西了。

哈士奇:5分钟?等等,你是说,你是刚被扔掉的吗?或许,我们可以送你回家。

第 三 幕

场景:一间屋子,门口搭了一个小饭桌。

人物:小猴子、哈士奇、大橘猫、小朋友、医生妈妈。

旁白:哈士奇顺着气味来到了一栋大楼前。

哈士奇:我只能找到这里了,这里的气味太多了,我的鼻子分辨不出来。大橘,你还记得你住哪一层吗?

大橘猫(摇头):我不知道,我从来没有出过门,第一次出门就是被丢掉。

小猴子:管他呢,我们随便找一家碰碰运气呗。

(于是它们坐上电梯,随便按了一个楼层,试探着敲门,开门的却是一个小朋友)

哈士奇:那个,请问……

小朋友(两眼放光):小狗狗!我最喜欢狗狗了!

(小朋友紧紧抱着哈士奇,哈士奇艰难地挣脱开)

哈士奇:小朋友,或许,你认识这只大橘猫吗?它迷路了。

(小朋友表示疑惑)

哈士奇:其实,我们都被主人抛弃了,我们想帮大橘猫找回它的家,找回它的主人,你可以帮我们吗?

小朋友:被抛弃了吗?你们可以留在我家呀!小猫,我这里有小鱼干,你要吃吗?

(小朋友拿来小鱼干,大橘猫开心地吃了起来)

大橘猫:我们留在这里好吗?这里有小鱼干吃。

小朋友:我每天都自己一个人在家写作业,太无聊了,你们留下来陪我嘛。

小猴子:你一个人吗?你妈妈呢?

小朋友:我妈妈去上班啦,她可忙啦,回家只待一小会又要去上班啦。

(这时候传来敲门声)

小朋友:妈妈!是我妈妈回来啦!

(可是令它们奇怪的是,小朋友先戴上了口罩,才去开门,开门后他的妈妈并不进来,只是站在门口和小朋友说话)

(小猴子看到却恐惧起来,原来小朋友的妈妈穿了一件白色的大褂,这让它想起了举起刀的那个厨师。小猴子拉起朋友们想逃)

哈士奇(拉住它):别怕,别怕,这位是医生,不是厨师。

小猴子:医生?是做什么的?

哈士奇:是治病救人的。

小猴子(疑惑):治病救人,医生是好人吗?

小朋友:妈妈,我给你煮了面条。

(小朋友端来了面条,妈妈隔空摸了摸小朋友的头)

小猴子(疑惑):小朋友为什么要戴口罩,妈妈为什么又远远地站在门口,不进来呢?

大橘猫:我知道!我看电视上说,这次的新冠病毒主要靠飞沫传播,所以要戴口罩保护自己,医生在医院工作,怕携带病毒传染给小朋友,所以才要离得远远的呀!

(小猴子和哈士奇突然离大橘猫远远的)

大橘猫(生气):都说是谣言啦!只有人传人,没有猫传人!猫咪是安全的!

(妈妈一边坐在门口的简易小饭桌旁吃饭,一边询问小朋友作业做完了吗?学习了吗?让他照顾好自己,两个人隔着门对话)

(小猴子看到这一幕眼眶湿润了,它也想自己的妈妈)

小猴子:我想回家了。

哈士奇(有些犹豫但又下定决心):我陪你去找你的家。

小猴子:不要啦,你一直舍不得丢掉你的项圈,我知道你也想有个家,流浪的日子太难过了,经常饿肚子,晚上被冷风吹的时候有一块温暖的小毯子该有多么舒适呀。你放心,我可以自己找到回家的路。你们在新家里要幸福哦!

(它们挥手告别)

小猴子(内心):同样是白色的衣服,有的人是夺走动物生命的恶魔,有的人却是救死扶伤的天使。有的人把曾经心爱的宠物无情遗弃,有的人却又愿意无私地给动物们一个避风的港湾。人类的世界真是复杂。

第 四 幕

场景:马路。

人物:小猴子、小马、鹿、其他动物。

旁白:小猴子与哈士奇和大橘猫告别,又回到马路上。

(再次回到马路上的小猴子吃惊地发现,马路上不仅有马,还有鹿,还有其他的动物,它们正悠闲地在马路上散步)

小猴子:小马哥哥!

小马:这不是小猴子吗?你怎么在这里,你妈妈在到处找你呢!

小猴子:我……我也不知道怎么被带到了人类的世界。小马哥哥,这是怎么回事,你们怎么跑到人类的世界来了?

小马:这哪是人类的世界,我们也可以来散步啊,只不过之前人类太多了,为了安全,我们不敢出来,最近我们发现人类躲起来了,我们就可以出来溜达溜达啦。你快和我们回家吧,你妈妈急坏啦。

小猴子(跟着小马哥哥回家,内心独白):这究竟是人类的世界,还是动物的世界?或许是我们共同的世界。

战 疫

(剧作者：闫夏)

人物：

安安——援鄂医生，曾在武汉读研。

金姐——护士长。

李主任——安安的研究生导师。

阿婆——新冠肺炎患者。

第 一 幕

场景：医院前台。

安安：唉……

金姐：安安，叹什么气啊！

安安：我下了那么大的决心千里迢迢来到疫区，结果只让我在前台问诊，我一身所学无用武之地呀！

金姐：别抱怨了，抗疫战线上每一个岗位都是重要的，还有好多护士被安排到了社区做宣传，你说她们的工作不重要吗？快把新发的防护服穿上吧。

安安：这不就是雨衣吗？

金姐：现在医疗物资紧缺，医院要根据感染风险、疫情严重性、病患类型等来分配防护服，我们要尽量减少浪费，把好的资源留给病区。

阿婆：咳咳咳……请问，药房是往这边走吗？

安安：阿婆，您怎么咳得这么厉害。

阿婆：我这几天老是干咳，估计就是感冒了，咳咳……药店里的感冒药没了，让我来医院拿……

安安：您除了干咳，还有什么症状？

阿婆：没有啊……就是……没力气，味觉和嗅觉好像也不如以前好了……

安安：阿婆，这边需要您做个体温检测！

阿婆：有必要吗？都怪忙的！

金姐：阿婆，您就配合一下吧！

安安：37.9摄氏度，低烧！

阿婆：我没事，我连喷嚏都没打呢，就是个小感冒而已……

安安：您在发烧！干咳、发烧、丧失味觉和嗅觉、呼吸困难……这些都是新冠肺炎的典型症状，您必须要立刻做核酸检测！

阿婆：我哪有这个时间啊，马上就要除夕了，我的孩子们还在等着跟我吃团圆饭呢，就是个小感冒没事！

安安：不行！您一定要去检测！老人是高危人群，70岁以上的新冠肺炎患者死亡率为8%！

金姐：安安，你别着急！阿婆，我能理解您，临近春节了，老人都盼望着儿女回家团圆，谁想到医院里来呀！但是万一自己已经是感染者了，这样只会把病毒传染给我们最亲最爱的人呀！

阿婆：好……好吧。

安安：阿婆，我们这边有专门的发热门诊，我带您过去。

第 二 幕

场景：医院前台。

李主任：金护士长！

安安：李主任！

金姐：你们认识？

安安：李主任是我最尊敬的医学院研究生导师，我就是因为他才报名支援武汉的，没想到今天见到您了！

李主任：昨天的那位阿婆就是你送过来的吧？

安安：她怎么样了？

李主任：已经确诊了。金护士长，病房人手紧缺，你和安安都过来帮忙吧，记得给她做防护服穿脱培训。

金姐：安安，走，我们领防护服去。

场景：更衣室。

安安：穿戴防护服的第一步是保证手的卫生；第二步是戴一次性帽子；第三步是戴医用防护口罩；第四步是戴里层的一次性乳胶手套；第五步是戴护目镜，穿防护服。

金姐：不错，记得很清楚，别忘了还要戴外层的一次性乳胶手套。

安安：啊！这是什么？

金姐：是面粉。你要把面粉当作病毒，现在开始脱防护服，不要让面粉接触防护服以外的地方……

安安:这也太难了吧！（缓慢脱下,每脱一件都进行手消毒）

金姐:好啦！考核完成！这个给你！

安安:这是什么？成人纸尿裤？金姐,我不需要啦！

金姐:穿上吧！防护服的胶是一次性的,上岗时如果去厕所,就需要重新穿脱一遍防护服,不但浪费时间和资源,稍有不慎还极易造成污染,相信我,你会需要的。

安安:难道大家都是穿着成人纸尿裤工作？

金姐:嗯,为了降低感染概率,节省防护服,我们只能努力克服自身的生理需求。

安安:金姐……我穿！

第 三 幕

场景:隔离病区。

旁白:核酸检测结果阳性！立即隔离,通知疾控中心,调查病患的密切接触史。患者呼吸骤停,立即进行胸外按压！

李主任:金护士长,跟我去把这个危重症病人安排一下！

金姐:好！

李主任（对安安说）:你也不要愣在那里,昨天送过来的阿婆情况不太稳定,你过去看着点！特别要关注老人的心理状态,你也知道新冠肺炎目前没有特效药,我们的治疗方案都是以辅助性为主的,患者本人对生命的希望至关重要！

安安:您放心,我一定会努力去做的！

李主任:好！那这个重任就交给你了！

（安安走到阿婆的床边）

安安:阿婆,您今天感觉怎么样？

阿婆:我感觉喘不上来气……全身……乏力……唉,人老了,得了这样的病哪还有希望啊……

安安:阿婆您要有信心,这些日子陆陆续续有了一些老年人治愈的病例。

阿婆:我知道你们想说什么,不用了,我都懂,去照顾那些更有需要的病人吧！

安安:我知道您在想什么,您在想您的小外孙对不对？

阿婆:想有什么用,整个城都封了,他们又回不来……

安安（掏出手机）:谁说那就见不到了？您看这是谁！我找到您入院时登记的联系人电话,也就是您的女儿,我加了她的微信……

女儿（视频中）:妈,您感觉怎么样？

孙子（视频中）:外婆！

阿婆（激动）:浩浩！

孙子：外婆，我今年考了班级第一名！

女儿：妈，您一定要快点康复，一解封我们就来看您！

阿婆：不行不行！解封了也先别来，太危险了，你们可不能回来。妈没事，身体好着呢，医生照顾得也好，你们不用惦记我……

孙子：外婆！我们爱您！

（阿婆和家人视频，安安默默走开，靠在病房门外，想起了自己的爸爸、妈妈）

画外音（安安援鄂出发前跟爸妈争吵）：

  爸爸：这事你想都不要想！你还这么年轻，为什么要把自己的性命搭上？

  妈妈：安安，听爸爸的话，快去跟医院说说，咱们不去了。

  爸爸：走了我就不认你这个女儿了！

  妈妈：安安，千万别犯傻。

安安：来了这么多天了，爸爸、妈妈给我打了好几通电话，我怕他们责骂我，一直都没有接听，爸爸、妈妈一定气坏了吧，就算是训斥也好，我真的好想他们啊……（安安拨出视频）爸爸……妈妈……

妈妈（急切）：安安！你怎么样？

安安：我……一切平安！

妈妈：平安就好！平安就好！

爸爸（担忧）：一定要保重身体！

妈妈：那边冷不冷啊，你走得急也没多带衣服，一定要按时吃饭……

爸爸：一定要注意防护，做事千万不能马虎！

妈妈：爸爸、妈妈等你回家……

安安：爸……妈……我爱你们。

（金护士长跑上场）

金姐：不好了！李主任被感染了！

安安：什么？连李主任都？

金姐（哭）：没用的！连李主任都感染了，这病毒太可怕了！我们根本就无法战胜它！

安安：你别这样，病人们都还在等着我们去医治他们，我们不能退缩啊，振作起来！李主任现在在哪儿？

金姐：在……在隔离病房。

安安：走，我们去看看！

第 四 幕

（李主任跳了一段新疆舞）

安安(惊讶):李主任,您怎么不在病床上休息?

李主任:谁说感染了就要卧床不起,我吃了很有营养的午餐,还睡了个充足的午觉,有个新疆的病友正带着我们跳舞呢!活动一下筋骨,还能锻炼肺功能,这样才能更好地增强免疫力,战胜病毒!

安安:李主任说得没错,我们经常劝患者不要被病毒吓倒,要保证营养、保证休息,也要适当运动,可到了此时,怎么一慌乱就忘到脑后了呢?

李主任:这次的病毒是很可怕,我们也是第一次与它交手,但更可怕的是我们被它吓倒,失去了必胜的决心。记住!我们是医生!竭尽全力救治病患是我们的使命,我们要坚定信心,才能带领患者一起战胜病毒!接下来就拜托大家了!

安安、金姐:是!请您放心!

阿婆(上场):请问,这边是跳广场舞的吗?

安安:阿婆,您怎么起来了!

阿婆:没事儿,我感觉好多了!我听说这边能跳广场舞,我在我们小区可是广场舞一姐,需要我领舞吗?

金姐:需要需要!

(众人跳舞)

(落幕)

(黑暗中,脱防护服的声音)

安安:金姐,我变得好丑啊……

金姐:正常啊,我已经习惯了。

安安:原来你也变这么丑了!

金姐:你个死丫头说什么呢!还是你比较丑!

安安:哈哈哈,是谁刚刚说都习惯了来着……

种子的旅行

（剧作者：常佳）

人物：苍耳、莲子、蒲公英种子、蒲公英妈妈、风儿姐姐、龙卷风、小白兔、蜘蛛哥哥。

故事梗概：本剧讲述了一粒蒲公英种子，因为觉得自己太渺小，没有勇气离开蒲公英妈妈的花托。最后在蒲公英妈妈的鼓励下，它开始了自己的旅行。途中有凶猛可怕的龙卷风，有可爱善良的小白兔以及热心助人的蜘蛛哥哥。历经艰难，她却能逆风飞扬。最终这粒蒲公英种子成功地找到了自己喜欢的土地，扎下根来，努力生长。这一段奇幻之旅，它不仅收获了友情，还懂得了爱与感恩。

第一幕：种子起航

场景：郊外的湖泊边，丛林旁。

（音乐：欢快的音效）

苍耳：嗨，小朋友们，你们好呀。

莲子：咦，你这个身披盔甲的怪物，你是谁呀？

苍耳：我是苍耳种子，这身坚硬的盔甲，可是妈妈送给我最好的礼物，有了它，没人敢欺负我，有了它，还能周游世界呢。

莲子：我也要去周游世界呢，我很快就要跟着水花妹妹一起去漂流，漂向我喜欢的地方。

苍耳、莲子：蒲公英种子，那你想去哪里呢？

蒲公英种子：我……我……我还没想好呢，我还太小了。

苍耳、莲子（嘲笑蒲公英种子）：嘿嘿嘿嘿！

苍耳：嘘，有人来啦，再见了，亲爱的朋友，我要坐上这趟"出租车"去周游世界啦。

莲子：水花妹妹，你快来呀，我们一起去旅行吧。

场景：湛蓝的天空。

（音乐：伤感的音效）

旁白：看着离开的朋友们，蒲公英种子感到很孤独，它伤心地抽泣起来。

蒲公英种子：呜呜呜……

蒲公英妈妈：宝贝，你怎么了？

蒲公英种子:妈妈,我怎么这么小?

蒲公英妈妈:傻孩子,你虽然小,但你却是天生的空气动力学家,你有别人没有的本领呢。

蒲公英种子:什么本领呀?

蒲公英妈妈:你像一把小伞,有风吹过时,你就可以飞喽。

蒲公英种子:妈妈,可……可是我害怕。

蒲公英妈妈:宝贝,你已经是粒成熟的种子了,你可以飞到自己喜欢的地方,建一个属于自己的家。

蒲公英种子:妈妈,那我去哪里都行吗?

蒲公英妈妈:记住,别落在金光闪闪的地方,那是沙漠,别落在银花朵朵的地方,那是湖泊,只有泥土,才是你生长的地方。

蒲公英种子:妈妈,我记住了。那风儿姐姐什么时候来呢?

蒲公英妈妈:让我们耐心等等吧。

(微风起,风儿上场,舞蹈)

风儿:蒲公英种子,我是风儿,我们一起去旅行吧。

蒲公英种子:妈妈,妈妈,我还是有点害怕。

风儿:别担心,有我在,你就能飞起来了。

蒲公英妈妈:亲爱的宝贝,勇敢一点,飞吧。

(风儿、蒲公英种子共舞)

蒲公英种子(欣喜):妈妈,你快看,我会飞,我会飞啦。

风儿:再见啦,蒲公英妈妈。

蒲公英种子(伤感):再见啦,妈妈。

妈妈(伤感):再见啦,我的孩子。

第二幕:种子历险记

旁白:这粒蒲公英种子终于会飞啦,它乘着风儿飞过河流、飞过丛林、飞过鲜花遍野的地方,它惊喜地发现,原来外面的世界那么美丽,正当它陶醉其中的时候,突然,它感到一阵头昏目眩。

场景:乌云密布,狂风。

(音乐:龙卷风的音效)

蒲公英种子:风儿姐姐,你在哪里?

风儿:蒲公英种子,我在这儿。

龙卷风:哼哼哼,你这个小不点儿,别挣扎了,你知道我是谁吗?

风儿、蒲公英种子：你……你是谁？

龙卷风：我就是能让海浪翻滚的龙卷风，只要我轻轻一吹，就能把你吹到千里之外。

龙卷风：超级龙卷风，哼哈。

（龙卷风带走了风儿姐姐）

蒲公英种子：风儿姐姐，救命呀。

（音乐：欢快的音效，小白兔上场）

小白兔：你终于醒了。

蒲公英种子：你是谁？

小白兔：别害怕，我是小白兔。你掉到了我的屋顶上，我把你救了下来。

蒲公英种子：谢谢你，小白兔。呜呜呜……

小白兔：蒲公英种子，你别哭呀。

蒲公英种子：我……我……我想妈妈了。

小白兔：你的妈妈呢？

蒲公英种子：妈妈说，我已经长大了，可以去找自己的家了。

小白兔：你要去哪里安家呢？

蒲公英种子：妈妈说，泥土才是我的家。

小白兔：你看，楼下那里就有泥土。

蒲公英种子：可我飞不起来呀，只有风吹来的时候，我才能飞起来。

小白兔：嗯，风！有办法了。

蒲公英种子：什么办法？

小白兔：我打喷嚏的时候就有风，你站在这儿，我对你打一个喷嚏不就能飞下去了吗？

蒲公英种子：那真是太好了，可……真的可以吗？

小白兔：你闭上眼睛，阿嚏……

蒲公英种子：小白兔，我飞起来了。

小白兔：蒲公英种子，你去找你的家吧，再见啦。

蒲公英种子：谢谢你，小白兔。

第三幕：乘风破网

旁白：蒲公英种子看着不远处美丽的青草地高兴极了，它在半空中闭着眼睛跳起了舞。可当它睁开眼睛的时候，不好的事情发生了。

（音乐：紧张的音效）

场景：草丛上的蜘蛛网。

蜘蛛：喂，你是谁？怎么霸占了我的大床？

蒲公英种子：你是谁？

蜘蛛：我还想问你是谁呢？

蒲公英种子：你不告诉我你是谁，我怎么知道你是谁。

蜘蛛：好啦好啦，别说绕口令了。我是人见人怕、勇敢威猛的蜘蛛侠。你是谁？

蒲公英种子：我是蒲公英种子，我不小心掉到了你的网上。

蜘蛛：快下来，这可是我好不容易才织起来的，你可不要给我弄坏了。

蒲公英种子：蜘蛛哥哥，不好意思。我现在就下来。哎呀，哎呀，你的网把我粘住了。

蜘蛛：那可怎么办？

蒲公英种子：你会制造风吗？有风的时候我就可以飞起来了。

蜘蛛：那等风吹过，你就可以飞起来了。你听，有风吹过来了。

蒲公英种子：风太小了，我飞不起来。

蜘蛛：我来帮你。

蒲公英种子：还是不行呀。

蜘蛛：有了，我睡觉打呼噜的时候，我的网会震动，我打个呼噜，你就能掉下去了。

蒲公英种子：真的可以吗？

蜘蛛：让我试试。

（音乐：呼噜声）

蒲公英种子：哎呀，疼死我了。

蜘蛛：耶，蒲公英种子。我们成功了，快去找你的家吧。

蒲公英种子：我已经在土地上了，谢谢你，蜘蛛哥哥。

第四幕：扎根土壤

旁白：蒲公英种子的旅行终于到达了终点，它找到了属于自己的家。清晨醒来的时候，它迎接露水的滋润、阳光的洗礼。夜晚，它安静地躺在湿润的泥土里，一点点扎根，浑身使出向上的力量，等待破土而出的那一天。

背景：种子破土而出，长出嫩芽。

（歌曲：我要一步一步向上长，等待阳光静静看着它的脸。小小的我有大大的梦，在最高点乘着风儿向前飞。每一粒种子都有向上的力，小小的我流过泪和汗，总有一天我有属于我的天）

蒲公英种子：咦，你们怎么也在这儿？

苍耳：我坐上了动物皮毛"出租车"，小白兔把我带到了这里。

莲子：欢快的流水把我冲到了这里。

苍耳：我现在已经不是一粒小种子了，我是一颗小树苗。

莲子：我也不是一粒小种子了，我现在是一朵小花苞。

蒲公英种子：真为你们高兴，真希望有一天我也能像你们一样。

（小白兔上场）

蒲公英种子：小白兔。

小白兔：你是谁？

蒲公英种子：我是蒲公英种子呀。

小白兔：原来是你呀。

蒲公英种子：在你的帮助下，我找到了自己的家。

蜘蛛：别忘了，还有我的帮忙哦。

齐声：你们看，风儿姐姐也来了。

风儿：朋友们，你们好呀。

齐声：风儿姐姐，你好呀。

蒲公英种子：风儿姐姐，你看我长大了。

风儿：是呀，虽然你经历了重重困难，但是你坚强地战胜了它，你真是一个勇敢的孩子。

蒲公英种子：朋友们，太感谢你们了。

（齐舞、歌曲：我是一粒小种子，飞行能力强，飞过高山和海洋，飞过大草场。不管风吹和雨打，我都要发芽，吸收阳光和雨露，终于长大了）

旁白：谨以此剧献给每一个孩子，愿你们像蒲公英种子一样坚强勇敢，怀着感恩之心，扎根土壤，向阳生长。每一粒种子都是独立的个体，在成长的路上不仅会得到风儿姐姐的支持，也会遭到龙卷风的侵扰，最终需要的是种子自身的强大。每一粒种子都有向上的力量，孩子的成长也是如此。当坚强、自信、勇敢相伴时，无论何种力量，都能自然成长，芬芳绽放！

火星探测之旅

（剧作者：张晓肖）

人物：火星、火卫、水手9号、机遇号、科学家。

第一幕：天选之子——新家园档案

旁白：如果人类必须要在浩瀚的宇宙中寻找一个新的家园，那火星一定是"第二家园"的首选。

火星（生气）：太阳系里可供选择的星球那么多，为啥偏偏选中我？

火卫：您消消气，消消火！

火星：去月球，月球是人类地球的卫星，而且离他们那么近，再好不过了。

火卫：您不知道，月球上几乎没有大气，听说，可改造的余地非常小。

火星：那就去"双面"水星家伙那里。

火卫：您都说了，那是"双面"星球，人类要是去了火面，温度430摄氏度，要被炸成黄油条，冰面-170摄氏度，要被冻成大冰雕。

火星：金星，去金星那家伙那里，它又不是两面派。

火卫：您可别提了，金星身上披着浓密的大气层，里面的温度达460摄氏度，人类上去就不是油条了！

火星：那是啥？

火卫：是烤肉，孜然味、番茄味。

火星：停！那就往远处找，木星、土星、天王星、海王星，那么多行星，还选不出来一个？

火卫：我的老大啊，您怕不是忘了。木星、土星、天王星，还有一颗海王星，它们都是气态星，连基本的土地都没有，人类去了只能飘着。

火星：你到底是帮哪头的？你别忘了，你可是我火星的卫星！

火卫：我当然是帮您了。

火星：我想起来了，你的那些远房兄弟们，就没有适合他们人类移居的卫星吗？

火卫：您还别说，木星的79颗卫星兄弟中，倒是有一颗。

火星：谁？

火卫：欧罗巴星球，也叫木卫二。在木卫二的冰层下，有太阳系最大的液态海洋，还有土卫六，那里有适合生命的大气层。

火星：那不是挺好，就让人类去那里寻找他们梦寐以求的第二家园！

火卫：好什么呀，它们离太阳太远，都被黑暗统治着……更别提，想要到达那里，必须要穿过1千米宽的小行星带。所以……

火星：所以什么？所以就盯上我了？

火卫（唱）：您看，地球转一圈是24小时，您转一圈24小时37分42秒；地球绕太阳老大一圈是365天，您绕太阳老大一圈是687个地球日。

火星：这还怪我喽？

火卫：而且由于您的自转倾角和地球的相似，也有春、夏、秋、冬四季的划分。比起其他的备选星球，您的条件似乎更让人类倾心。

火星（唱）：我不听，我不听，我不允许人类来叨扰我清净。如果人类执迷不悟，我会让人类见识我的厉害。

第二幕：航天器的坟墓——艰难的火星探测之旅

火星：哈哈，我看你还有什么本事？（手里抓着小猎犬2号，掰断它的电线）

火卫：让我瞅瞅，小猎犬2号，可惜了，可惜了！

火星：那些不知天高地厚的人类，让你们再想窥探我的地盘。

火卫：老大啊，这已经是您捕获的来自人类的第13个探测器了。

火星：别说13个，就是130个，来一个，我抓一个，来一个，我抓一个……

火卫：行行，您知道人类现在怎么称呼您吗？

火星：怎么称呼？

火卫：人类叫您"航天器的坟墓"，说您给地球人下了诅咒。

火星：诅咒？我可没那么多坏心眼，要怪也只能怪人类没本事，先后发射的探测器和着陆器，有一半还没能到达我火星地盘就殒命了，这能怪我吗？

火卫：小心，又来了一个。

火星：你看着啊。（静止不动）

（火星2号上场，一头撞上了火星）

火星：这可不能怪我吧，是它自己撞上来的哦！

火卫（失望）：哎！

火星：我就说，用地球人的话怎么说来着，没有那钻石，就别揽那瓷活。

火卫：那叫"没有金刚钻，别揽瓷器活"！哎，小心，又来一个。

（火星3号迎面而来）

火卫:来了,来了!

火星(紧张的表情):哎!你要干吗?

(火星3号软着陆,虎头蛇尾只坚持了22秒就不动了)

火卫、火星(长舒一口气):嘘,被你吓死了。

火星:瞧你这点胆量,还怎么保护我?

火卫:还得靠老大您来罩着我呢,不过,这人类还真是有股倔劲,屡战屡败,屡败屡战。

火星:听说,他们在我这里没有成功,还打你的注意了。(一副老大的派头)

火卫:哎哟,可不是吗?他们先后发射了两个卫星探测器,试图曲线救国,不过一个因为软件上传错误,另一个因为电池耗尽,都失败了。

火星:电池耗尽?哈哈!

火卫:哈哈,谁说不是呢,又来一个。

(火星4号径直从火星面前飞过,头也不回地飞向太空深处……)

火星:哎!你别走啊,怎么也不和我打个招呼就走了。

(火卫、火星两人哈哈大笑,笑声响彻空旷的宇宙)

第三幕:从飞掠一瞥到环绕飞行

火卫:老大,不好啦,不好啦!

火星:怎么啦?大惊小怪。

火卫:听说,地……地……

火星:地球……

火卫:地球人类发射了一个叫作水手4号的探测器。

火星:这有什么大惊小怪的,这几年,你见过的探测器还少吗?真是佩服人类的想象力,竟然能起这么多有花样的名字,什么小猎犬、火星号,水手号……(猛地一惊)水……水?

火卫:是啊,叫水手4号。

火星(低声嘀咕):水火不容啊,和之前的有什么不同吗?(紧张起来)

火卫:它和您擦肩而过的时候,偷拍了您几张照片。

火星(惊愕):偷拍照片?

火卫:是啊。

火星:拍了几张?

火卫:22张。

火星(气急败坏):22张?

火卫：好在这个探测器，只是拍了几张照片就滑向宇宙深处了。

火星：就几张不清晰的照片，成不了大气候。

火卫：老大，今时不如往日，人类可是不容小觑的啊，听说他们很快还要发射水手9号探测器，这个探测器将绕着您，转啊，转啊，转啊……

火星：行了（神情明显紧张），让它们来，到时候让它们见识见识我的厉害！

（1971年11月14日，水手9号到达火星轨道）

火星：你们还真敢来！让你们见识见识火星沙尘暴的厉害。

场景：漫天黄沙。

火星（唱）：我不听，我不听，我不允许人类来叨扰我清净。如果人类执迷不悟，我会让人类见识我的厉害。

火星：我这黄沙都飞了一年多了，你怎么还不走？（累了）

水手9号：咔嚓、咔嚓、咔嚓。

火星：你别拍了，别拍了！

火卫：挡在火星前面，哎！你别拍了，别拍了，拍个没完了。

水手9号（机器人口吻）：对不起，这是我的职责，截至目前，我已向人类发回7329张火星照片，覆盖了超过80%的火星地表，再工作一段时间，我拍回的照片就能覆盖您的100%。

火星（喘着气）：我说，我都在你面前"裸奔"了，你怎么还不走？

水手9号：对不起，这是我的职责，虽然我现在不能工作了，但是我还可以绕着您转，转，转……

火星：你转吧，我要歇一歇了。（累地喘气）

第四幕：登陆火星到火星探测新时代

（火星不出场，只是以画外音的形式说话，场地变成火星的地表模样）

火卫：老大，你怎么不高兴啊？

火星：哎……自从上次海盗号登陆又抛锚，我感觉心里像缺了啥似的，空落落的。

火卫：你不是不想让人类的探测器来叨扰你清净吗？

火星：这么多年了，我早就习惯了它们的陪伴，要不然，这无边的寂寞……什么时候能再来一个伙伴。

火卫：听说，得等到"发射窗口"了，需要您走到地球的前方不远处。哎？好像就是这几天。

火卫：老大，快看。

火星：往这边，慢点，慢点。

火卫（尴尬）：老大，你这变得也太快了。

火卫（有点吃醋）：这次又是海盗几号呀？

火星：嗯，你猜错了。你仔细看，这次的不一样哦，你瞧，它可以动！可不可爱？（宠溺的表情）

（火卫一脸尴尬）

机遇号（机器人口吻）：你好！我叫机遇号火星车。（上前和火卫握手）

火卫：火星车？既然叫车，你跑得肯定很快！

机遇号（机器人口吻）：你看好了。（以每秒1厘米的乌龟速度缓慢行驶，而且每行驶10秒就会停下来勘探地形）

（火卫和火星两人面面相觑）

机遇号（机器人口吻）：我要开始工作了。

火卫：就你这龟爬的速度，真担心你走不了多远就死翘翘了。

（机遇号不说话，只是安静地工作）

（音乐：《骑上我心爱的小摩托》）

（机遇号缓缓工作着）

火星：小心前面的陡坡。

机遇号：放心吧，我在地球上已经练习过好多次了。

（机遇号多次尝试，终于爬过了陡坡）

火卫：在一旁提心吊胆地看着。

火星：小心前面的大山。

机遇号：让我试一试。

（机遇号冷静地爬上了132米的高山）

火卫、火星：加油，加油。

（机遇号又走了很久）

火星：小心，前面有大沙坑。

（机遇号缓缓地走下去，然后尝试了几次都没有出来）

火卫：加油啊，机遇号，你的伙伴们就是在这里失败的，你不能就这样轻易放弃。

火星：坚持啊，小可爱，我知道我这样的身体表面对你这小家伙来说太困难，但是……（哽咽）但是……但是，我不希望你离开我，你早已成为了我的伙伴，你们早已成为了我的伙伴。

（音乐：宏达而高昂的音效）

（机遇号缓慢地从沙丘露出头来）

火卫：老大，快看，它成功了，它成功了！

（火星早已泣不成声）

（机遇号缓缓地露出了整个头，然后露出半个身子，最后露出整个身子，它拍了拍身上的沙子，然后继续工作）

旁白：机遇号在火星惊人地工作了14年，14年来，它以每秒1厘米的速度行进，达到了探测器史上最远的里程45.16千米。

火星：它曾爬过最陡的32度斜坡，登过135米的高山。

火卫：它逃脱过炼狱沙丘，跨越过火星的重重峡谷。

火星、火卫：但最终因为年久失修，它失去了与人类的联系。

科学家：机遇号，收到请回答。机遇号，收到请回答……

机遇号：远在地球的科学家们，我听到你们曾经呼唤我830多次，我最后一次听到你们的呼唤，就是这首《I Will Be Seeing You》。但是，请原谅我的不辞而别和杳无音讯。不过我相信，不久后，我们将再次相遇。

（音乐久久不停，大屏幕播放人类火星探测的每一个有纪念意义的瞬间，感谢科学家们不畏艰难地为人类的火星探测之旅注入全新的勇气，创造新的机遇）

别走，我的动物伙伴

（剧作者：张晓肖）

人物：

讲解员——科技馆讲解员。

小女孩——性格叛逆。

渡渡鸟——憨厚、可爱、坚定、勇敢。

故事梗概：一个在科技馆参观"生命黑匣子——灭绝及濒危物种主题展"临展的叛逆小女孩穿越时空，结识了已经灭绝的渡渡鸟，他们之间从最初的互相提防与嘲笑，到互相帮助，最后渡渡鸟为了实现飞行梦想选择离开。映射出人们对已经灭绝以及濒临灭绝的生物的挽留。

第一幕：初遇"黑匣子"

场景：科技馆生命黑匣子临展区域。

讲解员：观众朋友们大家好！欢迎您参观"生命黑匣子——灭绝及濒危物种主题展"。说起"黑匣子"，不知您是否了解？黑匣子原指飞行数据记录仪，可用于分析航空事故发生的过程和原因。这个展览的内容就是受到了黑匣子的启发，挑选最具代表性和戏剧性的物种，聚焦它们的生命节点，记录它们最后的故事。

历史上发生过哪些离奇的灭绝事件？这些物种在生命的最后时刻都经历了什么？让我们通过记忆的碎片还原这些灭绝物种不平凡的生命轨迹！

下面请跟随我走进展览的第一部分"发现——灭绝进行时"。我们现在看到的是生活在毛里求斯岛屿上的一种鸟类……

小女孩：那些标本真没意思，又不能动，还不如去动物园看动物，真不知道为什么老妈要带我来这里。咦，这是什么？这就是传说中的黑匣子吗？（小女孩紧紧盯着黑匣子，伸出手触碰）来吧，好不容易来一次，留个纪念吧。（和黑匣子一起拍照）

（音乐：时空穿越的音效）

第二幕：假如渡渡鸟会飞翔

场景：毛里求斯；有好几种鸟叫的声音、海浪的声音等。

小女孩：哇，这是哪里啊？这里这么多树。

渡渡鸟：嘟……嘟……嘟……（一只披着蓝灰色羽毛的胖鸟从树后面一摇一摆地走了出来）

小女孩：刚刚是你在叫吗？（绕着渡渡鸟转了两圈，仔细上下打量）

小女孩：咦，怎么从来没有见过你？

渡渡鸟：嘟……嘟……（一边叫一边拍打着短小的翅膀）

小女孩：你的翅膀可真够小的（嘲笑），你是鸟吗？你叫什么名字啊？

渡渡鸟：嘟……嘟……

小女孩：你长这么胖，要不我叫你敦敦吧？

（渡渡鸟不高兴地扭过身子）

小女孩：哎呀哎呀，和你开玩笑你还不高兴了。那你告诉我你叫什么名字。

渡渡鸟：嘟……嘟……

小女孩：忘了，你不会说话，要不我叫你嘟嘟吧，你看你，一直发出嘟嘟的声音。

渡渡鸟（欢快地拍着翅膀）：嘟……嘟……嘟……（声音低沉下来）

小女孩：你怎么了？你是不是饿了？我有巧克力，给你吃吧，你这么胖，一定吃了很多肉和糖，瞧瞧你这矮而粗壮的小短腿。（捂着嘴笑）

渡渡鸟：嘟……嘟……（若无其事地扭转身体）

小女孩：你不喜欢吃巧克力？那你喜欢吃什么呀？

（渡渡鸟转身找了几圈，用嘴衔起掉落在一棵大树下的果子，吃进肚子里）

小女孩：这是什么果子啊？让我尝尝，呸！呸！这么硬。

（渡渡鸟用大喙衔来一个大果子，美美地吃了下去，小女孩围着大树找果子）

小女孩（捡起树底下的一个果子仔细看）：怎么这么面熟？是大颅榄树的果子！（尖叫起来）你是渡渡鸟？我在科技馆里见过大颅榄树的果子，你是生活在毛里求斯的渡渡鸟？

小女孩（激动地说）：天啊！我竟然见到了活着的渡渡鸟，你知道你有多出名吗？毛里求斯的国徽上都有你的头像，还有邮票、电影，你简直是动物界的大明星。

渡渡鸟：嘟……嘟……（骄傲地抬起头走着）

小女孩：听说因为有了你，大颅榄树的种子才得以发芽，才得以延续。就是你，小胖鸟你太可爱了。（小女孩围着渡渡鸟转圈，兴奋地叫了起来）

小女孩：让我仔细看看你，你的嘴巴好大呀！（伸出手摸了摸渡渡鸟的大嘴）

小女孩：你这一对小翅膀，安在这么胖的身子上。好滑稽啊！（绕着渡渡鸟转圈，惹得渡渡鸟兴奋不已，簇拥着小女孩叫着、闹着，大颅榄树和周围的植物好像都受到了感染，哗啦啦地枝摇叶颤，应和着渡渡鸟欢快地歌唱）

（此时一只老鼠不知道从哪里窜了出来，吓得渡渡鸟躲在了小女孩的身后）

小女孩：哈哈，你这么大的个子，竟然怕老鼠，哈哈哈哈！

（渡渡鸟的情绪低落下来）

小女孩：你怎么了？你不高兴了？

（渡渡鸟耷拉着脑袋，拍着翅膀）

小女孩：对不起，我不应该嘲笑你，我忘记了，书上说你害怕老鼠、猪，还害怕人类。

（渡渡鸟扭过身子）

小女孩：你是不是有什么心事？

（渡渡鸟掉眼泪）

小女孩：你想家了吗？

（渡渡鸟摇头）

小女孩：你饿了吗？

（渡渡鸟摇头）

小女孩：你有心事？如果愿意的话，你可以告诉我，我帮你。（音乐轻缓低落）

（渡渡鸟开始拍拍翅膀）

小女孩：你想飞？

（渡渡鸟坐起来，激动地拍打翅膀跑着）

小女孩：我说对了吗？你想飞翔？

小女孩：对哦！如果你会飞了，你就不会被小老鼠欺负了，更别说狗和人了！如果你会飞，也许你的蛋就能落在高高的大颅榄树的树杈上，就不会被猪和狗吃了呢（慷慨激昂），你就不会灭绝了（瞬间低落），我也不会只有在科技馆才能见到你。（情绪由低落转至高昂）那就让我们开始一个伟大的计划吧——飞翔！（音乐起）

（小女孩帮着渡渡鸟飞翔，一会带着一个由两片大大的树叶做的机翼飞过，一会带着一个由好几个气球组成的热气球飞过，一会在树上拉一个由长长的树条做的橡皮筋伴随着音乐缓缓放下，小女孩跑累了瘫坐在地上）

小女孩：哎呀，我跑不动了，实在跑不动了，我觉得你还是换一个愿望吧，要不然你减肥吧，你觉得我的主意怎么样？（扭头）

（渡渡鸟不在她的身边，小女孩起身找，找了一圈，发现渡渡鸟站在了海边的一块高高的石头上）

小女孩：渡渡鸟，你要干什么？你快下来！很危险！

（渡渡鸟毅然决然，舞动起了翅膀）

小女孩：渡渡鸟，你下来，我会想办法帮你飞的，我会保护你的，我会……

（渡渡鸟奋力冲刺，向悬崖边跑去，拍打着翅膀，纵身跃下）

（大屏幕播放视频《没有翅膀的鸟》）

小女孩：渡渡鸟，你别走！别走，我的伙伴。

第三幕：科技馆

小女孩：别走！（一回神）

讲解员：观众朋友们感谢大家的聆听，本次临展讲解辅导到此结束！欢迎您继续参观其他展厅。

生死罗布泊

（剧作者：张安琪）

旁白：1972年，美国总统尼克松访华，送给周恩来总理一张称为地球之耳的罗布泊卫星图，图片显示，罗布泊已干涸。对罗布泊进行科学考察，揭开罗布泊的神秘面纱，成为中国地质工作者的历史使命。

（罗布泊沙漠中，一辆汽车由远方驶来缓缓停下，三名科考人员走下汽车，停在一个插着红旗的铁皮桶前）

郑工程师（吹了吹铁桶上的沙尘，露出铁桶上刻着的地标，深深地鞠了一躬）：老赵啊，我们来看你了。

李队员（拽了拽了王队长的袖子，小声地问）：队长？

王队长（低声说）：上次进罗布泊，赵工走在前面，结果遇上了气眼，瞬间就被流沙吞噬了。

（李队员惊讶地张大嘴）

郑工程师（拿着罗布泊卫星图比划着）：就是这里了，距离罗中还有110千米，上次我们止步于此。这一次我们一定要走到罗中，找到钾盐。

〔于是三人上车，继续前行。车子走了很久（大屏幕上昼夜变换一天又一天），他们停下车来补给休息〕

（郑工程师席地而坐，埋头绘制地图，李队员拿着水壶喝水）

李队员：队长，这都走了几天啦，还没到罗中？

王队长（一边用铁锹铲着轮胎下的沙石，一边回答）：哪有那么容易啊，这里没有任何生命迹象，没有水，没有路，没有气象资料，没有参照物，更没有地图，每一寸土地都只能靠脚一步一步丈量出来。

（说着说着，王队长的铁锹铲到了什么）

王队长（惊讶地喊道）：海螺？郑工！快来看，有海螺！

郑工程师（闻言跳起来，上前看道）：是淡水螺！

郑工程师（拿着铁锹又四处挖了挖）：你们看！这里也有！还有芦苇根！

郑工程师（拿起望远镜四处观察）：一望无际的地平线、淡水螺、芦苇根，这里就是罗中了！到了！

郑工程师（拿出刚才绘制的地图，把大家召集起来）：这就是罗中！我们以这里为中心，向东、南、西、北每个方向各挖5个探坑，坑与坑之间的间距是1千米。同志们！我们争取早日完成任务！

（于是，大家热情高涨地挖起探坑来。晚上围坐在篝火旁，大家的情绪都很亢奋）

李队员（兴奋地对王队长说）：队长！郑工说，我今天挖的那个探坑，坑底有点潮湿，应该明天就能见到卤水了！

王队长：真的吗？太好了！

（郑工程师掏出3颗大白兔奶糖，递给他们）

李队员（惊喜）：大白兔奶糖！

王队长：这可是稀罕东西，7颗大白兔奶糖等于1杯牛奶。

郑工程师（腼腆地笑了笑）：亲戚从上海带的，我想着这一路路途艰苦，给大家改善一下伙食。

（李队员小心翼翼地咬下半颗，又把另外半颗仔细地用糖纸包好放在口袋里）

王队长（笑他）：也不怕化了。

李队员：多难得才能吃上这个，我要攒着过几天吃！

（郑工程师和王队长哈哈大笑，疲惫的大家沉沉地睡去。天亮了，王队长醒来，却看到郑工程师呆呆地坐在帐篷外的探坑前）

王队长：郑工，怎么坐这儿啊？

郑工程师（一夜未眠，呆滞地说）：探坑是干的。

李队员（不信，跑出去看，大喊）：昨天说就要出卤水了呀？

郑工程师（疲惫地说）：我昨天守了一晚上了，真的是干的。

（大家都沉默了）

郑工程师（喃喃自语）：怎么会这样？这里是3条河的汇合处，每年孔雀河、车尔臣河、塔里木河会把几十万吨的钾元素和其他稀有元素都带进罗布泊，罗布泊虽然干涸了，但是这些钾元素，一定还在这儿啊。这里是罗布泊海拔的最低点，就是沉降中心啊！

李队员（傻傻地问）：难道这些钾元素长翅膀飞到天上去了吗？

郑工程师（无意识地回应）：飞到天上？怎么可能？等等！

郑工程师（仿佛想起什么，翻出他的笔记本翻阅）：我记得有一种高山深盆迁移理论，说的是沉矿年代的沉降中心，可能会受造山运动的影响，海拔被抬升了，并不是现在的海拔最低点。

郑工程师（在纸上计算并勾画起来）：不在这儿了，那么应该在受新造山运动最显著的地区——罗北洼地！

郑工程师（激动地向王队长喊道）：走！我们去罗北洼地，离这里只有30多千米！

王队长(面露难色)：郑工，不能再走了，我们的物资有限，必须马上撤离。

郑工程师：不能再走了？再走下去会怎么样？

王队长：我们的油量只够回去的，水也刚刚够，再往前走，可能大家都回不去了。

郑工程师：既然如此，我自己去罗北洼地！

(郑工程师背起背包要走，王队长一把拉住他)

王队长：郑工！钾盐有那么重要吗？比你的命还重要？

郑工程师：钾盐能够提炼出钾肥，能提高粮食产量。可是，我们国家现在98%的钾盐全靠进口，找到钾盐，我们中国人就能养活自己！

王队长：可是下次再来不行吗？罗布泊在这里又不会跑。

郑工程师(情绪激动)：下次？为了寻找钾盐，我们已经牺牲了好多同志！现在它就近在眼前！难道我们的罗布泊有钾盐，还要等外国人来通知我们吗？

王队长(沉思一会)：郑工，我和你去。

王队长(对李队员说)：小李，你留下看守物资，不管我们回没回来，第五天的早晨，你必须返回。

李队员：队长！我也要去。

王队长：这是纪律，必须遵守！

李队员(虽然不情愿，但还是服从命令)：是！

(于是，郑工程师和王队长背上行囊，走向罗布泊)

(第五天的清晨，李队员张望了很久，还是不见郑工程师和王队长的身影，李队员边哭边抹眼泪)

李队员：呜呜呜，队长，你死得好惨呀！

(这时，王队长和郑工程师抬着装满卤水的罐子走来，王队长见状，悄悄走到李队员背后，拍了他一下)

王队长：喂！

李队员(吓了一跳)：呜呜呜，队长，你的鬼魂回来啦！

王队长(在李队员头上敲了一下)：看清楚，我们是人。

李队员(反应过来，看到装满卤水的罐子，惊喜地喊道)：卤水，找到卤水啦！

(李队员打开罐子，用指尖蘸了点卤水尝了尝)

郑工程师(笑着问李队员)：辣不辣？

李队员：辣！

郑工程师：咸不咸？

李队员：咸！

(启程回去的路上，大家都很高兴)

李队员（开心地唱着歌）：日落西山红霞飞，战士打靶把营归，把营归。

（可是，好景不长，他们在茫茫沙漠中迷路了，在行驶了一段距离之后，车子抛锚了，王队长检查后，神情凝重）

王队长：发动机履带断了。

（李队员要去检修，王队长阻止他）

王队长：别修了，我们盲目地走了那么多路，也没有汽油了。

李队员：这大盐壳我们走了三天都没有走出去，来的时候绝对没有这么一大片盐壳。

王队长：检查一下物资，剩下的路，我们得走着出去了。

李队员（盘点物资）：队长，干粮还够，但是剩下的水，不能保证3个人足够了。

郑工程师：现在最重要的任务是把卤水带出去，所以我建议，我们把卤水分成3份，分成3路把卤水带出去。

（大家把卤水分开倒进水壶里）

王队长：今天先停在这里休息，养足精神，明天步行前进。

（第二天，大家起来却不见郑工程师）

王队长、李队员（呼喊）：郑工！郑工！

李队员（在车上有发现）：队长！少了1份卤水，还有字条。

（字条上写着"我往东走，祝大家成功"）

李队员：郑工他，只带走了1壶水！

王队长：郑工这是怕我们的水不够，才选择悄悄走的啊！我们一定要把卤水带出去！这样，至少我们的孩子不会挨饿了！

（王队长和李队员紧紧拥抱，然后坚定地各自朝反方向走去）

（李队员顶着烈日走了很久很久，嘴唇早已干裂出血，他倒了倒水壶，水已经喝完了，再也倒不出一滴水，李队员瘫倒在地上，体力也已用尽，在昏迷前，他努力摸出口袋里珍藏的半颗大白兔奶糖，想要放进嘴里，手却无力地滑下，昏了过去）

（这时，搜救的人员赶到，李队员获救）

旁白：此次科考，两名队员相继获救，总工程师郑建国失踪。1998年，中国地质调查局把罗布泊钾盐列为国土资源大调查重点项目，罗布泊钾盐开发列入国家305项目。

（在罗布泊的纪念碑前，王队长和李队员深深鞠躬）

王队长：郑工，我们今天来，是向您报喜的，咱们带出去的卤水，钾盐含量超过开采标准的3倍，储量可以开采100年。

李队员（拿出一把大白兔奶糖，轻轻放在纪念碑前）：郑工，咱们的孩子们，现在不仅可以吃饱饭，还有吃不完的大白兔奶糖，您就放心吧！

（大屏幕播放罗布泊盐田碧波荡漾，规模宏大的现代化工厂坐落其上的画面，忽然

响起郑工的声音:我这辈子就做了一件事,为国家找到了钾盐,值了)

大屏幕字幕:

1980年,彭加木率队进入罗布泊科学考察失踪。

1989年,郑绵平院士率队进入罗布泊湖心找钾矿。

1996年,王弭力(第一位走进罗布泊的女科学家)率队进入罗布泊找钾矿,在罗北洼地打出第一口具有工业开发价值的卤水井,其后又10余次进入罗布泊。

1998年,中国地质调查局展开国土资源大调查,罗布泊钾盐开发列入国家305项目。

你之所以看到光明,是因为有人在替你负重前行。

食物的旅行

（剧作者：展教中心）

人物：口腔先生、胃小姐、小肠先生、大肠先生、老师、观众 A、观众 B、大米、猪肉、苹果。

口腔先生：兄弟三十二，长得硬又白，从来不出门，吃尽天下菜。

胃小姐：能屈能伸像袋子，消化食物全靠我。

小肠先生：身高足足有 7 米，小肠绒毛来帮我，吸收营养到血液，消化吸收大功臣。

大肠先生：别忘了，还有我，营养物质再吸收，废物迅速排体外。

老师：好了，现在我们的身体器官已经作了自我介绍了，大家能猜到它们是谁吗？

观众 A：口腔、胃、小肠、大肠。

老师：大家能对它们进行先后排序吗？

观众 B：口腔、胃、小肠、大肠。

老师：现在我们了解了它们的功能，轮到大米、猪肉、苹果上场了，不过要注意，说出你的通关密码，它们就会让你过去喔，如果说错了，挑战就失败了。

（食物们先来到口腔）

口腔先生：食物们，大家好，我已经在此恭候多时了，说说我这个门卫的作用，说对的食物就可以进入下一关了。

大米：口腔里有牙齿，牙齿可以咬碎食物。

猪肉：口腔可以初步分解食物。

苹果：口腔里有舌头，舌头上有味蕾，它可以感受食物的味道，比如可以知道我是酸酸甜甜的。

口腔先生：食物们太聪明了，这就是我（展示口腔模型）。我的好伙伴牙齿可以初步分解食物，把大块的猪肉、苹果磨成小颗粒，当食物进入到我的舌部时，我的唾液会分泌一种唾液淀粉酶，能将像大米一样的谷物类食物中的淀粉转化成麦芽糖，而且我的舌头可以感受你们的味道，我可以感受酸、甜、苦、咸、鲜等味道。我对咸最敏感，我舌部的前二分之一都可以感受咸，我对苦感受最慢，因为苦只能在舌根部位感受。好了，食物们第一关通关成功，放行。

（接下来食物们通过食道，进入胃部）

胃小姐：食物们，看看我这袋子一样的胃呀，可以装不少食物，你们几个绝对不在话下，不过我可要考考你们。在我的身体表面有很多丑丑的褶皱，你们知道这是什么吗？

猪肉：可以帮助你收缩和扩张。

胃小姐：说得没错，正是由于这些褶皱，才可以让我可大可小，我的弹性大着呢。那你们知道胃最主要的作用是什么吗？

大米：可以不停地蠕动，分泌胃液帮助混合搅拌食物，以便消化吸收。

胃小姐：嗯，是的，不过作为身体中重要的消化器官，如果进食不当我会生病哦。如果你忽然大吃一顿，把很多食物都堆到我这个袋子里，叫我没有活动的余地，我就没有力气工作了；要是食物很多我没法处理完，我就会生病，感到发胀不好受；吃饭也不要太快，狼吞虎咽会使食物不经咀嚼就送到我的袋子里，我会很难消化它们的；如果你吃热点的东西，那我会很快地把食物磨碎运走；如果你吃冰凉的东西，那我工作起来就比较慢，也不容易磨碎食物，而且有时候还会生病。

苹果：原来胃这么脆弱，我们一定要好好保护它。

胃小姐：你们大家都应该爱护我。吃饭要定时、定量，要少吃零食，饭前饭后不奔跑，吃饭前要洗手，食物要趁热吃。这样，我才能很好地工作，你们的身体才会越来越健康。好了，食物们，我已经消化你们啦，把你们送到小肠那里，再见！

（食物们进入小肠）

小肠先生：哈哈哈，现在的你们都变得很小了，这样才能进入长长的小肠中，如果说消化靠胃，那吸收一定是靠我了。你们可以问我问题，我来为你们解答。

大米：听说你很长？

小肠先生：对呀，成人的小肠有5～7米，上起自幽门，下接盲肠，分为3段：十二指肠、空肠、回肠。

猪肉：你是怎么进行吸收的呢？

小肠先生：食物进入到我这里，就像是在弯弯曲曲的传送带上，凡是传送带经过的地方，都可以吸收食物中的营养成分，营养混在血液中，然后被输送到全身的各个部位。大家仔细观察，我的表面有很多小毛，它们叫作小肠绒毛，食物在传送带上被小肠绒毛吸收了营养成分之后，剩下的是一些对身体没用的残渣，这些残渣就被送到大肠。好了，接下来就交给大肠先生了，这也是你们旅行的最后一站了，祝你们好运！

（食物们进入大肠）

大肠先生：终于等到了你们，还好我没放弃。这里是垃圾回收站，让我再次吸收你们的水分和营养物质，剩余的残渣等待时机通过肛门排出体外。好，肛门开了，再见了，食物们。

（这样就完成了食物们在人体的旅程）

蜗牛要结婚

（剧作者：常佳）

人物：蜗蜗、牛牛、蟋蟀、甲虫、蜜蜂。

故事梗概：两只相爱的蜗牛要结婚了，动物们都来给蜗蜗和牛牛帮忙，蟋蟀是它们的证婚人，甲虫和蜜蜂分别自荐来当伴郎和伴娘。当然，还需要准备戒指、蛋糕等。正当一切准备就绪的时候，最棘手的问题却来了，谁当新娘，谁当新郎。对蜗蜗和牛牛来说，这并不重要，因为它们彼此相爱。最终，在朋友们的帮助下，蜗蜗和牛牛顺利完成了婚礼。

第 一 幕

场景：一只蜗牛赶在日出前爬上枝头，寻找它的幸福。爬过大树，路过草地，来到小河边，终于遇到了它的另一半。

旁白：干旱的大地迎来了一场久违的甘霖，花草树木、虫鱼鸟兽重新焕发勃勃生机。
（蜗蜗和牛牛出场，舞蹈）
旁白：它们坠入爱河，彼此相爱，想要执子之手，与子偕老。
蜗蜗（对牛牛说）：我们结婚吧。
牛牛：好呀，好呀。
旁白：蜗牛的好朋友们得知蜗蜗和牛牛结婚的好消息，纷纷赶来。

第 二 幕

（蜗蜗和牛牛领舞，蟋蟀、甲虫、蜜蜂群舞）
甲虫：你们有房吗？说结就结。
蜗蜗：你看，我们有两套房子呢。哈哈哈哈！
牛牛：就是，就是。我们的壳就是最坚固的房子。
甲虫：真羡慕你们，房子让我错失了心爱的甲虫姑娘。
蜜蜂：甲虫先生，我们还是祝福蜗蜗和牛牛吧。
蟋蟀：就是，就是。婚礼上需要一位证婚人，你们看，我的翅膀像极了一件燕尾服，我应该就是你们证婚人的最佳人选喽。

蜗蜗(充满期待):那就让我们走进婚姻的殿堂吧!

甲虫:等等,你们还需要一位伴郎,非我莫属呀。

牛牛:好的,证婚人、伴郎在此,现在我们可以结婚了吧。

蜜蜂:别急别急,婚礼上还需要伴娘,(闪动着晶莹透亮的翅膀)我已经穿好了纱质礼服,我可以做伴娘吗?拜托,拜托,拜托。

蜗蜗:可以可以,这回我们能结婚了吧。

蟋蟀:嗯……让我想想,婚礼上,你们得交换戒指,参加别人婚礼的时候我看它们都这样做。

牛牛:可我们没有手指呀。

甲虫:那就把戒指戴在你们的触角上吧。

蜗蜗:好主意!

牛牛:现在我们能结婚了吧。

蜜蜂:但是,你们还需要礼帽和好多好多鲜花,还要规划度蜜月的地方,奶油蛋糕也是必不可少的。

蜜蜂(推上来一个巨型多层婚礼蛋糕):我已经替你们准备好了大蛋糕。

甲虫:哇,我要吃蛋糕,蟋蟀快来快来。

蟋蟀:这么大的蛋糕。蜗蜗、牛牛你们能咬得动吗?

蜗蜗:当然可以啦。

牛牛:我们是牙齿最多的动物,但并不是立体牙。

蜗蜗:来吧,展示给你们看我们的齿舌。

牛牛:我们用的齿舌是一个带状结构,上面布满了牙齿,用它碾碎蛋糕,轻而易举。

蜗蜗:可我们的头上有四个触角,戴不了礼帽呀。

牛牛:我们也没有手,拿不了捧花。

蜗蜗:有啦有啦,让我用分泌的黏液把鲜花粘在你身上。

牛牛:那就不戴礼帽了,系个帅气的领结。

甲虫:赶紧确定一下你们的蜜月目的地吧。

蜗蜗:呃,这个还没有想过呢。

甲虫:去巴黎看埃菲尔铁塔,去……

蜜蜂:法国?

蟋蟀:笨蛋,蜗蜗和牛牛去了法国会变成焗蜗牛的。

蜗蜗:哈哈哈哈哈。

牛牛:照我们这速度,这个月能爬到河对岸就是好样的。

蜗蜗:这下我们能结婚了吧!

蟋蟀：赶紧赶紧，我已经迫不及待了。

第 三 幕

蜜蜂：可是你们谁当新娘呢？

（蜗蜗和牛牛对视，大家都疑惑起来）

蜜蜂：不知道谁是新娘，我怎么做伴娘呢？

蜗蜗：我可以做新娘。

牛牛：我也可以做新娘。

甲虫（跳出来）：不行不行，你们必须有一个做新郎，不然我去给谁当伴郎呢？

蜗蜗：我可以做新郎。

牛牛：我也可以做新郎。

蜗蜗、牛牛：我们俩既可以做新娘，也可以做新郎。

蜜蜂：真的吗？

甲虫：太不可思议了。

蟋蟀：等等，这不符合规矩。

蜗蜗：我们不需要符合规矩，因为我们相爱。

牛牛：并且我们与众不同，所以不需要惧怕任何规矩。

蟋蟀：蚯蚓夫妇和你们蜗牛夫妇一样也遇到了同样的问题。它们也是既可以做新娘，也可以做新郎，哈哈哈。

蜗蜗：只要有爱，一切都不怕。

牛牛：那我来做新娘。

（蜜蜂把头纱戴到了牛牛头上）

蜗蜗：我做新郎。

（甲虫给蜗蜗系上了领结）

蟋蟀：我们自然界的生命就是如此奇妙，总会出现一些出乎意料的事情，不过就算是与众不同又有什么关系呢？只要它们相爱就够了，不是吗？

（众人舞蹈）

我们的航天梦

（剧作者：常佳）

人物：

万户——明朝官员，第一个想到利用火箭飞天的人，被称为"世界航天第一人"。

万飞飞——万户的儿子。

阿福——万户的贴身侍从。

邻人甲——邻居女孩。

吕茂才——秀才。

郎中——看病大夫。

第 一 幕

场景：蓝天白云，树木郁郁葱葱，万府门前，环境优雅，整个建筑古朴庄重，白墙、黑瓦，错落有序，层次分明，精美别致。

（音乐：戏曲里出场的节奏音）

（邻人甲出场，在街道上和邻里街坊们喊话，台上转一圈，召集大伙儿都来看热闹）

邻人甲：万户要飞啦，万户要飞啦。

（吕茂才手拿扇子出场）

（音乐：戏曲里出场的节奏音）

（音乐停，吕茂才伸懒腰）

邻人甲：吕茂才，万户要飞啦，你说他到底在想啥呢？成天折腾着要飞。

（吕茂才折起扇子，右手握着扇子向左手掌一拍）

吕茂才：嗨，你们呀（拿扇子指向观众），都不了解万户。

（吕茂才向前迈一步，音乐响起，吕茂才唱歌）

吕茂才：大明朝有个万户，都说他诗书满腹，瞧不上声色犬马，看不上高官厚禄，你问他喜欢什么，一心找飞天的路，大家都笑他糊涂，说万户是个大人物。

邻人甲：笑话！笑话！笑话！他脑子里在想啥？

吕茂才：白日做梦的幻想家。

邻人甲：荒唐！荒唐！荒唐！为什么要飞翔？

吕茂才：不管别人异样的眼光。

邻人甲：奇怪！奇怪！奇怪！吃饱了撑得慌。

吕茂才：只想飞到九重天上。

邻人甲：糊涂！糊涂！糊涂！愚蠢的万户。

吕茂才：万户他是个大人物。

邻人甲：大人物，万户。

（音乐停，戏曲节奏音效响起，万户出场，站在墙头高处，做出飞的动作，万飞飞站在墙脚左侧，仆人站在墙脚右侧）

万户：万事俱备，只欠东风。

阿福：老爷，咱还是别飞了吧！

邻人甲：这么高的墙跳下来太危险了。

阿福：老爷，三思啊。

万飞飞：别担心，我阿爹有降落伞。

阿福：降落伞？

万飞飞：它能帮我阿爹从空中安全降落，这可是我阿爹的最新发明，还没来得及申请专利呢。

万户：第 N 次飞行试验马上开始。

阿福（快步跑上前，悄悄问邻人甲）：郎中来了吗？

邻人甲：应该快到啦。

（音乐：刮风的音效）

万户：瞧，它来了。准备，倒计时。

阿福：19999，19998，19997……

万户：停，这得数到什么时候？

阿福：老爷，咱还是别飞了吧。

万户：飞飞，倒计时。

（音乐：戏曲音效）

万飞飞：3，2，1。

万户：啊！

吕茂才：人呢？

阿福：在墙根这呢。

吕茂才：赶紧抬上来。

（众人抬万户，把万户放在中间，让他平躺）

阿福：老爷。

万飞飞:阿爹。

吕茂才:快……快请郎中。

(音乐:戏曲节奏音效,郎中手提医药箱上场)

吕茂才:这都快出人命了,快点。

郎中:来喽。

(众人看向郎中,郎中拿起葫芦形的水壶喝了口水,漱口准备喷水)

郎中:呃,咽了。

众人:哎……

(郎中再次喝水,喷向万户的脸,万户抬起腿,腿和身体呈90度,坐起。众人竖起大拇指,郎中食指和中指合并,放到万户的鼻孔前)

郎中:嗯,醒了。

阿福:老爷,您可终于醒了。

万户:我是谁?我在哪?我是不是飞起来了!

众人:啊哈哈哈哈,飞起来了?

万飞飞:嗯,飘了一下。

(吕茂才一把拉过郎中,到边上说话)

吕茂才:您跑一趟不容易,您给看看,还有什么毛病?

郎中(上海口音):身体没毛病,脑袋有毛病。

邻人甲:哈哈哈哈哈。

阿福:笑什么笑?

邻人甲:郎中说得对,他脑子没毛病,干吗成天折腾地要飞呢?

吕茂才:万兄,我来采访你一下,你为什么总想着飞呢?

万户:飞天,乃是我中华千年之凤愿。今天,我纵然粉身碎骨,血溅天僵,也要为后世闯出一条飞天的道路来,实现飞天的梦想。

郎中:梦想?梦想可以当饭吃?还是能给你赚二两银子?

吕茂才:万兄,为孩子考虑考虑吧,摔断腿,你们家飞飞可怎么活啊。

邻人甲:万大人,飞飞不能没有你啊。

阿福:老爷,您走了,飞飞怎么办?对不住您去世的夫人啊。

(音乐:伤感的戏曲音效,万户陷入沉思,非常失落,表情凝重)

万户:好,好,好。我不飞了,不飞了,还不行吗?

(音乐:欢喜的戏曲音效,众人乐,万户哀伤难过,万飞飞疑惑)

众人:耶,万户不飞喽,万户不飞喽。

(众人边喊边跑一圈,退场)

第 二 幕

（音乐：悲伤的音效）

场景：夜黑风高，万户独自坐在墙头，若有所思。万飞飞靠在墙边。

万飞飞：自从我阿爹不飞后，他整天都无精打采的。有了，阿爹，我给你跳支舞吧。来来来，阿福，来来来。

（音乐：《好嗨哟》，万飞飞和阿福一起跳舞，"好嗨哟，感觉人生已经达到了巅峰"）

阿福：跟我一起挥挥手。

万飞飞：跟我一起甩甩头。

阿福、万飞飞：跟着我的节奏。

（万户依然纹丝不动，面无表情）

（万飞飞向阿福摆手，阿福退场）

万飞飞：阿爹，醒醒吧，他们都说了，我们不可能登上天，你这是异想天开。

万户：不，我们可以，一定可以。

万飞飞：飞上天能干什么呢？

万户：你看，飞上天，我们可以登上月亮。

万飞飞：到月亮上去？

万户：对，我们去看看天上到底是什么样子的。

万飞飞：什么样子的呢？

（音乐起，万户唱）

万户：我像一只小小小小鸟，飞过大海，飞过山川，飞过云霄，飞向太空，总有一天，我的梦想会成功。

（众人上场，一起唱）

众人：飞过大海，飞过山川，飞过云霄，飞向太空，总有一天，我的梦想会成功。

万户：对，我要坚持我的梦想，永不放弃。我！要！飞！

万飞飞：我！要！飞！

万户：我要继续飞行试验，只要我不放弃，就一定能实现我的梦想。

（音乐：质疑紧张的音效）

邻人甲：上次还没摔够？

郎中：简直无药可救。

阿福：我的老爷啊。

吕茂才：我的万户兄啊，这个世界上有那么多有意思的事情，比如诗词歌赋、琴棋书画，还有吃喝玩乐。呵呵呵呵，你怎么就要钻这个飞的牛角尖呢？

万户：你看，月亮上有嫦娥、玉兔，天空上有彩虹、流星，你不想飞上天一探究竟吗？有了，我想到了。有一种力量可以助我飞天。那就是火药点燃后的助推力，我要做一把飞天椅，绑上47个火药桶，把我送上天空，我再借助风的力量，用风筝回到地面。这次，我一定能真的飞起来。

吕茂才：他疯了。

（万飞飞抬上来绑着47个火药桶、上面搭着风筝的火箭椅）

万户：飞飞，即使我今天失败了，也没有关系。以后，还会有很多人像我一样。

（音乐起，万户唱）

万户：我有一个梦想，飞上天空是什么模样，白云向我招手，太阳对我微笑，之前你们的冷嘲热讽，我都无所畏惧，只要我坚定信念，总有一天会实现梦想。我要飞，飞过大海，飞过山川，我要飞，飞上太空，登上月亮。

（万户坐上火箭椅）

众人：万！户！

万户：点火！

第 三 幕

（"砰"的音效，音乐《Victory》响起，大屏幕播放北斗指路、天宫览胜、墨子传信、嫦娥奔月、太空授课、天宫遨游星瀚等我国航天事业发展的视频）

众人（唱）：我有一个梦想，飞上天空是什么模样，白云向我招手，太阳对我微笑，之前你们的冷嘲热讽，我都无所畏惧，只要我坚定信念，总有一天实现梦想。我要飞，飞过大海，飞过山川，我要飞，飞上太空，登上月亮。

大屏幕字幕：之后的几百年，有无数个"万户"，为我们飞天的梦想坚持不懈。对"飞天"的探索，从未停止。致敬为中国航天事业不断拼搏奋斗的航天人。

最后的白鲟

（剧作者：张安琪）

场景：办公室。

人物：王同学、李助理、韦教授。

王同学（气喘吁吁地跑来，站在办公室门口徘徊张望）：长江水产研究所，我也太倒霉了吧，别的同学实习去野外考察，我却被分配来养鱼。（看手表犹豫）已经九点半了，实习第一天就迟到不太好吧。哎，都怪早上闹钟没有响害我睡过了。不管了，进去吧。

王同学（鼓起勇气冲进办公室，直接鞠躬道歉）：对不起，对不起，早上家里停水了，电梯停电了，路上堵车了，所以我迟到了，对不起，对不起……

李助理（看着这个莫名其妙的人）：你是在干啥呢？

王同学（抬头，两人对视并愣住）：师姐？

李助理：小王？原来新来的实习生是你啊。

王同学（有些惭愧地摸摸头）：真不好意思，我迟到了。

李助理：难怪呢，上学的时候你就是出了名的迟到大王，还好今天韦教授出去调研了，可能要明天才回来。给你介绍一下吧，我是韦教授的助理，（边说边带王同学熟悉环境，王同学漫不经心地四处张望）韦教授是我们长江水产研究所的鲟类保护生物学专家，特别是中华鲟，就是在韦教授的带领下实现了人工繁殖。

王同学：中华鲟？我记得中华鲟之前不是说快要灭绝了吗？

李助理：原本是的，不过韦教授带领的专家组通过对中华鲟进行人工授精、人工孵化，把鱼苗进行人工培育以后再放回长江里，这样让一度濒临灭绝的中华鲟又实现了族群延续。

王同学：哇，听起来好神奇。

李助理（接着将王同学带到资料柜前）：你要做的工作呢，主要是帮韦教授整理资料，这些都是……

王同学（目光被资料柜上放的标本吸引，他打断李助理的话）：师姐，这个是什么鱼，怎么还有长长的鼻子？长得好奇怪啊。

李助理：这个啊，这个是白鲟。

王同学：白鲟？没有听说过！

李助理：是啊，因为它实在太稀少了，堪比"水中大熊猫"，可是光从数量上看，白鲟的濒危程度远远超过了大熊猫。

王同学：啊？它的数量很少吗？

李助理（摇摇头）：是，数量实在太少了，目前发现的可能就只有一条了。不过，（指了指白鲟标本）这个……

（这时王同学的手机铃声响起，打断了李助理的话）

王同学（背身接起电话，小声说）：喂，什么？明天？等下我打给你。

王同学（有些犹豫地对李助理说）：师姐，我能不能请假？

李助理：请假？请几天？

（王同学伸出一根手指）

李助理：一天？

王同学：不是，一个月……

李助理：一个月？你请这么久的假干吗？

王同学：我……我下个月会生病，先提前请个假。

李助理（拍了拍王同学的头）：好好说话！

王同学：唉，实话和你说吧师姐，我根本不想来水产所实习，我喜欢的是可以四处翱翔的飞鸟，而不是一生只能在水里生活的呆鱼。结果偏偏把我分配到这个鬼地方，我同学可幸运了，可以去自然保护区进行鸟类资源野外考察，他刚打电话告诉我，他的老师同意也带我去，只是要去一个月的时间。

李助理：一个月的时间啊，这我可帮不了你，还是等韦教授回来再说吧。

王同学（垂头丧气）：你不是说韦教授明天才能回来吗？明天就要出发了！

李助理：没办法，再等等吧，也许会提前回来呢。我去下卫生间，你自己看看资料熟悉一下吧，没准看着看着就喜欢上鱼类了呢！

（李助理离开，王同学看着柜子里满满的资料，又想到请假的事情十分焦急，发泄似地乱翻）

王同学：今天请不到假怎么办？我不想错过这么好的机会啊，这么多资料，看着都头大，这些破鱼有什么好研究的，迟早我要把你们都捞上来吃掉！

王同学（又看到白鲟标本）：还有你这条奇怪的鱼，鱼的身体长个大象的鼻子，看着就来气。（王同学边说边戳白鲟的吻部）我让你长这么奇怪，长这么奇怪。（结果用力过大，

白鲟标本摔在了地上,鱼吻断掉了)

王同学(惊呆了,拿着断掉的标本自语道):刚才师姐说什么来着,目前世界上可能只有最后一条白鲟了,最后一条?我把它弄坏了,是不是要牢底坐穿?怎么办,怎么办?

(就在王同学惊慌失措的时候,门口传来李助理的声音)

李助理:韦教授,您怎么这么早就回来了?不是说明天吗?

韦教授:工作结束得早,提前回来了。

(他们边说边走进办公室,王同学蹲在地上,情急之下,把白鲟断掉的鱼吻和身体用双手拼接在一起,看起来像拿着一条完整的鱼)

李助理(突然发现韦教授手上缠着纱布):教授,怎么回事?怎么还受伤了呢?

韦教授:唉,碰到几个电鱼的家伙,和他们起了些冲突,受伤了。

李助理(边说边拿医药箱给韦教授的伤口消毒):唉,您也真是的,非法捕鱼让渔政局来处理就好了,您要爱惜自己的身体啊。

韦教授:我们赶过去的时候看到他们正在电击,通电的那一瞬间水面上有上千条鱼密密麻麻地翻起白肚,还有不少手指大小的鱼苗,还没长大就被电死了,哪个看着不心痛啊。长江要开启十年休渔计划,有些人着急了想多捕一些,可是照这个赶尽杀绝的捕法,打断长江的生物链,长江迟早无鱼可捕。

(这时王同学小心翼翼地站起来,手里握着断掉的鱼走了过去)

韦教授:咦,这是?

李助理:韦教授,这是新来的实习生小王。

韦教授(伸出手和王同学握手):小王啊,你好!

王同学(两只手握着鱼,无法回应韦教授的握手,于是端着鱼向韦教授鞠躬):韦教授您好!

李助理(感到很奇怪):小王,你拿着这条白鲟干吗?

王同学:我……我对这个白鲟非常好奇,想仔细观察一下!

韦教授:哦?年轻人对白鲟有兴趣呀,我来给你讲讲。

(韦教授向王同学介绍白鲟,李助理将用过的纱布拿出去扔掉,李助理离开)

(韦教授要接过白鲟,王同学不松手,稍微争抢了一下,韦教授并未起疑,托起王同学手中的鱼,开始介绍)

韦教授:这个白鲟啊,是中国特有的匙吻鲟科鱼类,最早出现于白垩纪,也就是说它和恐龙是一个时代的,到现在已经有一亿五千万年了。我们来看一下它的体型,白鲟的身体呈长梭形,头很长,头长超过体长的一半。虽然叫白鲟,但是只有腹部是白色的,它的头、体背部和尾鳍都是青灰色的。

（韦教授在比划白鲟身体形态的时候，王同学的手没跟上，鱼吻和身体断开，韦教授险些发现，王同学赶忙提问，趁机接上鱼吻）

王同学：韦教授，可是它是鱼，为什么鼻子却像大象呢？

韦教授：哈哈，你说像大象没错，不过这个部位可不是鱼的鼻子。这是它鱼吻的延伸，鱼吻也就是鱼嘴，像这样，是长剑状的。因为确实长如象鼻，所以它又有个名字叫象鱼。民间有句俗语，叫千斤腊子万斤象，腊子指的是中华鲟，象就是白鲟。白鲟可以说是体形最大的淡水鱼之一，所谓的万斤象，是说白鲟的体重能达到200～300千克，体长有2～3米。

王同学（有些不可置信地伸开双臂比划）：2～3米！那得有这么长！这么大！那白鲟在长江里无敌呀！

（这时韦教授终于发现了标本断掉的事情，李助理也刚好回来）

韦教授：这是怎么回事？

李助理（看到这场景明白了，有些生气）：哎！鱼吻怎么断了？小王，是不是你担心请不到假，拿标本出气？

（王同学这才意识到，自己刚才太激动了，居然忘记拼合断掉的鱼吻）

王同学（惭愧地低下头）：对不起，刚才是我不小心，把它摔在地上，摔坏了。

韦教授（长叹一声）：小王，我给你讲个故事吧。那是2002年年末，我收到紧急通知，发现一条被运输船螺旋桨打伤的白鲟，在去往现场的路上，我既忐忑又兴奋，7年了，每年我都在长江中搜寻白鲟的踪迹，却始终没有它的踪影，难道长江中再也没有白鲟了吗？难道这个物种已经灭绝了吗？能见到一条活的白鲟，是我多年以来梦寐以求的愿望。可是到了现场，我却再也笑不出来，这条白鲟实在伤得太严重了，我们不分昼夜地抢救了整整29天，它还是离开了。

王同学（有些感动）：韦教授，您当时一定很难过吧！

韦教授：非常难受，很难形容这种感觉。你说白鲟的体型足够大，在水中没有天敌，是长江鱼王，可是它怎么会想到，那些庞大的船只，会打烂它的脑袋。（韦教授拿过白鲟的标本）它也许是全人类可以看到的最后一条白鲟，在我们长江水产研究所博物馆的展厅里，它成了一个标本，用这种方式和我们不再分离。

王同学（哭出声来）：韦教授，我错了！我对不起白鲟！我知道损害国家保护动物是犯法的！您举报我吧！我愿意接受惩罚！

李助理：哎哟！这个傻孩子，你没听明白韦教授说的吗？真正的白鲟标本在我们博物馆的展厅里,这个只是一个仿制的复原模型,是可以修复的。

王同学(不敢置信):真的?

(韦教授点点头)

王同学(开心地笑了,笑着笑着又哭了起来):白鲟真是太惨了,韦教授,不可以用像中华鲟一样的人工培育方法来培育白鲟吗?

韦教授(摇摇头):人工培育至少需要一条雌鱼和一条雄鱼。

王同学:真的再也没有发现白鲟吗?

韦教授:我最后一次见到白鲟,是在2003年的大年初一,一条即将产卵的白鲟被渔民误捕,由于这么多年的过度捕捞,长江几乎到了无鱼的地步,这条白鲟实在太饿了,不得不冒险钻进渔民的渔网里,可是它却被渔网缠住了,险些送命。白鲟是吃活鱼的,它虽然处在长江生物链的顶端,可是没有食物,它要怎么活下去。幸运的是,我们有过之前的抢救经验,救活了它,并且在白鲟身上安装了超声波追踪器放归长江,只要跟着它,我们就可以追踪到它的产卵地,甚至是它的族群!

王同学(充满期待):后来呢!

韦教授(叹气):不幸的是,追踪它的快艇触礁造成故障,信号丢失,白鲟最终不知所踪。

王同学(又难过起来):啊!

韦教授:渔业、水质污染、交通运输,这些看似毫无关联的事情,却都是导致白鲟灭绝的原因。它沉默着,无声无息地在绝望中死去,我们却不得而知。

李助理(拍了拍王同学的头):别灰心,在这十几年的时间里,韦教授带领着团队开发出了鱼类生殖细胞移植技术,可以提取生殖细胞,借腹生子,让其他种类的近亲生下白鲟的后代。

韦教授(接着说):当年,我们提取了白鲟的细胞并且进行了冷冻处理,目前正处在试验阶段。

王同学(欢呼起来):好耶,白鲟还有希望!

(这时办公室的电话铃声响起,李助理接起电话,却沉默了)

李助理(放下电话):教授,实验室那边说,项目失败了。

韦教授(正在喝水,水杯停在半空中,沉默许久):白鲟是再也没有了。

李助理:也许2003年的那条白鲟还会再次出现呢!

韦教授:小李,你也知道,白鲟的自然寿命是30年左右,现在早已经过了它的自然寿命期限。没有自然繁殖,没有人工养殖个体存留,结果你是知道的。

(李助理沉默了)

韦教授:把这个结果上报给世界自然保护联盟办公室吧,中国特有物种、国家一级重点保护动物长江白鲟灭绝。

(灯光暗下来,大屏幕上播放灭绝动物最后的影像)

王同学(打电话):喂,明天我不去野外考察了。今天,我得知了一个消息,在地球上活过一亿五千万年的白鲟,躲过了六千五百万年前的物种大灭绝,却没能走进2020年的新年。所以,我想留在这里,等着有一天能看到白鲟、白鳍豚、中华鲟、江豚这些可爱的精灵们能重新畅游长江。